# Hab ich selbst gemacht

Susanne Klingner

## 365 Tage, 2 Hände, 66 Projekte

Kiepenheuer
& Witsch

© 2011, Verlag Kiepenheuer & Witsch, Köln
Alle Rechte vorbehalten. Kein Teil des Werkes darf in
irgendeiner Form (durch Fotografie, Mikrofilm oder ein
anderes Verfahren) ohne schriftliche Genehmigung des
Verlages reproduziert oder unter Verwendung elektronischer
Systeme verarbeitet, vervielfältigt oder verbreitet werden.
Umschlaggestaltung: Barbara Thoben, Köln
Umschlagmotiv: © Jeannette Corneille; Hanna-Fotolia.com
Foto der Autorin: © Stephanie Fuessenich
Gesetzt aus der Minion Pro und der Jeff
Satz: Buch-Werkstatt GmbH, Bad Aibling
Printed in Germany

ISBN 978-3-462-04285-6

# Prolog

Ehrlich gesagt, weiß ich nicht mehr genau, womit alles anfing. Ich weiß nur: Auf einmal war da dieser Wunsch, so viel wie möglich selbst zu machen.

Es gab eine Menge gute Gründe dafür: Ich könnte kreativ sein, etwas mit meinen eigenen Händen herstellen, würde ausprobieren, weniger zu konsumieren – stattdessen würde ich produzieren. Nicht zuletzt: Ich würde mich mit der Umsetzung der Idee in ein Abenteuer stürzen – und wer bitte mag keine Abenteuer?

Ich jedenfalls brauchte eines, dringend, das wurde mir über die letzten Wochen oder vielleicht sogar Monate hinweg klar. Tag für Tag sitze ich acht bis zehn Stunden am Computer. Wie vermutlich jeder andere Durchschnittsarbeiter in der Wissensgesellschaft. Wir produzieren und produzieren, aber es »entsteht« nicht wirklich etwas daraus. Zumindest nichts »Handfestes«. Am Ende des Tages existieren ein paar neue Ideen, neue Texte, neue Vereinbarungen. Aber die kann ich nicht anfassen, nicht sehen, nicht riechen. Stattdessen: Computer aus, Bezug zum Tagewerk weg.

Meine Hände sind notorisch unterfordert, fast schon gelangweilt, meistens berühren sie den ganzen Arbeitstag lang kaum etwas anderes als die Plastiktastatur des Computers. Dabei könnten sie doch eigentlich so viel mehr: kneten, schnippeln, rühren, graben, zupfen, stutzen, falten, Stoff glatt streichen, einen Pinsel schwingen, die Bohrmaschine umfassen, einen Hammer festhalten.

Gedanklich habe ich meinen Händen diese Möglichkeiten schon ziemlich oft gegeben. Ich dachte mir, während ich eine Fertigpizza in den Ofen schob: ›Ich könnte Pizza auch einfach selber backen.‹ Oder: ›Ich sollte versuchen, mir so ein Kleid selber zu nähen‹, als ich das Preisschild des Designerkleides sah, in das ich mich gerade verliebt hatte. ›Und könnte ich nicht mehr als nur Salbei, Basilikum, Rosmarin und Pfefferminze auf dem Balkon anbauen?‹, fragte ich mich, während ich ein paar Blätter vom Basilikum zupfte und über die gekauften Tomaten streute.

Immer öfter kam mir der Gedanke: Ich sollte viel mehr selber machen. Und immer wieder folgte dem Gedanken die Erkenntnis: Das kann ich doch gar nicht. Oder: Mir fehlt dazu einfach die Zeit.

In einem Selbermach-Jahr dagegen müsste ich mir die Zeit nehmen. Und ich müsste eben lernen, wie etwas gemacht wird.

Also beschloss ich: Im nächsten Jahr mache ich alles selbst. Kann schon sein, dass so ein Entschluss manchen Menschen seltsam vorkommt. Aber ich bin nicht allein mit meinem Wunsch, mehr mit meinen Händen zu arbeiten. Zeitungen und Magazine im ganzen Land schreiben, Selbermachen sei das neue große Ding. Sie sagen, die Deutschen würden wie verrückt gärtnern, werkeln, stricken – ganz Deutschland suche im Baumarkt und in der Gartenerde das Glück.

Vielleicht suchen Menschen Erfüllung im Selbermachen, weil sie sie im Konsum nicht finden. Vielleicht ist es wie bei mir das einfache Bedürfnis, etwas mit den Händen zu tun. Vielleicht zeigt sich in diesem Trend auch die weltweite Wirtschaftskrise, und Menschen machen wieder mehr selber, weil ihnen das Geld fehlt, um alles einfach zu kaufen.

Vielleicht wollen sie aber auch individuell sein. Mich jedenfalls nervt es, wenn ich auf der Straße ständig Menschen mit dem gleichen T-Shirt treffe, das auch ich trage. Ein Shirt, das ich bei einer großen Bekleidungskette gekauft habe, obwohl ich davon ausgehen muss, dass die Produktionsbedingungen in ihren Fabriken mies sind. Weil so ein Shirt weniger als einen Zehner kostet.

Vielleicht ist es auch eine Mischung aus allem. Es gibt auf jeden Fall viele gute Gründe, meine T-Shirts in Zukunft selber zu machen. Da ich sogar eine Nähmaschine besitze, die ich sogar hin und wieder benutze, hält mich eigentlich gar nichts davon ab, Teil der *Do-it-yourself*-Bewegung zu werden. Außer meiner Faulheit.

So politisch der Selbermachgedanke sein kann, so egoistisch können auch die Motive sein. Denn eine kreative Sinnsuche kann sich beispielsweise nur leisten, wer ansonsten keine oder nur sehr wenige Probleme hat. Wer jeden Tag auf dem Feld oder in der Fabrik mit seinen Händen malochen muss, hat vermutlich kein Bedürfnis, abends noch etwas »Echtes« herzustellen. *Do it yourself* ist ein Phänomen, das durch die Konsum- und Luxusgesellschaft noch angefeuert wird. Zu der auch ich gehöre, denn ich habe keine grundlegenden existenziellen Sorgen. Ich arbeite fünf Tage pro Woche, in der Regel von zehn bis sieben Uhr. Und zwar als freie Journalistin in einem Büro, in dem auch andere selbstständige Autorinnen und Autoren arbeiten. Ich biete Zeitungs- und Zeitschriftenredaktionen Texte an und verbringe deswegen meine Arbeitszeit vor allem am Computer, mit Lesen und Telefonieren.

Die Wochenenden mag ich faul, verbummele sie gern gemeinsam mit dem Mann meines Herzens. Er ist ebenfalls Journalist, und so ein Wochenende verbringen wir vor allem mit Lesen: zum Beispiel während des Frühstücks verschiedene Zeitungen, das sich dadurch bis weit über die Mittagszeit hinaus erstreckt. Dann treffen wir Freunde und erledigen ein paar unangenehme Dinge wie den Hausputz oder Behördenbriefe. Später lesen wir wieder: Bücher und Magazine. Manchmal fahren wir auch aufs Land, zu den Eltern des Mannes, von denen wir uns dann zwei Tage lang verhätscheln lassen. Gerade die Wochenenden sind also nicht so stressig, als dass ich nicht an diesen zwei Tagen in der Woche und an den Abenden auch das eine oder andere selbst machen, meine Hände benutzen könnte.

Eigentlich könnten die nämlich einiges: Als Kind habe ich Häkeln und Stricken gelernt, habe es aber schon lange nicht mehr gemacht. Auch Nähen habe ich als Jugendliche gelernt – außer der einen oder anderen Gardine nähe ich aber so gut wie nie etwas. Dabei wird in meiner Familie seit Generationen gestrickt und genäht, überhaupt: selbst gemacht. Meine Mutter ist sogar gelernte Schneiderin, meine Schwester ist Ergotherapeutin, meine Oma war Köchin, mein Opa Konditor. Angesichts meiner Herkunft schlage ich aus der Art mit meinem Job, bei dem die Hände nur zum Tippen gut sind.

Ich hatte in der Schule Werk- und Schulgartenunterricht. Was ich da gelernt habe, ist mir im Laufe der Jahre verloren gegangen. In meinem Leben habe ich eine ganze Reihe Ikea-Schränke auf-, aber noch kein Möbelstück selber gebaut.

An den Wochenenden, aber auch an den Abenden könnte ich also meinen Händen Auslauf geben, könnte sie und mich herausfordern.

Seitdem ich darüber nachdenke, ein Jahr lang alles selber zu machen, stoße ich vor aber allem auf ein Problem: Ich vermute nämlich, wenn ich wirklich *alles* selber mache, dann werde ich auch bei striktem Faulenz-und-Bücher-Verbot gerade mal dazu kommen, mir die lebensnotwendigen Basics selbst herzustellen: mein Essen und meine Kleidung. Das allerdings würde mein Abenteuer auf schlichte Maloche schrumpfen lassen, weil mir beim täglichen Brot-Butter-Käse-Saftmachen und Wollespinnen-weben-zuschneiden-nähen kaum Zeit bleiben würde, zum Beispiel mal einen Schreiner- oder Schuhmacherkurs zu besuchen. Ganz so streng kann ich also nicht sein – alles selber machen wird nicht heißen, alles *immer* selber zu machen.

Trotzdem braucht das Abenteuer ein paar Regeln. Um genau zu sein: fünf.

1. *Meinen Lebensstandard will ich beibehalten.*
2. *Dinge, die ich selber machen kann, kaufe ich nicht, sondern mache sie auch selber.*
3. *Was einfach geht, mache ich grundsätzlich und das ganze Jahr über.*
4. *Was schwieriger ist, probiere ich und lasse mir eventuell helfen.*
5. *Nur was mich wirklich unglücklich macht, darf ich sein lassen.*

Auf den ersten Blick mögen meine Regeln nicht besonders bedrohlich erscheinen, aber für mich sind sie eine Herausforderung. Punkt zwei beispielsweise legt fest: Ich darf ein Jahr lang keine Klamotten kaufen. Denn *eigentlich* kann ich nähen, ich tue es nur nie. Punkt drei kann bedeuten, dass ich zwölf Monate lang Dinge machen muss, die ich langweilig finde. Und Punkt vier heißt nichts anderes, als dass mir meine wichtigste Ausrede abhanden kommt: »Das kann ich nicht.« Was ich nicht kann, muss ich lernen, mir von jemandem beibringen lassen, sei es von einer Person oder einem Buch. Und was ich nicht weiß, muss ich recherchieren.

Dieses Jahr wird deswegen nicht nur eine Reise zu den Grenzen meiner handwerklichen Fähigkeiten, sondern auch eine Expedition in die Welt der Selbermacher. Ich will wissen, warum Menschen das Arbeiten mit den eigenen

Händen wiederentdecken, ob es tatsächlich Selbstgemachtes gibt, das glücklich macht, wie es die Zeitschriftenartikel behaupten. Ich will auch wissen, was alles möglich ist, was man unbedingt ausprobieren muss, wofür man kein Geld auszugeben braucht und wo man die besten Ratschläge findet. Ich werde nach und nach die Dinge abhaken, bei denen ich mir in der letzten Zeit dachte, ich sollte sie mal selber machen. Ich werde – jedenfalls hoffe ich das – nach diesem Jahr einfach ein bisschen schlauer sein. Und vielleicht glücklicher.

*Winter*

I STERNANIS

4 GEWÜRZNELKEN

2 TL KARDAMOMSAMEN

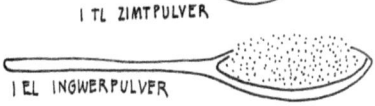

I TL ZIMTPULVER

I EL INGWERPULVER

I TL SCHWARZE
PFEFFERKÖRNER

ALLE GEWÜRZE
FEIN ZERMAHLEN

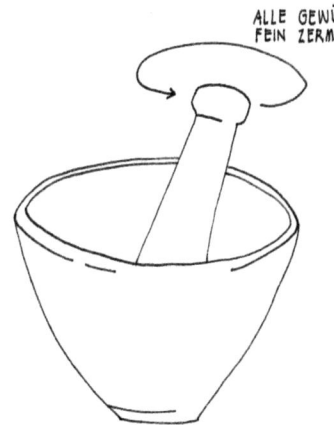

CHAITEE:
I TL GEWÜRZMISCHUNG UND
4 TL SCHWARZTEE IN KOCHENDES
WASSER GEBEN, 5 MINUTEN
KÖCHELN LASSEN, ABSEIHEN
UND MIT MILCH UND HONIG
VERFEINERN.

# Tag 1
# Es geht los. Nur: Womit anfangen?

Ich reibe mir am Morgen die Augen, strecke mich, und erst mal ist nichts anders als im letzten Jahr. Bis auf einen kleinen Silvesterkater fühlt sich alles normal an.

Allerdings stellt sich nun die Frage: Womit fange ich an? Ich liege in einem Bett, das ich nicht gebaut und dessen Matratze ich nicht gestopft habe. Die Bettwäsche genäht oder Decke und Kissen gefüllt habe ich auch nicht. Hieße das in meinem Selbermachjahr, ich sollte so bald wie möglich in einen Baumarkt und in einen Stoffladen gehen, um genau das zu tun: Mir meine Schlafstätte mit den eigenen Händen zu erschaffen?

Unsinn. Ich habe ja ein Bett, ein zweites würde nur störend in der Gegend herumstehen.

»Sag mal«, sage ich und drehe mich zum Mann, der neben mir noch Schlaf simuliert, obwohl der Wecker schon vor sieben Minuten geklingelt hat, »sag mal, wo fang ich denn jetzt an?«

»Hm?«, brummt der Mann, »fang damit an, leise zu sein und noch ein bisschen zu schlafen.«

»Ich meine, was soll ich denn jetzt als Erstes machen? Und was soll ich überhaupt alles selber machen? Ich kann ja nicht wirklich *alles* selber machen.« Vielleicht ist dieser Wunsch, etwas mit den Händen zu erschaffen, nett und gut und nachvollziehbar, aber auch ein kleines bisschen idiotisch? Eine sentimentale Sehnsucht nach einem einfachen, geerdeten Leben? »Es kommt nicht in Frage, dass ich in einen Wald umziehe, eine Hütte baue und von dem lebe, was ich durch Sammeln und Jagen zusammenbekomme. Das wäre ja totaler Quatsch.«

»Ja, Quatsch, ne.« Okay, der Mann ist keine große Hilfe. So also nicht.

Aber wie dann?

Ich könnte gleich heute meinen Tag gründlich in Augenschein nehmen: was ich benutze, verbrauche, anziehe, esse, mit mir herumtrage. Ein Protokoll der nächsten 14 Stunden müsste mir doch weiterhelfen bei der Frage, was ich in Zukunft selber machen statt kaufen kann.

Ich stehe auf und schubse den Mann noch mal an: »Hey, aufwachen, der Tag wartet!« Dann suche ich mir einen Zettel und einen Stift und lege sie im Laufe des Tages kaum noch aus der Hand:

- *Ein paar Liter heißes Wasser, ein Klecks Shampoo, ein Klecks Duschgel, etwas kaltes Wasser, ein Frotteehandtuch, eine Handvoll Bodylotion, ein Klecks Gesichtscreme, zwei Wattestäbchen, ein Kamm, etwas Haarpflege.*
- *Eine Unterhose, ein Unterhemd, eine Strumpfhose, ein T-Shirt, ein Rock, eine Bluse, eine Strickjacke, ein Paar Hausschuhe.*
- *Ein halber Liter Wasser, ein Wasserkocher, ein Teelöffel schwarzer Tee, ein Tee-Ei, ein großer Teebecher, ein Schluck Sojamilch. Ein Brotmesser, ein Brett, zwei Scheiben Brot. Ein Messer, ein Teller, etwas Butter,*

*eine Schere, eine Handvoll Kresse, ein Käsemesser, eine Scheibe Käse, ein Klecks Marmelade. Ein Obstmesser, ein halber Apfel. Eine Wochenzeitung.*

– *Eine Zahnbürste, ein Klecks Zahnpasta, eine Haarbürste. Etwas Haarwachs.*

– *Ein Rucksack, ein Geldbeutel, eine Packung Taschentücher, Halsbonbons, Lippenpflege. Ein Paar Schuhe, ein Anorak, ein Schal, eine Mütze, Handschuhe. Ein Schlitten.*

– *Ein Teller, eine Gabel, ein Löffel, Spaghetti, Tomatensoße, Reibekäse, etwas Salz, ein Glas Wasser, eine Serviette.*

– *Ein Buch. Wasser, zwei Teelöffel Kaffee, ein Schluck Sojamilch, eine Kaffeetasse, ein paar Kekse.*

– *Ein Telefon. Ein Computer.*

– *Eine Pfanne, ein Herd, zwei Eier, etwas Salz, Schnittlauch, ein Rührlöffel, ein Teller, zwei Scheiben Brot, zwei Scheiben Käse, ein Messer, eine Gabel, ein Glas Wasser.*

– *Ein Paar dicke Socken, ein Sofa, eine Decke, ein Fernseher, eine Fernbedienung. Eine Kanne Tee, ein großer Teebecher.*

– *Eine Zahnbürste, ein Klecks Zahnpasta, etwas Gesichtsreiniger, ein Handtuch, Gesichtscreme, eine Haarbürste.*

– *Ein Schlafanzug, ein Bett, eine Bettdecke, ein Laken.*

Als ich mir die Liste abends im Bett anschaue, finde ich: gar nicht so schlecht. Da ist einiges dabei. Klamotten, Brot, Butter, Kresse, Strickwaren, Nudeln und Kekse auf der Liste bekommen ein dickes Kreuz. Das alles lässt sich selber machen, vermutlich ohne Grundlagenstudium. Anders sieht es aus mit dem Computer oder dem Sofa. Die lassen sich nicht so problemlos ins Experiment einbeziehen.

Und dann gibt es da die sehr interessanten Fälle, die irgendwo zwischen »Easy, kein Ding!« und »Lass ma lieber« liegen: Eier zum Beispiel. Klar könnte ich mir ein Huhn halten. Ein kleiner Stall im Hinterhof – vielleicht ließe sich der mit sehr viel Glück bei meiner Vermieterin durchsetzen. Denn so absurd es klingt – und ich habe auch erst mal gestaunt, als ich das vor Kurzem gelesen habe: Immer mehr Menschen halten sich privat Hühner. In England und Amerika gibt es schon Hinterhof-Hühner-Fanklubs, und auch in Deutschland finden immer mehr Hühnerställe Platz im kleinsten Garten in der Reihenhaussiedlung. Aber will ich mir wirklich ein Huhn zulegen, nur um es die paar Eier produzieren zu lassen, die ich in der Woche esse? Und wäre das überhaupt »selbst gemacht«, wo doch die Hühner die Eier legen?

Ich schaue meine Liste weiter durch und bleibe bei »ein Paar Schuhe« hängen. Ich muss, ich will mir Schuhe machen! Vielleicht finde ich einen Schuster, der mir zeigt, wie man aus einem Stück Leder und einem Stück Gummi ein paar Schuhe näht oder klebt oder wie auch immer das gemacht wird. Zwar könnte das Selbermachen von Schuhen eventuell Abstriche in Modefragen mit sich bringen. Aber meine Neugier sagt: Ausprobieren! Deswegen kringle ich das Wort »Schuhe« ein.

Vor selbst gemachter Kosmetik habe ich ehrlich gesagt Angst. Ich habe komplizierte Haut, seit Jahren benutze ich nur eine Creme, die einzige, bei der meine Gesichtshaut nicht durchdreht. Mindestens genauso kompliziert ist die Kopfhaut, auch hier: Seit Jahren ein und dasselbe Shampoo, bei anderen Shampoos löst sich meine Haut vom Kopf. Selbst gemachte Zahnpasta zu verwenden wird vermutlich vor allem eine Sache der Überwindung sein, aber damit vielleicht auch der größere Spaß. Seife wandert direkt auf die Jahresliste der Dinge, die ich selber machen will. Ich unterstreiche sie zwei Mal. Meine Laune steigt mit jedem Kringel, jedem Kreuz und jeder Linie.

Papier schöpfen, Bücher binden, Geschirr töpfern wiederum – das klingt alles nach klassischem Selbermach-Terrain, nach VHS-Kursleiterin und Freundschaften, die an der Tondrehscheibe geschlossen werden. Darüber muss ich erst mal nachdenken, ob meinem Leben wirklich eine Töpferkurs-Freundschaft fehlt.

Fest steht: Ich brauche einen Garten. Ich will eigenes Gemüse haben und nicht nur ein paar Kräutertöpfe am Küchenfenster wie bisher. Und ich will Käse machen. Beides schreibe ich – versehen mit Ausrufezeichen – auf meinen Zettel. Er ist jetzt voll mit Kringeln und Kreuzchen und Ausrufezeichen und Bemerkungen, und ich halte ihn dem Mann zwischen sein Gesicht und das Buch, das er gerade liest: »Schau!«

Er nimmt mir den Zettel aus der Hand und runzelt die Stirn. »Da hast du ja was vor.«

Ich nicke. »Hab ich.«

»Ich hoffe, ich muss den Quatsch nicht mitmachen«, sagt er, während er weiter auf meine Liste starrt. »Und womit willst du anfangen?«

Gute Frage. Womit eigentlich? Ich würde sagen, mit etwas Grundsätzlichem.

»Mit Brot. Morgen gibt es selbst gebackenes Brot.«

Ich nehme meinen Zettel noch mal in die Hand, mache einen extradicken Kringel um das Wort »Brot« und schreibe eine »1« davor. Ein letztes Mal schaue ich mir meine Liste an. Ein Blatt Papier voller Möglichkeiten und Pläne für das Jahr, das vor mir liegt. Ein bisschen kribbelt es in meinem Bauch.

»Was grinst du denn so?«, fragt der Mann.

»Ach, ich freue mich einfach. Das wird ein aufregendes Jahr«, sage ich. Dann nehme ich ihm mein Kopfkissen weg, das er sich wie immer zum Lesen in den Nacken gestopft hat, und ergänze den letzten Stichpunkt meines Tagesprotokolls:

*Ein Kopfkissen.*

## Tag 2
# Am Anfang war das Brot

Mein Experiment beginnt also mit Brot. Seit Jahrtausenden backen Menschen überall auf der Welt Brot: aus Roggen, Weizen, Hafer, Mais, Gerste, Dinkel, Maniok, Hirse – aus dem, was in ihrer Umgebung wächst. Es ist Samstagvormittag, ich habe mit dem Mann ausführlich gefrühstückt, bin satt und zufrieden. Und werde jetzt ein Brot backen.

In meinem schon ziemlich alten und zerfledderten Backbuch ist ein Rezept für ein dunkles Mischbrot. Das hatte ich mir schon ein paar Mal angeschaut, meistens, wenn ich hungrig war. Aber wenn man Hunger hat, hat man Hunger. Man kauft sich ein Brot, das man sofort essen kann. Man fängt nicht an, einen Hefeteig anzurühren.

Ab heute gilt: Schluss mit schnell-schnell. Jetzt wird selbst gemacht. Ich gehe einkaufen: eine Tüte Weizenmehl, eine Tüte Roggenmehl, ein kleiner Joghurt, ein Würfel frische Hefe. Für alles zusammen bezahle ich 4,40 Euro. Ich habe Biomehl gekauft, und trotzdem ist es noch billiger als gekauftes Brot: Mit zwei Kilo Mehl kann ich vier Laibe backen.

Wieder zu Hause lese ich mir das Rezept in Ruhe durch und bin schockiert, wie wenig schnell-schnell so ein selbst gebackenes Brot geht. Nach jedem einzelnen Schritt steht da: »Gehen lassen.« Mal eine halbe Stunde. Mal zwei Stunden. Mal so lange, bis die Größe des Teigs sich verdoppelt hat.

Aber gut, das hier ist ein Experiment, da wird nicht genörgelt. Jedenfalls nicht gleich beim allerersten Vorhaben.

Ich zerbröckle, wie im Rezept angegeben, einen halben Würfel Hefe, löse ihn in Wasser und einem Esslöffel Joghurt auf und lasse die Mischung eine halbe Stunde stehen. In der Zwischenzeit wärme ich den Ofen etwas an und stelle eine Schüssel mit 500 Gramm Mehl hinein. Ebenfalls für eine halbe Stunde.

Das warme Mehl fühlt sich schön an, als ich meine Hände hineintauche. Als ich das Hefegemisch dazugieße, ist es nicht mehr so schön. Der Teig batzt eklig an meinen Fingern. Ich knete und knete, bis das ganze Mehl eingeknetet ist, und jetzt soll ich noch zehn Minuten weiterkneten. Aber schon nach drei Minuten tun mir Finger und Arme weh, und der Batz an meinen Händen bewegt sich bei jeder Umdrehung im Teig ein Stückchen weiter Richtung Ärmelsaum. Mit den Zähnen ziehe ich den Ärmel zwischendurch immer wieder hoch, es hilft nichts, am Ende hat er eine angetrocknete Teigkruste.

Nach ganzen 15 Minuten Kneten – mit zittrigen Armen und ein paar Schweißperlen auf der Stirn – lege ich den gut massierten Teig in die Schüssel. Ich schrubbe meine Hände sauber, feuchte ein Küchenhandtuch an und lege es auf die Schüssel. Jetzt habe ich Zeit, bis der Teig doppelt so groß geworden ist. Ich kann sie gebrauchen: Meine Hände bekommen einen großen Klecks Allzweckcreme verpasst, die ich ausgiebig einreibe. Auf dem Sofa sitzend. Ich muss mich ausruhen.

Die beste Freundin ruft an. Sie will wissen, wie das Selbermachen bisher läuft. Vorgestern hatte sie mir einen Vogel gezeigt, als ich ihr ankündigte, in diesem Jahr alles selbst zu machen. »Du hast zu viel Sekt getrunken!«, hatte sie geantwortet. Sie gehört eher zur skeptischen Sorte Mensch, was manchmal ganz gesund für mich ist, weil ich dazu neige, mich enthusiastisch in die Umsetzung unrealistischster Pläne zu stürzen, ohne einen Meter weit in die Zukunft zu schauen.

»Es läuft gut, denke ich«, sage ich der besten Freundin. »Gerade backe ich ein Brot.«

»Na ja, ein Brot. Das kann ich auch. Aber du musst *hundert* Brote backen in diesem Jahr, das ist dir schon klar?«

»Darum geht's ja. Ich will sehen, ob ich es hinkriege, hundert Brote in diesem Jahr zu backen. Ich will sehen, wie das ist und was es mit mir macht.«

Sie lacht. »Was soll es denn bitte schön mit dir machen?«

»Vielleicht mein Leben verändern.«

Am anderen Ende der Leitung ist es still. Leben verändern, das klingt pathetisch, ich weiß, aber ich bin mir sicher, dass es mein Leben verändern wird. Ich weiß nur noch nicht, ob zum Guten oder zum Schlechten.

»Ich bin gespannt«, sagt die beste Freundin. »Du wirst das schon hinkriegen.« Das höre ich gern. Ich werde ein paar Verbündete gebrauchen können in den kommenden zwölf Monaten.

Die beste Freundin und ich quatschen noch ein bisschen, dann strecke ich mich auf dem Sofa aus und lese die Wochenzeitung. Als ich keine Lust mehr aufs Lesen habe, schaue ich vorsichtig in meine Teigschüssel. Zweieinhalb Stunden liegt der Brotteig jetzt schon da, aber verdoppelt hat er sich noch nicht. Eine halbe Stunde gebe ich ihm noch. In unserer Küche ist es etwas kühl, vermutlich lässt sich der Teig deshalb so viel Zeit.

Als ich ihn dann rausnehme, soll ich ihn zwei Mal zusammenfalten. Das soll einen schönen Laib ergeben, bei dem die »Nähte«, also die Ritzen vom Teigfalten auf der unteren Seite, versteckt werden. Schwierig, wenn er gleich beim Herausnehmen aus der Schüssel überall Nähte und Falten kriegt und aussieht wie ein ungemachtes Bett. Vorsichtig lege ich ihn ab, fette ein Backblech ein, nehme den Laib wieder in die Hand, ziehe die obere Haut noch ein bisschen glatt und lege ihn auf das Blech. Mit den Fingern versuche ich, die Dellen platt zu drücken. Ich schaue im Rezept nach, was jetzt kommt, und da steht – wenig überraschend –, ich solle den Teig erneut liegen lassen, bis er doppelt so groß ist. Vielleicht ziehen sich so noch die schlimmsten Falten und Beulen glatt. Funktioniert ja beim Menschen auch: Wer 30 Kilo zunimmt, hat keine Falten mehr.

Ich setze mich mit meiner Liste vom Vortag an den Küchentisch und lese sie mir noch mal durch. Ich kritzle kleine Notizen an den Rand: »Kann ich selber lernen«, »Hilfe holen«, »Unbedingt ausprobieren!«, »Buch kaufen«, »Baumarkt«, »Mama fragen«. Ich hole mir meinen Computer und lasse mich durch Foren treiben, in denen die Menschen übers Kochen diskutieren, über ihre Gärten oder Strickmuster.

Als ich auf die Uhr schaue und sehe, dass ich schon seit über zwei Stunden herumklicke, klappe ich den Computer zu und schaue nach meinem Brot. Es liegt schön dick auf dem Blech. Ich heize den Ofen vor, schneide die obere Seite des Brots ein paar mal ein und schiebe es hinein.

35 Minuten später versuche ich mir beim Wenden des Laibes im Ofen nicht die Haare an den Armen zu versengen. Dann klopfe ich wie im Rezept geschrieben auf den Boden des Brots. Es soll hohl klingen. Tut es irgendwie auch. So richtig weiß ich nicht, wie sich das anhören muss. Aber ich würde sagen: Ja, hohl. Nur: Das Brot sieht so … komisch aus. Hässlich. Es ist blass, irgendwie grau. Ich schiebe es noch mal für fünf Minuten in den Ofen und mache die Oberhitze an, den Grill.

Danach ist es ein bisschen dunkler, aber immer noch stumpf und grau, jetzt halt dunkelgrau. Ich lege es direkt neben das Bild in meinem Backbuch, schaue nach links, nach rechts, hin und wieder zurück. Sieben Stunden Kneten und Warten und dann das da? Was für ein Witz.

Ich rufe den Mann in die Küche. »Guck dir das mal an. *So* soll das aussehen, es sieht aber *so* aus. Das ist doch scheiße.«

Er schnuppert. »Es riecht aber gut.«

»Es soll aber auch gut aussehen.«

»Wenn es schmeckt, ist es doch egal, wie es aussieht.«

»Ist es nicht.« Ich bin beleidigt. Oder enttäuscht. Nein: beides. Auf dem Bild halten zwei mehlbedeckte Hände ein braunknuspriges Brot, man kann es bis in meine Küche riechen. Aber ich habe hier einen grauen Klumpen auf dem Küchentisch liegen.

Zum Abendessen schneiden wir das Brot an, und es schmeckt: okay. Es ist kein Brot wie das von der Hofpfisterei, das wir sonst immer kaufen. Pfisterbrot ist saftig und zart und hat eine schöne Kruste. Es ist perfekt. Das hier ist halt ein Brot.

Aber es ist ein selbst gebackenes Brot. Mein erstes selbst gebackenes Brot.

Zufrieden bin ich trotzdem nicht. Vielleicht ist das gleich Aufgabe Nummer eins, die mir das Selbermachen stellt: mit unperfekten Ergebnissen umgehen zu lernen – und das Brot einfach deshalb zu mögen, weil ich es mit meinen eigenen Händen gemacht habe und nicht eine Maschine Teig in eine Form gepresst hat und mein Brot deshalb wie jedes andere aussieht, gleichmäßig und schön.

Es ist ein Experiment, da sollte ich auch dem Ergebnis offen gegenüberstehen. Alles andere wäre unwissenschaftlich, wäre Propaganda. Also ringe ich mir ein kleines bisschen Stolz über mein erstes Brot ab. Und hoffe trotzdem, dass meine zukünftigen Brote befriedigender sein werden.

# Tag 9
# Mit etwas Hilfe von Müttern und Büchern

Eine Woche rum. Ich bin jeden Morgen aufgestanden, etwas schwerfälliger als sonst, weil mir noch die erholsamen Weihnachtsferien in den Knochen steckten. Dann bin ich ins Büro gefahren, habe Themenangebote an Redaktionen verschickt, einen kleinen Text geschrieben und ging meistens schon um sechs völlig erschöpft nach Hause.

Wo ich dann eigentlich eine ganze Menge Zeit fürs Selbermachen gehabt hätte. Ja, hätte. Ich habe nämlich nichts gemacht! Doch. Ein Brot habe ich am Mittwochabend gebacken. Das ein bisschen weniger grau als sein Vorgänger war, aber auch nicht besonders erfreulich schmeckte. Die anderen Abende saß ich auf dem Sofa, las und verdrängte mein schlechtes Gewissen. Wollte ich nicht abends mehr mit meinen Händen anstellen, als sie nur ein Buch halten zu lassen? Ja, das wollte ich. Dass es so viel Überwindung kostet, nach einem Arbeitstag am Abend weiterzuarbeiten, hatte ich dabei nicht bedacht.

Nun hat das Wochenende angefangen, wir haben gefrühstückt – den harten Rest des Mittwochsbrots –, und ich habe einen neuen Teig zurechtgeknetet. Als ich ihn in den Ofen schiebe, beschließe ich: Der Druck muss erhöht werden. Ich brauche soziale Kontrolle! Denn der Mann scheint ganz zufrieden damit, dass sich unser Leben eigentlich überhaupt nicht geändert hat.

Am Frühstückstisch fragte er angesichts meines neu erwachten Tatendrangs vorsichtig: »Wirst du jetzt wunderlich? Viele Selbstversorger sind wunderlich. Die fangen mit ein paar Stangenbohnen an, und irgendwann wollen sie dann ohne Geld oder Strom leben oder gleich ganz im Wald.«

Ich fragte zurück: »Bin ich denn nicht jetzt schon wunderlich?«

Seine Angst, dass mein eh schon vorhandener Öko-Aktivismus in -Extremismus umschlagen könnte, kann ich gut nachvollziehen. Ich habe ihn im Laufe der letzten Jahre überredet, Öko-Strom zu beziehen, Sparlampen und -wasserhähne zu benutzen, unser Geld bei einer Ökobank anzulegen, und liege ihm seit Anbeginn unserer Liebe in den Ohren, er solle sein Auto abschaffen. Für ihn scheint der Gedanke, ab sofort würde ich in selbst genähter Jutekleidung herumlaufen, durchaus realistisch.

»Ich werde alles ausprobieren«, erklärte ich ihm, »aber wenn du etwas wirklich ätzend findest, können wir das diskutieren, okay?«

»Können wir dann gleich mal über dieses Brot hier reden?«, fragte er und zeigte auf den grauen Brotrest auf unserem Frühstückstisch.

»In zwei Monaten vielleicht.«

Der Mann brummte, und dann sagte er: »Irgendwie ist es ja auch cool, dass du alles ausprobierst, weißt du.«

Er ist eben doch der Sohn seiner Mutter, denke ich mir jetzt, als ich sie am Telefon habe. Sie will ich nicht nur in meinen Plan einweihen, um den Druck zu erhöhen, wirklich etwas zu tun. Ich erhoffe mir von ihr auch Hilfe. Zum Beispiel Gartentipps. Sie hat einen riesigen Garten, sie liebt ihn über alles, und dementsprechend enthusiastisch reagiert sie auf meine Selbermachpläne.

»Ein Garten ist das Größte!«, ruft sie in den Telefonhörer. »Es gibt nichts Besseres als selbst angebautes Gemüse!«

Die Mutter des Mannes begeistert sich aber auch sonst für alles Selbstgemachte. Deswegen redet sie ohne Luft zu holen weiter: »Du könntest töpfern, wir haben hier in der Gegend eine Frau, die macht so tolle Sachen aus Ton, die könnte dir zeigen, wie das geht. Oder spinnen! Was hältst du von Spinnen? Wolle spinnen! Das machen hier manche Bauern noch. Schafswolle. Mach deine Wolle selber!«

Ich nicke langsam vor mich hin. »Mal sehen, ja.«

Die Mutter des Mannes ist jetzt nicht mehr zu bremsen. Sie ist die lustigste Hippie-Frau, die ich kenne, und ich glaube, wenn sie die Zeit dafür hätte – die sie aber auf Demos und beim Unterschriftensammeln gegen Atomkraft verbringt –, würde sie alles selber machen. Nie wieder einkaufen, ganz autark leben.

Meine Mutter dagegen sagt erst einmal gar nichts, als ich sie eine halbe Stunde später anrufe und auch ihr erzähle, was ich in den nächsten zwölf Monaten vorhabe.

»Ist das nicht ganz schön anstrengend?«, fragt sie dann doch.

»Vielleicht ja, mal sehen.«

»Also ich fand das immer anstrengend. Als Kind habe ich aufs Feld gemusst, Kartoffeln sammeln, und Butter haben wir auch gemacht. Das muss ich nicht mehr haben.«

Dabei dachte ich immer, meine Mutter sei überzeugte Selbermacherin, immerhin habe ich von ihr gelernt, was man mit Stricknadeln tut, wie man eine Nähmaschine bedient oder die Bohrmaschine benutzt. Ich sehe auch vor mir, wie sie und meine Oma im Sommer in unserer Datsche Brombeersträuche setzen und im Herbst Marmelade einkochen.

Als ich ihr das sage, antwortet sie: »Das ist doch was anderes. Das ist doch normal.«

»Aber in meinem Alltag mache ich das alles nicht. Die meisten Leute machen das nicht, weißt du.« Meine Mutter denkt, dass alles, was sie weiß und kann, normal ist. Sie denkt nie, dass sie was ganz Besonderes könne oder wisse – sie ist in dieser Hinsicht sehr ostdeutsch. Dieses ganze Selbermachding im Osten, das Anpacken und Improvisierenkönnen, das finden die meisten Ostdeutschen völlig normal, dabei sind das echte Talente.

»Mama, ich werde dich in diesem Jahr auf jeden Fall ziemlich oft um Rat fragen müssen.«

»Kannst du gerne machen.« Nach einer kurzen Pause fügt sie hinzu: »Und wenn mal was nichts wird, kannst du es ja immer noch kaufen.«

Als ich den Hörer auflege, habe ich das Gefühl, meine Mutter findet ihr jüngstes Kind merkwürdig.

Aber mich hat jetzt wieder der Enthusiasmus gepackt, den ich vor einer Woche in der Magengegend spürte, als ich meine Liste schrieb. Deswegen lege ich sie mir neben meinen Computer, schalte ihn ein und fange an, im Online-Buchladen nach Büchern zu suchen, die mir das beibringen, was ich nicht kann.

Nachdem ich mich ein paar Stunden durch Selbermachbücher geklickt habe, merke ich: Auf meine Kaufliste habe ich fast nur englische Titel gesetzt. Die machen mich viel mehr an, versprühen einen rauen Charme: Man muss sich erst einmal trauen, ein Buch »The Big-Ass Book of Crafts« zu nennen. Jugendfrei übersetzt »Das verdammt dicke Buch vom Handwerkern«. Wobei »Craft« im Englischen sowohl Handarbeit als auch Handwerk bedeuten kann. Es wird nicht wie bei uns in weibliche Handarbeit und männliches Handwerk unterteilt.

Deutsche *Do-it-yourself*-Titel zum Gärtnern, zu Handarbeit und zum Basteln sind nicht nur seltener, sondern sehen auch wahnsinnig dröge aus. Auf dem hiesigen Büchermarkt dominieren immer noch praktische Tipps in mittelmäßig designter Ratgeberoptik. Zum Beispiel bei den Nähbüchern: Da heißt das einzige halbwegs modern aussehende deutschsprachige Buch »Nähen lernen: Das 23-Projekte-Einsteigerprogramm«. Ein englischsprachiger Titel dagegen lautet »Sew

What! Skirts: 16 Simple Styles You Can Make With Fabulous Fabrics« – übersetzt: »Näh was! 16 einfache Modelle, die du aus fabelhaften Stoffen machen kannst«. In diesem Titel steckt eine Haltung. »Sew What!« kann akustisch auch als »Na und?!« verstanden werden: Was ist schon dabei, sich seinen Traumrock selbst anzufertigen? Es geht um Spaß. Ums einfach Loslegen. Diese Bücher sind wilder, machen schon beim Anschauen Lust aufs Ausprobieren. Die Haltung: Fang einfach mal an, mach was Lustiges, geh raus, zeig es her, im Zweifelsfall nenn es Kunst. In Deutschland sollte man dagegen am besten erst einmal einen Meisterbrief vorweisen, um sich an ein Handwerk heranzutrauen. Das wirkt abschreckend, jedenfalls auf mich.

Ich gehe meine Liste noch einmal durch, trenne mich von einigen Titeln wieder und bestelle ein sehr dickes Bücherpaket. »Design-it-yourself« und »Naturseife – Herstellung in der eigenen Küche« bleiben die einzigen deutschsprachigen Bücher, alle anderen Titel sind englisch: »Making Stuff. An Alternative Craft Book«, »Yeah! I Made it Myself. DIY Fashion for the not very domestic Goddess«, »Bend-the-rules Sewing. The Essential Guide to a Whole New Way to Sew« und »The Guerilla Art Kit. For Fun, Non-profit And World-Domination«.

Als Letztes füge ich meiner Bestellliste noch den Klassiker der neueren amerikanischen Strickbücher hinzu: Debbie Stollers »Stitch 'n' Bitch. The Knitter's Handbook«. Damit hat sie einen Hype ums Stricken ausgelöst, denn Stoller gründete 1999 die erste »Stitch 'n' Bitch«-Gruppe in New York. Junge Frauen trafen sich in Cafés zum Stricken und Tratschen – womit man »stitch 'n' bitch« salopp übersetzen kann. Und weil Debbie Stoller gleichzeitig Gründerin und Chefredakteurin des popfeministischen Magazins *BUST* war und ist, wurden die »Stitch 'n' Bitch«-Zirkel unter New Yorker Jungfeministinnen sehr schnell sehr populär. Auch ich entdeckte sie zunächst als *BUST*-Chefredakteurin und dann erst, dass sie auch eine amerikanische Strick-Ikone ist. 2003 schrieb Stoller das erste »Stitch 'n' Bitch«-Buch, das sofort zum Bestseller wurde, weil es das Stricken quasi neu erfand – weg vom altbackenen, hin zum konsumkritischen und gleichzeitig lustvollen Stricken.

Offensichtlich traf sie damit den Nerv einer ganzen Generation, auf der »Stitch 'n' Bitch«-Webseite haben sich mittlerweile über 480 Strickzirkel in den USA und knapp 220 Gruppen außerhalb der Vereinigten Staaten registriert, unter anderem auch in China, den Vereinigten Arabischen Emiraten, Costa Rica, Tschechien und Südkorea. In Deutschland gibt es sechs Gruppen, die sich regelmäßig treffen, zwei in Berlin – dort gibt es sogar ein Stitch 'n' Bitch-Café – und jeweils eine in München, Stuttgart, Hamburg und Regensburg.

Ich klicke auf »Bestellen«. Und habe damit gerade Bücher für 140 Euro gekauft. Aber hey, irgendwoher muss ich ja lernen, wie es geht. Ein Jahr ist lang.

## Tag 11

## »Garten ist, was du draus machst.«

Der erste Schritt zum eigenen Garten ist getan. Ich habe meiner Vermieterin eine Mail geschrieben, ob ich unseren Hinterhof bzw. das Dach der Garage im Hinterhof zum Anbau von Gemüse nutzen darf. Bisher hatte ich nur einen 40 Zentimeter tiefen Mauervorsprung vor unserem französischen Küchenfenster zur Verfügung, den wir wohlwollend »Balkon« nennen. Dort passen gerade mal ein paar Kräutertöpfe und eine Tomatenpflanze hin. Garten kann man das nicht nennen.

Das Garagendach dagegen ist ein 30 Quadratmeter großer grün-brauner Fleck Erde, den ich sonst nur vom Fenster aus sehe. Denn bisher galt dort: Betreten verboten. Ein Gitter versperrt eine steile Metalltreppe, die vom Hinterhof auf das Dach führt. Aber das Gitter kann man aufmachen, an der Rückseite gibt es einen kleinen Riegel, den ich jetzt mit Gewalt beiseiteschiebe. Schon lässt sich das Gitter aufklappen, und 22 Stufen später stehe ich auf dem Dach.

Links und rechts der Steinplatten, die sich aneinandergereiht durch den Dachgarten schlängeln und im Laufe der Jahre von Löwenzahn und Ahornsprösslingen auseinandergeschoben und angehoben wurden, stehen unzählige Büsche – jetzt noch kahl, aber im Sommer werden sie dafür umso voluminöser und grüner sein. Von meinem Küchenfenster aus sah das Garagendach immer aus wie eine Punkfrisur. Das Konzept dieser Dachbegrünung ähnelt dem des Pausenhofes meiner ehemaligen Grundschule im Jahre 1987: Beton + Sträucher = muss reichen.

Ein paar Schritte weiter ist ein Teich, na ja, eher ein kleines Schlammloch. Es ist mit verdörrtem Seegras vom letzten Sommer zugewuchert; und das Wasser dazwischen ist gefroren.

Das Garagendach wäre für ein paar Gemüsekisten geradezu ideal: An ihnen latscht nicht ständig jemand vorbei und schmeißt vielleicht seine Kippen hinein, und sie bekommen mehr Sonne ab, als wenn sie auf dem Boden stehen.

Der Hinterhof, um den es hier geht, liegt im Zentrum Münchens, und ohne Alys wäre ich nicht auf die Idee gekommen, hier einen Garten anzulegen. Alys gärtnert sogar in New York – und New York ist noch um einiges größer und kann um einiges mehr Beton vorweisen als München. Alys ist Alys Fowler, von Beruf Gärtnerin und Autorin des Buches »Alys im Gartenland«, das ich mir schon im letzten Jahr während der Begrünung unserer Fensterbänke mit Gartenkräutern gekauft habe. Ihr Motto »Garten ist, was du draus machst« ist tatsächlich so gemeint: Man muss es nur machen. Im Zweifelsfall könne man Gemüse auch in Kisten ziehen, sagt sie. Das sei in der Stadt sogar sinnvoll, weil man nicht wisse, wie viel Schwermetalle und Umweltgifte der Boden im Lauf der Jahre gespeichert habe. Ich werde Alys in diesem Jahr beim Wort nehmen.

Im Modernsprech nennt sich der städtische Gemüseanbau »Urban Agriculture« oder »Urban Farming«. Die Idee hinter alldem geht mit einer Grundhaltung zum Leben in der Stadt einher: Mir gehört in dieser Stadt mehr als nur die Wohnung, für die ich Miete zahle. Die Stadt gehört uns allen. Jeder soll und kann sie nutzen, und zwar kreativ. So, dass es eine bessere Stadt wird.

Das Urbarmachen von städtischen Flächen ist aber nicht einfach ein Modetrend, sondern sogar eine wissenschaftliche Disziplin, habe ich gestern herausgefunden: An der Humboldt-Universität Berlin gibt es zum Beispiel seit 2003 einen Fachbereich »Urbaner Gartenbau«, unterrichtet von Professor Dr. Dr. Christian Ulrichs. Das urbane Gärtnern ist eine Vision für die Zukunft, sagen Organisationen wie die nordamerikanische *Community Food Security Coalition*. Sie glauben, dass in ein paar Jahrzehnten, wenn Ackerland immer rarer wird und für viele Menschen zu teuer, die Flächen in der Stadt, zum Beispiel Dächer oder eben Hinterhöfe, eine wichtige Rolle spielen werden, um große Teile der Bevölkerung mit frischen Lebensmitteln zu versorgen. Immerhin leben schon heute 50 Prozent der Menschen weltweit in einer Stadt, und es werden immer mehr.

Es gibt auch bereits Restaurantbetreiber, die ihr Gemüse auf Brachflächen oder Dächern in der Stadt anbauen. In Berlin zum Beispiel am Kreuzberger Moritzplatz: In den 6000 Quadratmeter großen Prinzessinnengärten wachsen seit 2009 Kartoffeln, Fenchel, Basilikum in aussortierten Brotkisten. Am Anfang, als zwei Freunde das Projekt starteten, waren es nur ein paar Kisten, heute sind es Hunderte. Türkische Hausfrauen und Gartenaktivisten pflegen die Beete gemeinsam, und Schulklassen kommen genauso zu Besuch wie Wissenschaftler aus Bombay oder Boston. Im Restaurant, das die beiden Gründerjungs auf dem Gelände betreiben, wird mit dem Gemüse und den Kräutern gekocht.

Das größte Projekt dieser Art ist eine 13 000 Quadratmeter große Anbaufläche auf einem Fabrikdach in Brooklyn, das gleich mehrere Restaurants mit frischen Zutaten versorgt. Überhaupt scheint New York die Hauptstadt der urbanen Farmer zu sein. Während ich versuche, mehr über den Trend des urbanen Gärtnerns herauszufinden, stoße ich auf eine Bilderserie mit Aufnahmen von grünen Dächern und Fassaden in New York, und zwar nicht nur private Terrassen, sondern richtig groß angelegte Grünflächen, auch vertikale. Was ein Hinweis darauf sein könnte, dass Hausbesitzer und Architekten auf die Experten hören, die sagen: Es gibt keine bessere Wärmedämmung als ein Garten auf dem Dach.

Mein Gemüse wird einen weiteren Vorteil haben, den die Vertreter des *urban farming* propagieren: Es benötigt keine langen Transportwege und ist damit extrem umweltfreundlich: Wenn ich mit meiner Ernte anstatt des Fahrstuhls die Treppe zu mir in die Wohnung nehme, produziert mein Essen grandiose 0,0 Gramm $CO_2$ und verbraucht keinerlei Kraftstoff.

Nicht zu vergessen: Jeder Hinterhof und Balkon, auf dem etwas angebaut wird, sieht besser aus als kahler Beton.

Außerdem kann urbaner Gartenbau gut für die Nachbarschaft sein: Wenn man Ackerflächen gemeinsam nutzt, lernt man sich auch gleich kennen, übernimmt Verantwortung für sein Viertel, lernt zu teilen. In meinem Haus wohnen zwar nicht so viele Menschen, weil es eigentlich ein Bürogebäude ist und nur die oberen beiden Etagen bewohnt sind. Aber vielleicht kann ich auch einen meiner Nachbarn fürs Gärtnern begeistern.

Die Idee des urbanen Gärtnerns ist so einfach und gut, dass ich mich frage, warum ich bisher schon mit meinen fünf, sechs Kräutertöpfen auf dem Fenstersims zufrieden war. Und warum ich beim Stichwort Gärtnern ausschließlich an Leben auf dem Land, kleine Gärten in Vorstädten oder höchstens noch an Datschen am Stadtrand gedacht habe. Platz für ein paar Kästen und Kübel ist ja eigentlich überall.

›Garten ist, was du draus machst‹, denke ich. Ich drehe mich auf dem Garagendachgarten noch mal um mich selbst, stelle mir vor, was ich hier alles anstellen könnte, und hoffe, dass mir meine Vermieterin dieses braune Stück Stadt überlässt.

## Tag 16
# Meine Nähmaschine und ich

Ich habe meine Nähmaschine aus der Lücke zwischen Regal und Schreibtisch hervorgeholt. Denn jetzt wird genäht. Zwar besitze ich diese Nähmaschine seit knapp 19 Jahren, aber in den letzten Jahren habe ich sie nur angefasst, wenn ich an die Steckdose musste, vor der die Maschine stand. Früher habe ich mir auch mal ein Kleidungsstück genäht, nach einem Fertigschnitt. Heute nur: hin und wieder ein paar Gardinen für unsere Wohnung, einen Einkaufsbeutel oder einen Kissenbezug.

Mein Plan für heute: Ich vermesse mich und mache mir selbst den Schnitt für ein Kleid, das ich bei Marc Jacobs gesehen habe und bei dem ich mir dachte: ›Na Mensch, so schwer kann das doch nicht sein.‹ Leider habe ich nicht die leiseste Ahnung, *wie* man einen Schnitt macht. Vielleicht ist es einfach, vielleicht kompliziert. Aber alles lässt sich lernen, mache ich mir Mut. Bis Silvester will ich etwas besitzen, das ich nicht nur zugeschnitten und zusammengenäht, sondern dessen Schnittmuster ich auch selbst angefertigt habe.

Ich wuchte meine Nähmaschine auf den Küchentisch und puste kräftig hinein. Viele kleine Staubflusen wirbeln heraus. Tja, jetzt sitze ich hier. Aber wo fange ich an? Ich brauche Rat. Ich schreibe meiner Mutter eine SMS: »Ich will mir einen Kleiderschnitt selber machen. Wie geht das?«

Sie antwortet prompt: »Gar nicht so schwer, aber per SMS sehr schwer, am Telefon auch. Wenn du nächstes Mal hier bist? Oder Buch kaufen.«

Bis zum nächsten Besuch bei meiner Mutter kann ich nicht warten, das ist noch lange hin. Eigentlich will ich nicht mal mehr eine halbe Stunde warten. Ich klappe neben der Nähmaschine den Computer auf und schaue nach einem Lehrbuch, das mir beibringen kann, wie ich einen Kleiderschnitt mache.

Ein paar Minuten später sitze ich schockiert vor dem Bildschirm: Die großen Grundlagenbücher kosten alle um die hundert Euro, das preiswerteste deutschsprachige würde ich für knapp die Hälfte bekommen. Es hat zwar gute Kritiken, macht aber einen altbackenen Eindruck, sehr technisch und sehr Achtziger. Also schaue ich einmal noch bei den englischsprachigen Büchern nach, und hier ist das Angebot wieder ungleich größer: Profibücher mit 800 Seiten gibt es genauso wie Einsteigerbücher für junge Menschen, die sich einfach Klamotten nähen wollen.

Da ich keinen Laden für Damenoberbekleidung eröffnen will, reichen mir Grundlagenkenntnisse. Ich bestelle das Buch »Design-It-Yourself Clothes: Patternmaking Simplified« von Cal Patch. Ein amerikanisches Paperbackbuch mit 120 Seiten für 18,12 Euro. Schon der erste Satz des Klappentextes hat mich restlos überzeugt, das Buch zu kaufen: »If you've ever watched *Project Runway* and wished you were a contestant, or you're simply ready to take your sewing to a new level, *Design-It-Yourself Clothes* teaches you the fundamentals of modern patternmaking so that you, too, can create your own inspired clothing.« Auf Deutsch: »Wenn du jemals *Project Runway* geschaut hast und gern einer der Teilnehmer gewesen wärst, oder wenn du einfach deine Nähkünste verbessern willst, bringt dir *Design-It-Yourself Clothes* die Grundlagen bei, wie du Schnitte machen und so deine eigenen Entwürfe umsetzen kannst.« Tatsächlich habe ich mir mehrere Staffeln *Project Runway* im Internet angeschaut: In dieser US-amerikanischen Show fordert die Jury – bestehend aus Heidi Klum als Gastgeberin, dem Modedesigner Michael Kors und der Modechefin von *Elle* bzw. *Marie Claire,* Nina Garcia – eine Reihe von Möchtegern-Designern mit kniffligen Aufgaben heraus. Das kann dann schon mal bedeuten, ein Abendkleid aus Grünpflanzen fertigen zu müssen oder ein Haute-Couture-Stück aus einfachem ungebleichten Baumwollstoff. In jeder Folge fliegt einer der Teilnehmer raus, die letzten drei zeigen ihre Kollektionen auf der New York Fashion Week. Insgesamt also ein bisschen wie das, was Dieter Bohlen und Heidi Klum im deutschen Fernsehen machen, nur dass es bei *Project Runway* um wirkliches Können geht. Um Handwerk. Bei jeder einzelnen Folge hatte es mir in den Fingern gekribbelt. Von manchen Kreationen war ich echt beeindruckt, bei anderen dachte ich sofort: ›Kann ich auch.‹ Und der Wunsch, eigene Ideen in Schnitte und anschließend in echte Kleidungsstücke umzusetzen, war von Mal zu Mal gewachsen. Einen Moment später allerdings auch wieder verflogen, es fehlte mir einfach wie immer: die Zeit.

Jetzt ist das Buch bestellt, und ich bin schon ganz aufgeregt. Allerdings muss ich warten. Ein paar Tage zwar höchstens, aber trotzdem steht die Nähmaschine jetzt auf dem Tisch, und ich bin in Nählaune. Na gut, werde ich also mal wieder Gardinen nähen, nämlich welche für die immer noch kahlen Fenster im Wohnzimmer.

Zu Weihnachten hatte uns die Mutter des Mannes sehr schönes und schweres Leinen mitgegeben, von einer betagten Tante, die den Stoff nicht mehr brauchte, aber verwendet wissen wollte. Und da in unserem Wohnzimmer noch die Ikea-Stoffrollos hängen, die wir beim Einzug vor vier Jahren dort hingehängt haben, nahm ich die 15 Meter hellgrauen Stoff gern. Nun schneide ich vier je 3,20 Meter lange Bahnen zu, fädele einen hellgrauen Faden in die Nähmaschine ein und beginne, die Kanten abzuketteln, das heißt: mit Zickzackstich die Stoffränder zu bearbeiten, damit sie nicht zerzausen.

Gardinen, Tischdecken, Stoffservietten, Kissenhüllen sind die beste Art, nähen zu lernen – oder erst einmal eine Nähmaschine zu verstehen. Denn das Nervtötendste am Nähen ist, wenn nachher die Nähte schief und krumm sind oder voller Knoten und Schlaufen, man aber weder weiß, warum, noch eine Ahnung hat, wie sich das ändern ließe. Ein bisschen was über Füßchendruck und Fadenspannung zu wissen, kann nie schaden und lässt sich am besten lernen, wenn man sich auf die Nähmaschine konzentrieren kann anstatt auf komplizierte Rüschen oder Springfalten. Ich habe mich lange Jahre abgekämpft mit meiner Nähmaschine, gerissenen Fäden und Knoten, bis ich mich eines Tages überwand und das Handbuch noch mal ganz genau las. Anschließend alle Einstellungen an einem Stofffetzen ausprobierte und korrigierte, wieder ein paar Linien und Kurven auf dem Stofffetzen nähte und plötzlich die Nähte nicht mehr ganz so übel aussahen. Es war ein völlig neues Lebensgefühl, und hätte mir jemand mal früher davon erzählt, wie toll es ist, wenn die Nähmaschine genau das macht, was man von ihr will und das auch noch hübsch aussieht – ich hätte mich viel eher mit dem Handbuch hingesetzt. Deswegen sei hier als Merksatz notiert: Es lohnt sich, seine Nähmaschine erst mal richtig kennenzulernen. Egal, wie sehr die eigene Kreativität auf Verwirklichung brennt.

Das ist dann vielleicht auch der richtige Zeitpunkt für eine weitere wichtige Information: Bügeln ist die halbe Arbeit.

Ich wollte es lange nicht wahrhaben. Bügeln ist nämlich nichts, was ich im Alltag tue. Ich bügle nie. Der Mann bügelt manchmal seine Hemden, aber meine wenigen Blusen schüttle ich nach dem Waschen kräftig aus, lasse sie auf einem Bügel trocknen und hänge sie in den Schrank. Ich bügle nur, wenn ich mal nähe. Nähen geht schon mit dem Bügeln der Meterware los, damit sie sich vernünftig zuschneiden lässt. Nach jedem Zusammenfügen von Nähten, nach jedem Steppen von Abnähern wird gebügelt.

Als ich mir bei einem Täschchen mit Innenfutter mal ernsthaft Mühe gegeben hatte, war es mir aufgefallen: Beim Nähen verbringt man die wenigste Zeit mit Nähen. Zehn Prozent der Zeit geht für das Zuschneiden drauf, zehn Prozent der Zeit näht man, vierzig Prozent der Zeit steckt man Teile zusammen, und vierzig Prozent der Zeit bügelt man.

Deswegen ist es schlau, ein Bügelbrett gleich neben dem Nähtisch stehen zu haben. Und deswegen braucht man, wenn man Schneidern wirklich als ernsthaftes und regelmäßiges Hobby betreibt, ein Nähzimmer. Da kann neben dem Bügelbrett noch ein großes Regal mit den Kisten voller Stoffe stehen, da kann der Nähtisch unaufgeräumt bleiben, und die Nähmaschine muss nicht weggeräumt werden, damit der Computer benutzt werden kann.

Ich nähe am Küchentisch. Das ist Mist. Denn es bedeutet, dass ich immer aufräumen muss. Weswegen ich vielleicht auch nicht so viel nähe, wie ich eigentlich will.

Mit meinen Gardinen bin ich nach einer halben Stunde schon fast fertig, ich schlage noch die letzten Ränder schmal doppelt ein und steppe sie fest, dann habe ich vier Bahnen versäumten Stoff. Das hier ist die ganz billige Nummer, denn für die neuen Gardinen haben wir Gardinenstangen gekauft, an denen Gardinenringe mit Klipsen hängen. Ich muss also noch nicht mal Schlaufen ans obere Ende der Stoffbahn nähen.

Gardinen zu nähen war nicht mein großer Traum, als ich mir die Nähmaschine kaufte. Mit uns beiden – der Nähmaschine und mir – hatte es sehr leidenschaftlich angefangen. Die Vorgeschichte unserer Liebe: Ich hatte der Fake-Barbie, die mir meine große Schwester aus Mitleid geschenkt hatte, weil meine Mutter sich weigerte, mir »eine so blöde Puppe für so viel Geld« zu kaufen, schon eine komplette Garderobe per Hand genäht. Und mit der Hand nähen nervt. Bei Puppensachen ist es noch erträglich. Aber dann fing ich an, auch für mich alte Klamotten zu zerschnippeln und umzunähen. Nähte, für die ich mit der Maschine ein paar Minuten gebraucht hätte, beschäftigten mich ganze Abende.

Die Maschine meiner Mutter durfte ich nicht benutzen, es war eine Profimaschine und meine Mutter da sehr eigen. Damals fand ich das nervig, heute kann ich sie verstehen: An meiner Maschine würde ich andere Menschen auch nicht gern herumstümpern sehen.

Also brauchte ich eine eigene Nähmaschine.

Ich sparte über Monate mein Taschengeld, bis ich zu meinem 13. Geburtstag gemeinsam mit meiner Mutter in ein Quelle-Kaufhaus nach Westberlin fuhr – wo wir bis dahin, anderthalb Jahre nach der Wende, nicht besonders oft gewesen waren. Dort suchten wir gemeinsam eine Haushaltsnähmaschine aus. Die eine Hälfte zahlte ich, die andere Hälfte war mein Geburtstagsgeschenk. Das beste der Welt!

Dabei ist die Maschine nichts Ausgefallenes. Im Gegenteil: Heute haben vermutlich vier von fünf Hobbyschneiderinnen eine dieser Nähmaschinen mit Display, die sich programmieren lassen und die nicht nur nähen, sondern auch sticken können. Meine Nähmaschine kann geradeaus, im Zickzack und Knopflöcher nähen. Sie ist schwer, weil sie aus Metall ist. Und was mir auch heute noch am besten gefällt: Die Programme sind mit Beige, Grün und Orange markiert, was ihr einen schönen Retro-Charme verleiht. Wie gesagt: die beste Nähmaschine der Welt.

Für andere Menschen mag mein Glück über diese Neuanschaffung schwer nachvollziehbar sein – und auch dass ich meine Nähmaschine noch vor meiner ersten Stereoanlage hatte; für mich war der Kassettenrekorder mit Aufnahmefunktion völlig ausreichend.

Die Nähmaschine dagegen war ein Wunderwerk. Sie konnte aus Stoffteilen Kleidung machen, sie konnte Röcke kürzen und Kleider umändern. Ein Großteil meiner Kindergarderobe war selbst genäht und wenn ich meiner Mutter zusah, wie sie sich einen Mantel nähte oder eine Hose, beeindruckte mich das jedes Mal aufs Neue.

Meine Mutter ist ja gelernte Schneiderin, genauer gesagt: Bekleidungsingenieurin, so hieß das im Fachjargon. Heute kommt in der korrekten Berufsbezeichnung vermutlich irgendwas mit »fashion manager« vor. Lange arbeitete sie als Schneiderin, später als Ausbilderin für neue Bekleidungsingenieure. Und ich ging zu Hause bei ihr in die Lehre. Eine harte Schule. Denn sie ließ mich auch mal Nähte wieder auftrennen, wenn sie krumm waren oder die falsche Fadenspannung auf einer Seite des Stoffes hässliche Schlaufen fabriziert hatte.

Irgendwann hatte ich es kapiert. Leider dachte ich, nachdem ich die grundlegendsten Sachen wusste, dass es damit auch gut sei, und nähte einfach drauflos. Dabei produzierte ich über die Jahre ein paar nette Teile, aber ungleich viel mehr Schrott. Sobald ich mal eigene Ideen zu einem Kleidungsstück machen wollte, war die Hose nicht zu tragen, weil die Schrittnaht bei jeder Bewegung knirschte, oder ich konnte meine Arme nicht heben, weil ich den Ärmelausschnitt eines Oberteils nicht weit genug gemacht hatte. Das war frustrierend. Wenn etwas mal wirklich gut werden musste, nahm ich einen Fertigschnitt, konzentrierte mich, alles genau nach Anleitung zu nähen, und ließ mir vor allem von meiner Mutter helfen. Ich habe mir zu meinem Abiturball ein Kleid genäht und zur Hochzeit meiner Schwester auch. Beide sind sehr hübsch geworden und passten hervorragend. Allerdings nur, weil mir auch da meine Mutter half und in Teilen sogar vollständig das Nähen übernahm.

Im Grunde lief es in den 19 Jahren immer so: Ich legte mit großem Enthusiasmus los, scheiterte dann an irgendeinem Problem, ließ das halb fertige Teil im Schrank verschwinden oder nähte es noch lustlos zu Ende, um es dann nur einige wenige Male anzuziehen, bevor ich mich endgültig zu sehr für die verzuppelten Nähte schämte oder das Zwicken nicht mehr hinnehmen wollte. Deswegen sind 90 Prozent der Dinge, die ich seit dem Anfangsenthusiasmus meiner Jugendtage – und dem anschließend folgenden Scheitern – genäht habe, Kissenbezüge, Vorhänge, Tischdecken. Im Ausnahmefall mal ein Beutel oder ein kleines Täschchen.

Aber ich will die Faszination zurück, die Begeisterung, die ich als Kind gefühlt habe. Also lerne ich in diesem Jahr das Nähen noch mal neu, vom eigenen Entwurf bis zur fertigen Klamotte. Diesmal kriege ich das hin. Ganz bestimmt.

# Tag 18
## »Babyweiche-Füße«-Balsam

Im »Big-Ass Book of Crafts« habe ich ein »Rezept« gefunden, das mir genau das richtige für diesen Winter erscheint, in dem ich jeden Abend mit kalten Füßen verbringe – solange ich sie nicht zusammen mit einer Wärmflasche in eine dicke Decke wickle. Es ist eine Anleitung, wie man kalte, steife Füße warm und weich kriegt. Mit Fußbalsam nämlich. Babyweich, wie der Autor behauptet.

Vor allem aber ist das Rezept ganz einfach, es besteht aus »petroleum jelly« und ein paar Tropfen »peppermint oil«, also Pfefferminzöl. Nur: Was zur Hölle ist *petroleum jelly*?

Petroleum kenne ich bisher nur im Zusammenhang mit alten Lampen – aber in Kombination mit *jelly*, also Gel, Gelee, ergibt es für mich einfach keinen Sinn. Im Englischwörterbuch finde ich den Begriff auch nicht.

Ich tippe ihn ins Online-Wörterbuch ein und siehe da, es ist ganz einfach: Vaseline. Klar, eine sinnvolle Basis für einen Fußbalsam. Allerdings: Gilt es wirklich schon als »selbst gemacht«, wenn ich die Vaseline schmelze und mit ein paar Tropfen Aromaöl vermische? Normalerweise sind doch die Zutatenlisten auf Kosmetikprodukten so unendlich lang, dass genau daraus das Bedürfnis entsteht, sie selbst zu machen – um kontrollieren zu können, was man sich so auf die Haut schmiert.

Könnte ich also vielleicht auch die Vaseline selbst machen? Ich schaue im Lexikon nach, was Vaseline eigentlich ist, und dort steht: »(…) ein salbenartiges Gemisch aus festen und flüssigen Kohlenwasserstoffen (…) Vaseline wird zum Beispiel aus Rückständen bei der Erdöldestillation gewonnen.« Okay, das ist also eher nichts zum Selbermachen. Aber eine andere Frage geht mir dafür jetzt im Kopf herum: Ist es eine gute Idee, sich etwas auf die Füße zu schmieren, das bei der Erdölverarbeitung entsteht? Einerseits stellt sich bei mir Ekel ein. Andererseits: Hat nicht unser halber Alltag irgendwie mit der Erdölproduktion zu tun? Ich meine, sogar für die Kunststoffe, aus denen Kaugummi hergestellt wird, braucht man Erdöl.

Und dann gefällt mir die Geschichte ganz gut, die ich im Internet finde: wie Vaseline entdeckt wurde. Nämlich in den 1860ern von einem verarmten Chemiker, der zufällig eine Schmiere an den Fördergestängen der Bohrtürme entdeckte – und dass Wunden der Ölarbeiter mit dieser Schmiere schneller heilten. Deswegen nannte er das Zeug auch »Petroleumgallert«, auf Englisch »petroleum jelly«.

Also besorge ich mir im Drogeriemarkt eine Dose Vaseline, Pfefferminz- und Zitronenöl, kratze die Vaseline mit einem Löffel heraus und fülle sie in ein kleines Einweckglas. Das stelle ich in einen Topf mit kochendem Wasser auf den Herd und warte, bis sie schmilzt. Ich nehme das Glas heraus, zähle ein paar Tropfen Pfefferminz- und ein paar Tropfen Zitronenöl ab und rühre sie vorsichtig, aber ausdauernd unter – bis ich das Gefühl habe, dass sich die Duftöle wirklich gut vermischt haben. Wenn zwei so ölig-schmierige Massen aufeinandertreffen, ist es ganz schön schwierig zu entscheiden, ob die jetzt wirklich eins geworden sind.

Relativ schnell wird die Masse fest. Schon nach einer Stunde hat die Vaseline wieder Vaseline-Form. Deswegen lasse ich mir vor dem Schlafengehen noch ein Fußbad ein, weiche die kalten Füße ausgiebig ein, trockne sie dann ab und knete sie mit der pfefferminzig-zitronig duftenden Vaseline kräftig durch. Und wirklich: Als ich im Bett liege, kribbeln meine Füße wohlig und glühen richtig. Vielleicht lässt die Fettschicht, in die sie jetzt gehüllt sind, einfach keine Körperwärme mehr heraus.

Spätestens jetzt ist es mir ziemlich egal, ob es nun als selbst gemacht gilt oder nicht, wenn die Vaseline gekauft ist.

# Tag 24
# Garagendachpläne

Sie hat Ja gesagt! Meine Vermieterin hat Ja gesagt zum Gemüse auf dem Garagendach, und ich mache Pläne, wie viele Kisten, Töpfe und Kübel ich brauche, was ich aussäen werde und wann das überhaupt passieren muss.

Ich habe mir eine Liste gemacht:

1 × Rucola, 1 × Kopfsalat
2 × Tomate
2 × Zucchini
2 × Kartoffeln
1 × Buschbohnen
1 × Hokkaido-, 1 × Butternutkürbis
1 × Melone
1 × Aubergine
ein paar Fenchel
viel Knoblauch

Ich freue mich immer noch über die Entdeckung, dass man Gemüse auch in Kübeln, Töpfen und Kisten anbauen kann. Am liebsten würde ich gleich anfangen, allerdings ist heute der 24. Januar, und draußen liegen fünf Zentimeter Schnee – wohl kaum die richtigen Bedingungen für einen ersten Tag im Garten.

Ich kann mir aber schon mal Gedanken über meinen Zeitplan machen. Ich habe nämlich nicht die geringste Ahnung, wann welche Pflanzen ausgesät oder gesetzt werden müssen. Ich suche im Internet nach einem Saat- und Pflanzkalender, so richtig gute gibt es dort allerdings nicht. Aber ich weiß, wen ich fragen kann: die Mutter des Mannes. Als ich sie anrufe, sagt sie mir, dass ich von ihr zwei alte Gartenbücher haben könne – eines davon mit einer großen Tabelle ausgestattet, in der alle Pflanzen fein säuberlich aufgeführt sind und was in welchem Monat zu tun ist.

Mein heutiger Gartenenthusiasmus muss genutzt werden, ich will sofort diese Bücher! Ich fahre also aufs Land zu den Eltern des Mannes, der einen Großteil des Tages beim Fußball verbringen und mich deswegen nicht vermissen wird.

Als mir die Mutter des Mannes die Bücher in die Hand drückt, muss ich erst mal ein Lachen unterdrücken: »Das große Buch vom Leben auf dem Lande. Ein praktisches Handbuch für Realisten und Träumer« und »Selbstversorgung aus dem Garten. Wie man seinen Garten natürlich bestellt und gesunde Nahrung erntet«. Sie sind beide von John Seymour, der auch so schöne Bücher wie »Vergessene Künste« und »Vergessene Haushaltstechniken« herausgegeben hat.

Die Mutter des Mannes erzählt mit leuchtenden Augen, sie habe durch diese Bücher alles gelernt, was sie wissen musste, als sie vor 30 Jahren aufs Land zog. Mit »Realisten und Träumer« muss John Seymour Menschen wie sie gemeint haben. Sie war extrem engagiert in der Umweltbewegung und sah den Umzug aufs Land tatsächlich als Möglichkeit, sich aus dem Garten selbst zu versorgen.

Vom Mann kenne ich – für ihn traumatische, für mich extrem unterhaltsame – Geschichten von selbst geschrotetem Müsli, Mäusen in Getreidesäcken und sich über Wochen hinziehenden Perioden, in denen es täglich Zucchini aus dem eigenen Garten gab.

Jetzt, da seine Mutter in mir eine Verbündete in Sachen Gemüseaufzucht sieht, nimmt sie mich unter ihre Fittiche. Gut für mich, denn ich bekomme von ihr noch mehr als guten Rat: Sie bietet mir die Komplettausstattung für meinen Gemüsegarten an.

Das erleichtert meinen Gartenstart immens. In den letzten Wochen habe ich nämlich schon überlegt, woher ich Pflanzgefäße bekommen könnte und hatte mir vorgenommen, bei verschiedenen Bäckereien nach aussortierten Brotkisten zu fragen – die aus Plastik mit den vielen kleinen Löchern. Oder in Weinhandlungen alte Weinkisten für ein paar Euro zu kaufen, die ich mit Öl wetterfest hätte machen können. Und ich hätte wohl einige Streifzüge durch die Stadt unternommen, um in Baustellencontainern nach kaputten Eimern und Ähnlichem zu suchen. Denn ich hatte nicht vor, im Gartenmarkt ein Monatsgehalt für Ton- und Terrakottatöpfe auszugeben.

Ich gehe mit der Mutter des Mannes in ihr Gartenhäuschen, in dem sich kleine, mittlere, große und riesengroße Tontöpfe und Pflanztonnen stapeln, und sie sagt: »Such dir aus, was du brauchst.«

Ich schleppe die sechs größten Tontöpfe und drei große schwarze Pflanztonnen in den Kofferraum unseres Autos und habe somit ausgesorgt.

Am Nachmittag, wieder zu Hause, lese ich mich in die Bücher ein, und John Seymour wird mir immer sympathischer: Er hat in den Siebzigern den Leuten gezeigt, wie ihr Traum vom Aussteigen und vom *back to nature* wirklich klappen kann. Für Idealisten habe ich viel übrig, und außerdem sind seine Bücher die perfekte Ergänzung zu Alys. Während sie einen für die Idee, die Natur einfach in die Stadt zu holen, begeistert, erklärt er Schritt für Schritt, was überhaupt zu tun ist, wenn man sich dazu entschlossen hat, Mutter Erde ein bisschen Nahrung abzuringen.

Und so sieht der Zeitplan für meinen ersten eigenen Garten aus:

Schon im März kann ich den Salat am Fenster aussähen. Ein guter Tipp, den ich bei Alys gelesen habe: die Samen nicht alle auf einmal, sondern jede Woche nur ein paar ausbringen. Dann kann man später auch jede Woche einen Salatkopf ernten. Im April – sollte es dann schon warm sein – werde ich die Bohnen gleich draußen aussäen und die Salatpflänzchen ebenfalls rausbringen. Ende April werde ich Tomatenjungpflanzen kaufen und ein paar Frühkartoffeln in die Erde stecken. Außerdem können dann noch Zucchini, Aubergine, Kürbis, Fenchel und Melone ausgesät werden. Anschließend muss ich nur noch Daumen drücken, dass das alles was wird.

Ich habe schon das Gefühl, eine richtige Gärtnerin zu sein, obwohl ich eigentlich nur ein paar Stunden lang mit Büchern auf dem Sofa gesessen habe. Überhaupt stelle ich fest, dass ich fast einen ganzen Monat vor allem mit Überlegungen zu meinem Selbermachjahr verbracht und noch nicht allzu viel tatsächlich produziert habe: Acht Brote und einen Kuchen habe ich gebacken, vier Gardinenschals genäht und einen Topf Fußbalsam gekocht. Eine miese Bilanz nach fast vier Wochen.

Meine Hände sind immer noch unterfordert. Aber ich habe sie, also mich, vor ein paar Tagen bei einem Schuhmacherkurs angemeldet, am nächsten Wochenende. Schuhe braucht der Mensch, und um Schuhe zu machen, brauche ich meine Hände.

Die blättern jetzt noch ein bisschen in John Seymours Gartenbuch und kleben kleine bunte Zettel hinein. Als der Mann vom Fußball nach Hause kommt und mich da so sitzen sieht, kriege ich zur Begrüßung ein: »Oh mein Gott!«

Ich schaue verständnislos. »Was?«

»Jetzt geht das wieder los«, sagt er.

Ich verstehe immer noch nicht. »Wieso? Hab ich verpasst, dass wir schon letztes Jahr einen Garten hatten?«

»Entschuldige. Ich hab nur grad ein Déjà-vu. Wie du da mit den Büchern gesessen hast, dachte ich, ich bin wieder zehn Jahre alt, komme nach Hause, und meine Mutter macht Pläne für den Garten oder sucht nach neuen Zucchinirezepten.«

Ich lächle den Mann an, gebe ihm einen Kuss und greife gleichzeitig unauffällig nach dem Zettel mit der Planung. Ich korrigiere: nur *1 × Zucchini*. »Ja, aber schau: Jetzt bist du der Pubertät entwachsen, und vor allem wird es dir schmecken.«

Er schaut immer noch gequält und verschwindet unter der Dusche.

## Tag 31
## Verliebt in ein Paar Schuhe

Meine Hände schmerzen. Der linke Daumen und der Zeigefinger sind rot. Und geschwollen. Die rechte Handfläche tut weh. Weil ich das Wochenende damit verbracht habe, Hunderte Nägel in einen Plastikfuß zu schlagen.

Und jetzt halte ich ein Paar Schuhe in den Händen, das ich selbst gemacht habe!

Aber von vorn: Am Freitagnachmittag bin ich ins österreichische Schrems gefahren, ins Waldviertel. Das ist im nordöstlichsten Eck von Österreich, direkt an der Grenze zu Tschechien. Hier hat die Waldviertler Schuhwerkstatt ihren Sitz, und dort kann man in einem Schuhmacherkurs bei Toni Schuster – ja, er heißt wirklich so – Schritt für Schritt lernen, wie ein Paar Schuhe entsteht.

Ich habe in Deutschland nach einem ähnlichen Kurs gesucht, aber nichts Vergleichbares gefunden. Man kann sich zwar gemeinsam mit Mittelalterfans Sandalen nähen, aber ich wollte schon echte und vor allem alltagstaugliche Schuhe machen. Deshalb bin ich nach Schrems gefahren.

Also stehe ich am Freitagabend mit zwanzig anderen Menschen – Frauen, Männern, jüngeren, älteren – in einem großen Raum. Wir sehen uns neugierig an, sagen schüchtern »Hallo«, und ich frage mich, was das wohl für Menschen sind, die sich Schuhe selber machen. Ich schaue sie mir genau an und mache zwei verschiedene Typen aus: Die einen sehen bodenständig, anpackend aus, einige mit Cordhosen, viele mit Wollpullis, fast alle mit Waldviertler Schuhen an den Füßen. Auch bei den anderen haben die meisten Waldviertler Schuhe an, aber ihre übrige Kleidung ist farbenfroh, leger, ein bisschen esoterisch.

Als Kursleiter Toni zu unserer Runde stößt und seine Schuhmacherschüler an einen großen Tisch bittet, wird klar, dass nur die Wollpulli-Cordhosen-Fraktion zum Kurs gehört. Die andere Hälfte der Wartenden hat ein Wochenende zum Thema »Yoga für Faule« vor sich und geht üben.

Toni bittet uns alle, kurz zu erzählen, wer wir sind und warum wir Schuhe machen wollen. Da ist Helmut, der Goldschmied, der ein Schuhfaible hat. Den Kurs hat er schon vor vier Jahren geschenkt bekommen, aber immer sei dieser entweder schon ausgebucht gewesen oder er selbst habe sich ein Jahr im Voraus angemeldet und es habe terminlich dann doch nicht gepasst. Solche Geschichten werden im Laufe der Vorstellungsrunde mehrfach erzählt – Tonis Schuhmacherkurse sind extrem beliebt und meist ein paar Tage nach Terminveröffentlichung ausgebucht.

Agnes ist Kindergärtnerin und hat ihre Liebe zu Leder in Thailand entdeckt. Einfache Lederlatschen und Taschen hat sie sich schon selbst genäht, jetzt will sie richtige Schuhe machen. Regina ist Hausfrau und fasziniert von altem Handwerk. Jetzt, da ihre beiden Söhne flügge werden, hat sie der Gedanke gepackt, sie müsse wieder lernen, »in ihren eigenen Schuhen zu gehen«. Gerhards Onkel ist Schuhmacher, als Kind hat er bei ihm schon ein bisschen mitgewerkelt; außerdem hat Gerhard vier Paar Waldviertler zu Hause und will sich das fünfte Paar einfach mal selbst machen. Fritz ist Tischlermeister und bietet in seiner Werkstatt Holzarbeitkurse an. Er sagt, dass dort viele Menschen hinkommen, »weil sie ihr Tagewerk sehen wollen«.

Alle am Tisch nicken eifrig, und es entspinnt sich eine kleine Diskussion. Es sei doch überhaupt so, dass die Menschen in der heutigen Zeit das Bedürfnis hätten, etwas mit den eigenen Händen zu schaffen, heißt es von der einen Ecke des Tisches. Von der anderen kommt zurück, in unserer Warengesellschaft entspreche es absolut dem Zeitgeist, wieder einen richtigen Bezug zu den Dingen haben zu wollen. Wäre nicht klar, dass wir für einen Handwerkerkurs hergekommen sind, könnte man uns in diesem Moment auch für eine umstürzlerische Aktivistengruppe halten.

Hier bin ich richtig. Diese Menschen verstehen mein Experiment.

Nachdem sich reihum alle vorgestellt haben, machen wir Brotzeit. Wir sollen uns stärken, denn der Abend werde noch lang, kündigt Toni an. Zu Essen gibt es Bauern- und Weißbrot, Käse, Wurst, Kräuterquark, Tomaten und eingelegte Gurken. Im Waldviertel ist es ein bisschen wie in einer Cooperativa: Viele Bauern in der Umgebung haben sich auf ökologische Lebensmittel und Produkte spezialisiert – und um die regionalen Erzeugnisse zu fördern, gibt es die Währung »Waldviertler«. Wie der Chiemgauer ist er eine Tauschwährung für regionale Produkte und Dienstleistungen.

Ich schmiere mir ein Schwarzbrot mit Kräuterquark und fische mir eine große Gewürzgurke aus dem Glas, und während wir essen, erzählt uns Toni ein bisschen von sich: Sein

Großvater mütterlicherseits war Schuhmacher, und sein Vater hat den passenden Nachnamen mitgebracht. So ist aus Toni der Schuhmacher Schuster geworden. Er stellte Eislaufschuhe her, unter anderem für Norbert Schramm und Katarina Witt. Dann reparierte er eine Zeit lang Schuhe beim österreichischen Bundesheer. Heute macht er etwas ganz anderes: Jungen- und Männerarbeit; darüber hinaus bietet er Ehe- und Familienberatung an. Als Schuhmacher arbeitet Toni, wenn er ein- oder zweimal im Monat einen Kurs für die Waldviertler Werkstatt anbietet.

Als sich alle sattgegessen haben, gehen wir in den Werksverkauf, um die Schuhmodelle, die wir uns ausgesucht haben, in fertiger Form anzuprobieren – um die Schuhgrößen und -weiten zu überprüfen und später eventuell den Leisten, also den Plastikfuß, an dem wir unsere Schuhe machen werden, etwas modifizieren zu können.

Ich habe mir ein paar Clogs ausgesucht, die im Waldviertler-Sortiment »Klox« heißen, und stelle beim Anprobieren fest, dass meine übliche Größe 41 ein kleines bisschen zu groß ist. Toni gibt mir eine Größe 40 zum Anprobieren, in Weite H, und sagt dann etwas für mich absolut Überraschendes: »Du hast einen ziemlich schmalen Fuß. Probier doch noch mal eine F40, die ist schmaler.« Bisher dachte ich immer, ich hätte breite Füße. Ich kaufe sowieso mit Vorliebe breite Entenschuhe, die vorne rund und allgemein schön bequem sind. Bei schmalen oder sogar spitzen Schuhen bekommen meine Füße Platzangst. Aber tatsächlich passen mir die F40-Schuhe wie angegossen, und so kann ich mir jetzt also etwas darauf einbilden, schmale Füße zu haben.

Mit einer Liste unserer Schuhgrößen geht Toni ins Lager, wir hinterher, um Leisten zu holen. Bei manchen klebt er noch ein »Eitzerl« drauf, was sich als Stück festes Leder entpuppt, um dem Leisten mehr Volumen und somit dem späteren Schuh mehr Platz für einen hohen Spann oder breite

Ballen zu geben. Viele der Österreicher sagen: »Aha, daher kommt das«, und als ich nachfrage, wovon sie sprechen, erklären sie mir, im Österreichischen sage man »a Eitzerl mehr«, wenn man noch ein kleines bisschen von irgendwas irgendwo dazugebe.

Neben dem Leisten bekommen wir eine Sohle, die aus drei Schichten besteht – Leder, Kork, Leder – und ergonomisch geformt ist, und wir sehen zum ersten Mal die Oberteile der Schuhe. Die wurden bereits genäht, denn bei den meisten besteht das Oberteil aus mehreren Teilen und hat Ösen und Haken. Mein Oberteil allerdings hätte ich vermutlich an einem weiteren Schuhmacherkurs-Tag auch selbst nähen können: Es handelt sich um zwei durchgehende Lederstücke, eines innen und hellbraun, eines außen und schwarz, beide aufeinander- und an der Ferse zusammengenäht. An unseren Arbeitsplätzen liegen außerdem: eine Kunststoffkappe für die Schuhspitze, ein Paar Gummisohlen, ein schwerer Schuhmacherhammer, eine breite und eine schmale Zwickzange, ein sogenanntes Reibbein – was ein gebogenes Stück Tierknochen ist –, ein Stückchen feines Schleifpapier und eine Handvoll Nägel.

Probehalber sollen wir erst einmal ein paar Nägel mit den beiden Zangen in den Leisten schlagen. Und zwar so, dass wir sie nicht darin versenken, dass man sie aber auch nicht so leicht wieder herausziehen kann. Ein lautes Geklopfe beginnt. Schuhmacher hämmern mit den Zangen, weil sie dann nicht ständig ihr Werkzeug wechseln müssen. Toni geht herum und schaut sich unsere Arbeiten an. Bei mir zieht er einen Nagel einfach so mit den Fingern wieder heraus. Ich schaue etwas fassungslos auf den Leisten, den er mir zurückgibt. Ich probiere, ob auch die anderen vier so locker sind, und ärgere mich, dass die alle bombenfest sitzen. Er hat genau den einen erwischt, den ich beim Einschlagen nicht fest genug gehauen habe.

Mit dem Schleifpapier rauen wir die untere Seite der Zwischensohle und das Innenleder auf, damit beide Teile später gut miteinander verklebt werden können. Und dann geht es los. Wobei wir in diesem Moment noch nicht wissen, dass das, was wir gleich machen werden, unsere Beschäftigung für die nächsten elf Arbeitsstunden sein wird. Wir legen unsere Lederteile auf den Leisten und versuchen, es glatt darüberzuziehen und auf dessen Unterseite festzunageln.

Das Problem daran: So ganz ohne Gewaltanwendung reicht das Leder gerade mal bis zur Kante des Leistens. Wir müssen es also mit der breiten Zange malträtieren, es immer wieder und noch mal ziehen und dehnen, bis es ein bis zwei Zentimeter über den Rand hinausgeht und wir es mit einem Nagel und der breiten Seite der Zange an der Unterseite des Leistens befestigen können. Und das ist auch schon das nächste Problem: Es klingt vielleicht einfach, aber in Wirklichkeit ist es eine ziemliche Frickelarbeit, gleichzeitig ein Werkstück auf den Oberschenkeln zu balancieren, mit einer Hand einen Nagel in ein gerade brachialst gedehntes Leder zu pieken und mit der anderen Hand eine Zange auf eben jenen Nagel zu schlagen. Kurz: Wir hauen uns alle auf die Finger. Am Ende dieses Abends werden die ersten Daumen schon blau angelaufen und verbunden sein. Mein Daumennagel bleibt überraschend rosa, dabei habe auch ich mir einmal mit voller Wucht und ungefähr zwanzig Mal mit halber draufgehämmert.

Wir klopfen, was das Zeug hält, um die ersten fünf Züge, die Toni uns gezeigt hat, zu üben: 1. Die Spitze des Leders über die Spitze des Leistens ziehen und mit einem Nagel fixieren. 2. Einen Fingerbreit darunter auf der Innenseite das Leder ein Stückchen ziehen und festnageln. 3. Auf der gegenüberliegenden, also der Außenseite des Schuhs das Leder so weit in die entgegengesetzte Richtung zu Zug zwei ziehen, bis das Oberleder glatt liegt. 4. und 5. Zwei Fingerbreit zur Ferse hin die Züge zwei und drei wiederholen, also das Leder wieder erst innen und dann außen so spannen, dass keine Falten bleiben.

Das üben wir einige Male und machen gegen elf Uhr Feierabend. Ich falle müde ins Bett, schlafe aber extrem unruhig. Die ganze Nacht lang ziehe ich Leder in die Länge und nagle es an einem Leisten fest.

Am Morgen wache ich gerädert auf. Meine Finger tun weh. Ich bin müde. Um acht sitzen wir alle beim Frühstück und schmieren selbst gemachte Marmelade auf dicke Brotscheiben. Um neun beginnt unser Kurs.

Wir fangen wieder mit den ersten fünf Zügen an, nachdem wir das Leder-Kork-Fußbett am Leistenboden festgenagelt haben. Als Nächstes ist die Ferse dran: Auch dort schlagen wir zuerst in der Mitte einen Nagel ins Leder und dann sechs weitere links und rechts an den Leistenseiten. Die Technik fällt mir immer leichter: Leder ziehen, erst das innere, dann das äußere, dann beide zusammen, gut festhalten mit der Zange, diese so auf den Leistenboden drücken, dass das Leder glatt aufliegt, einen Nagel fest hineindrücken und mit der Zange ein paar Millimeter tief einschlagen. Toni geht immer wieder herum, zeigt, erklärt, gibt Tipps und bremst, wenn einer von uns schon ohne Anweisung weitermachen will. Er ist unendlich geduldig. Man merkt, dass er diese Kurse seit sieben Jahren gibt.

Zwischendurch wird das Außenleder immer wieder mit dem Hammer bearbeitet: Mit der runden, glatten Seiten des Schuhmacherhammers verteilen wir sanfte Schläge, um das Leder geschmeidig zu machen und seine Form dem Leisten anzupassen. Dann werden auch dem Leder an der Ferse die Falten ausgetrieben. In 5-Millimeter-Abständen hauen wir Nägel zwischen kleine Falten und plätten diese anschließend.

Nun werden die Seitenränder des Leders festgenagelt, nur

im Zentimeterabstand, und trotzdem stecken am Ende rund 50 Nägel in einem Schuh. Er sieht aus wie ein Igel.

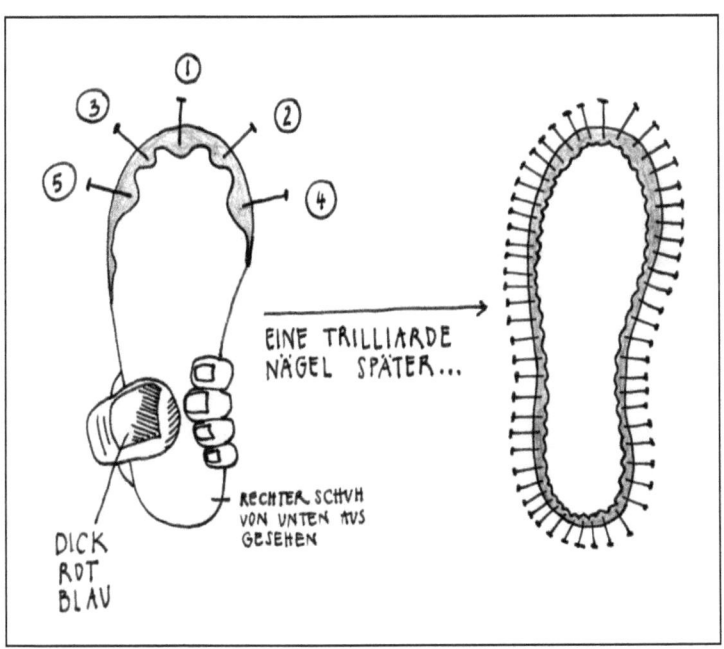

Dann das Ganze von vorn mit dem zweiten Schuh. Und dann, wir können es kaum fassen, sollen wir die Nägel aus der oberen Hälfte des Leistens wieder rausziehen, sollen den Rand des Fußbetts mit Weißleim einstreichen – was mit dem Finger gemacht wird und eine feine Matscherei ist – und anschließend nur das innere Leder wieder spannen und festnageln. Als Nächstes folgt die Ferse und dann die Längen – alle Nägel müssen wieder raus, etwas Leim zwischen Leder und Fußbett, Leder wieder ziehen, Nägel wieder rein. Bis wir einmal rundherum sind, uns noch dreißig Mal auf die Finger gehauen haben und langsam das Gefühl in Daumen und Zeigefinger schwindet, die trotzdem noch weiter jeden einzelnen Nagel tapfer festhalten.

An unseren Schuhen ist nicht wirklich ein Fortschritt zu erkennen.

Zwischendurch machen wir Brotzeit und gönnen unseren Fingern eine kleine Erholungspause. Brote zu schmieren ist so viel weniger anstrengend, als Nägel durch Leder hindurch in einen Plastikleisten zu klopfen.

Glücklicherweise kommt der nächste Arbeitsschritt ohne Nägel und Zangen aus. Wir entfernen alle Nägel aus unseren Leisten und klappen das Oberleder an der Schuhspitze so weit nach oben, dass das Innenleder bis zum Spann freiliegt. Das fühlt sich ein kleines bisschen brutal an.

Wir sollen Kunststoffkappen einkleben. Es sind eigentlich noch gar keine Kappen, sondern nur halbrunde, flache, gummiartige Dinger, die erwärmt und dann zwischen Innen- und Oberleder geklebt werden. Also sitzen wir mit einem Heißluftfön in der Hand da, auf das Gummihalbrund auf dem Fußboden vor uns gerichtet, und warten darauf, dass die Oberfläche des Kunststoffs anfängt zu glänzen. Mit spitzen Fingern nehme ich es hoch, es ist heiß und klebt, ich lege es vorsichtig auf das Innenleder und drücke es an.

Wir nageln das Leder ein letztes Mal rundherum fest, sprich: Ich klopfe ein weiteres Mal rund 50 Nägel in jeden meiner beiden Schuhe. Noch einmal soll ich das Leder weich- und die Falten zwischen den Nägeln platt klopfen, dann kommen alle Nägel ein letztes Mal raus. Ich frage mich, wozu ich jetzt Hunderte von Nägeln in meine Schuhe geschlagen habe, wenn am Ende kein einziger von ihnen stecken bleibt. Andererseits: habe ich mich die ganze Zeit über auch gewundert, was das mit den Nägeln wohl wird, ob die in der Gummisohle verschwinden und ob sie beim Laufen nicht doch etwas störend sein könnten. So löst sich jedes Rätsel. Wenn auch diesmal auf so deprimierende Weise, dass all das Geklopfe nur zum Formen des Leders gedacht war und gar nicht für die Konstruktion des Schuhs selbst nötig ist. Meine Fingerkuppen sind inzwischen taub.

Mittlerweile ist eigentlich schon wieder Abendessenszeit, aber wir müssen heute noch die Zwischensohlen der Schuhe einkleben: ein breites Stück festes Leder, das mit Schusterleim eingestrichen wird. Die Ränder des Oberleders biegen wir mit den Fingern nach außen – also ganz und gar in die entgegengesetzte Richtung, in die wir bisher geklopft haben!, denke ich empört – und drücken die Zwischensohle fest an. Zur Sicherheit zwicke ich mit der breiten Zange Oberleder und Zwischensohle noch einmal rundherum fest aufeinander. Dann ist unser Tagewerk getan. Es ist 20 Uhr, wir haben zwölf Stunden gearbeitet, abzüglich einer Brotzeitpause und einer kurzen Führung durch die Waldviertler Schuhwerkstatt, in der uns Werkstatt-Chef Heini eine Maschine zeigte und meinte: »Diese Maschine erledigt die Arbeit eures heutigen Tages in 30 Sekunden.«

Wir setzen uns zum Abendessen zusammen, essen Käsekrainer und Gemüsestrudel. Ich fühle mich tatsächlich endlich wie jemand, der weiß, was er am Tag geschafft hat. Meine Finger tun noch mehr weh als am Morgen, von meinem Rücken ganz zu schweigen. Der hat schon nach zwei Stunden gebeugten Sitzens jegliche Beschwerden an mich eingestellt. Aber trotz aller Anstrengung, die mein bürogestählter Körper nicht gewohnt ist: Ich fühle mich gut. Glücklich. Zufrieden mit mir und meinen Händen und dem, was die alles können.

Nach dem Essen gehen wir noch kurz in die Werkstatt, wo Toni mit einer Maschine die Ränder unserer Schuhe beschneidet. Richtig schick sehen sie jetzt aus, fehlt nur noch die Gummisohle, dann sind es echte Schuhe.

In dieser Nacht schlafe ich ein bisschen besser. Ich habe am Abend noch Rückengymnastik gemacht – was nie ein Schuhmacher erfahren darf, weil er sich sonst über mich kaputtlachen würde. Aber was soll ich tun, ich habe die ganzen 25 Jahre meines Schul-, Studien- und Arbeitslebens immer nur an Tischen gesessen und in Hefte oder Computer geschrieben. Mein Rücken kennt einfach nichts anderes.

Am nächsten Morgen geht es um neun los; Sonntag hin oder her. Heute nähen wir.

Um Schuhe zu nähen, braucht man nicht einfach nur einen kräftigen Faden und eine dicke Nadel. Man benötigt *zwei* Nadeln, und außerdem eine Ahle, um die Löcher vorzustechen. Die Nadeln sind eigentlich auch gar keine Nadeln, sondern Drahtstücke, die in der Mitte so zusammengelötet wurden, dass eine Öse entsteht und deren Enden so geschliffen sind, dass der Draht nicht aufgeht. »Früher waren diese Nadeln aus Schweineborsten«, sagt Toni.

Und so näht man Schuhe: Toni sticht mit der Ahle ein Loch von oben durch das Oberleder, durch die Zwischensohle hindurch, und beim Zurückziehen der Ahlenspitze schiebt er gleich Nadel Nummer eins hinterher, die an einem Ende des Fadens festgemacht ist.

Er zieht den Faden so weit hindurch, dass jetzt die eine Hälfte seiner Länge oben, die andere unten aus der Sohle herausschaut.

Ab dem zweiten Stich wird dann, wenn die erste Nadel noch im Loch steckt, die zweite Nadel von der anderen Seite hindurchgeschoben und beide Fäden in entgegengesetzte Richtung lang gezogen. So entsteht die Naht gleichzeitig oben und unten.

Zweieinhalb Stunden lang sitze ich da, wieder mit gekrümmtem Rücken, um den schwarzen Faden auf meinem schwarzen Leder einigermaßen gut sehen zu können, bohre Löcher, ziehe Nadeln hindurch, mache Schlaufen und zurre den Faden mit Hand und Ahle fest. Und bin froh, nur eine Schuhgröße 40 und einen schmalen Fuß zu haben, weil ich mir so ein paar Zentimeter Näharbeit spare.

In mir macht sich eine kontemplative Ruhe breit. Endlich habe ich an diesem Wochenende mal das Gefühl, einigermaßen zu wissen, was ich hier tue. Ich bin stolz, dass meine Stiche gleichmäßig sind und so auf der hellen Unterseite der Zwischensohle eine schöne, parallel zum Schuhrand verlaufende Linie entsteht. Ich muss an meine Mutter denken, die mir als Kind immer sagte, wenn ich etwas mit der Hand nähte und die Innenseite der Naht schief und krumm geworden war: »Eine Naht muss immer auf beiden Seiten schön aussehen.« Da ich irgendwann anfing, mit der Nähmaschine zu arbeiten, erledigte sich das Problem von allein. Aber jetzt grinse ich ein bisschen in mich hinein und denke: ›Na also, ich kann's ja doch.‹

Fünf Stunden lang sitzen wir so da und nähen, dann verschwindet einer nach dem anderen in der Werkstatt. In einer Unterdruckpresse werden die mit Kunststoff eingestrichenen Gummisohlen bombenfest mit den Schuhen verbunden. Eine weitere Maschine entfernt aus allen Schuhen den Leisten. Mit einer Schneide-, einer groben und einer feinen Schleifmaschine glättet Toni dann die rauen Kanten meiner Schuhe, und endlich sehen sie aus wie echte, wunderschöne Schuhe.

Ein bisschen ärgert mich, dass wir zum Schluss doch noch so viele Maschinen gebraucht haben, und ich frage Toni, wie viele Tage mehr wir benötigt hätten, wenn wir wirklich alles mit der Hand gemacht hätten. Er sagt: »Früher hat man die Kanten mit dem Messer beschnitten und mit einer Glasscherbe geglättet. Ich denke mal, wir hätten noch zwei Tage länger arbeiten müssen.« In einem Wochenkurs wäre es also durchaus möglich gewesen, sowohl das Oberleder meiner »Klox« selbst zuzuschneiden und zusammenzunähen, als auch zum Schluss die Sohle noch selbst zu bearbeiten.

Andererseits halten wir dadurch nur wenige Stunden nach dem letzten Stich unsere fertigen Schuhe in den Händen, und so ist das Schuhemachen auch etwas für Menschen, die noch nie in ihrem Leben genäht oder etwas gebaut haben. Nur einen Nagel sollte man halbwegs gut treffen können.

Hier stehe ich jetzt: meine neuen Schuhe in der Hand, frisch eingefettet und nach erfolgreicher Anprobe. Ich kann einfach die Finger nicht vom Leder lassen. So weich. So zart. So schön. Ich liebe diese Schuhe!

Die habe ich nämlich selbst gemacht.

Meine Fingerkuppen können es bezeugen.

## Tag 37
# Stricken in der Endlosschleife

Die ganze Woche habe ich zu Hause meine neuen Schuhe getragen, die ganze Woche habe ich sie verliebt angeschaut. Die habe ich selbst gemacht! Ich bin so stolz auf mich. Ich rufe die beste Freundin an, um ihr mitzuteilen, *wie* stolz ich auf mich bin.

»Magst du vielleicht mal vorbeikommen und meine neuen Schuhe anschauen?«, frage ich sie.

»Wenn du mir dann Stricken beibringst?«, fragt sie zurück.

»Wie kommst du denn jetzt darauf, wir haben doch gerade über meine tollen neuen Schuhe gesprochen.«

»Schon klar. Aber wenn ich vorbeikomme, bringst du mir Stricken bei«, sagt sie. Das habe sie schon immer lernen wollen, und außerdem würde ihr ein kontemplatives Hobby guttun – jetzt, da sie in ihrem neuen Job als Projektleiterin »ständig Menschen anmotzen muss«. Und wenn ich für mein »komisches Experiment« sowieso meine Strickkenntnisse auffrischen müsse, wie ich doch letzte Woche erst laut verkündet hätte, könne ich das doch auch gleich mit ihr zusammen machen.

Richtig. Das Wichtigste ihrer Überlegung ist aber der Punkt, dass ich selbst erst mal ein paar Sachen wieder lernen muss. Ich kann linke Maschen stricken, rechte Maschen auch, und ich glaube mich zu erinnern, wie man Maschen abnimmt, also die allerletzte Reihe strickt.

Ich habe schon ziemlich früh Stricken gelernt, mit acht oder neun Jahren. Allerdings kann ich ausschließlich geradeaus stricken, das heißt: Schals. Ich weiß nicht, wie man ein Strickstück breiter oder schmaler werden lässt, deswegen faszinieren mich zum Beispiel selbst gestrickte Pullover, für die erst einmal einzelne Teile mit Kurven und Ecken gestrickt werden müssen, damit Ärmelausschnitt und Ärmel auch ineinanderpassen.

Und das Maschen-Aufnehmen ist ein Problem: die Prozedur, wie aus Wollfaden, Stricknadeln und ausladenden Handbewegungen mit abgespreizten Fingern die erste Reihe Maschen wird.

Ich weiß nicht, wie man diese erste Reihe macht. Wenn ich mir früher etwas stricken wollte, ging ich zuallererst zu meiner Mutter, drückte ihr Nadeln und Wolle in die Hand und sagte: »Bitte!« Ich sagte ihr noch, wie viele Maschen breit das Ganze werden sollte, und meine Mutter legte los. Wenn sich nach ein paar Reihen herausstellte, dass zum Beispiel die Stulpen niemals um ein menschliches Handgelenk passen würden, ribbelte ich das Gestrickte wieder auf, ging erneut zu meiner Mutter und ließ mir eine neue, breitere erste Reihe stricken. Das blieb so bis Anfang 20, als ich mir mein bis heute letztes Strickstück, einen »coolen« Endlosschal strickte, den ich – nebenbei bemerkt – dann doch nur zwei Mal trug.

Klar, meine Mutter hat mir unzählige Male gezeigt, wie man Maschen aufnimmt. Aber es erschien mir zu kompliziert, um es mir zu merken. Und als ich jetzt im Internet nach Videos suche, in denen erklärt wird, wie die erste Reihe geht, sehe ich mich nur bestätigt: wahnsinnig kompliziert. Vor allem: Was die Frauen da in den Videos machen, sieht nicht mal annähernd aus wie das, was ich bei meiner Mutter gesehen habe. Und auch untereinander gleicht es sich nicht immer. Eine Engländerin hält sogar ihre beiden Stricknadeln in nur einer Hand und wickelt den Faden mit der anderen drumherum. Das, was ich bei meiner Mutter und Oma gesehen habe, war eher so ein schnelles Nadeln-zwischen-zwei-um-die-linke-Hand-gewickelte-Fäden-Hinundherwetzen.

Anhand der Videotitel auf *Youtube* lerne ich: Es gibt das Maschenaufnehmen im »English Style« – die komische Wickelmethode –, im »Continental«, »German« und »Portuguese« Style. Letzteres sieht besonders lustig aus, weil der Wollfaden um den Nacken gelegt und auf diese Weise von der rechten Hand um den Hals herum zur linken Hand geführt wird.

Ich schaue das Video zum »German Style« an. Ich schaue es noch einmal an. Dann nehme ich mir zwei Stricknadeln und einen Faden und klicke wieder auf »Play«. Ich drücke »Pause« und versuche, den Faden so um meine Finger zu wickeln, wie die Frau es da im Video macht. Ich spule das Video zurück und schaue es erneut an. Play, wickeln, Pause, zurück. Und das Ganze von vorn. Nach dem fünften oder sechsten Mal sieht das bei mir ungefähr so aus wie im Video. Also wieder »Play«. Die allererste Masche schaffe ich aus dem Stand, ist auch nur ein Knoten, wenn man es genau nimmt, aber dieser Erfolg euphorisiert mich für alles, was noch kommen mag. Play. Jetzt müssen die beiden Nadeln durch die vordere Schlaufe nach hinten, durch die hintere Schlaufe nach vorne, und dann soll ich den Faden auch noch loslassen! Dabei war ich gerade so glücklich, ihn da zu haben, wo er hingehört. Ich bin mutig, lasse los. Und habe einen merkwürdigen Knoten gemacht. Aber keine zweite Masche. Also noch einmal. Und noch mal. Play, vorne durch, hinten durch, loslassen, und: Es klappt. Masche Nummer zwei lacht mich an! Na, das machen wir doch gleich noch mal. Und wieder: eine Masche! Ich mache noch eine und noch eine und noch zwanzig mehr. Pah, das ist ja gar nicht sooo schwer, denke ich und schaue mir stolz an, was da in der letzten Stunde entstanden ist. Mit 31 Jahren habe ich meine erste erste Reihe gestrickt.

Ich schreibe meiner Mutter eine SMS: »Habe meine erste erste Reihe gestrickt!«

Kurz darauf kommt von ihr die knappe Antwort: »Aha.«

Anscheinend versteht sie nicht, um welch historisches Ereignis es sich hier handelt: »Das konnte ich nie. Hast du immer gemacht.«

Sie schreibt ein paar Minuten später zurück: »Na dann: Glückwunsch!«

Offensichtlich bin ich hier die einzige Person, die das Gefühl hat, dass heute ein neues Leben anfängt: Ich kann alleine stricken, ohne meine Mutter.

Dabei hatte Stricken immer sehr viel mit ihr zu tun, genauso wie andere Handarbeiten. Häkeln, Stricken, Nähen – habe ich alles von meiner Mutter gelernt, wenn auch nur in den Grundfähigkeiten und weit entfernt von jeglicher Raffinesse.

Eigentlich ist das bei uns sehr klassisch abgelaufen, denke ich jetzt: Handarbeiten lernt man von der Mutter oder der Großmutter. Eine Generation bringt der nächsten Generation bei, wie man Fäden so verknotet, dass etwas Brauchbares dabei herauskommt. Ganz früher, noch bis ins 18. Jahrhundert, müssen das gar nicht unbedingt die Mütter und Großmütter gewesen sein, das Wissen über Handarbeitstechniken wurde eher vom Meister an den Gesellen weitergegeben; Stricken, Knüpfen, Nähen waren Handwerke wie jedes andere, habe ich gelesen. Und deswegen Männersache. Eine nette Vorstellung: ein Mann, der stricken oder nähen kann. Das hat was. Mein Mann kann es nicht. Er will es auch nicht lernen, ich habe ihn gerade gefragt. Dabei behauptet er, im Handarbeitsunterricht der 3. Klasse eine 1 fürs Stricken bekommen zu haben.

Pech für den Mann. Er hätte da einige Punkte bei mir sammeln können. Sexy-Punkte. Die Band Coldplay, vier Männer, haben zum Beispiel die bunten Uniformen, die sie auf den Bildern und in den Videos ihres Albums »Viva la Vida« tragen, selbst genäht. Sehr sympathisch. Auch in Norwegen stricken die Männer – und die Frauen rauchen Pfeife. Das tapfere Schneiderlein, der türkische Änderungsschneider in meiner Straße, große Modedesigner – alles Männer. Trotzdem gilt es heute als »Frauending«. Merkwürdig.

Noch ein paar Jahrhunderte weiter zurück gibt es dann wirklich Erstaunliches zu entdecken: nämlich die Tatsache, dass Stricken älter ist als Weben. Wer hätte gedacht, dass dieses Faden-mit-einer-Nadel-durch-eine-Schlaufe-Holen-und-Schlaufe-über-die-andere-Schlaufe-Legen schon länger gemacht wird als Faden-drüber-Faden-drunter-quer-zu-Faden-drüber-Faden-drunter? Tatsächlich taucht dieses Prinzip aber schon bei Fischernetzen oder zum Beispiel Ritterkettenhemden auf. Wie gesagt: klassisches Handwerk. Männersache.

Vielleicht ahnt das der Sohn der besten Freundin, denn als wir später am Tag beieinandersitzen und ich auf ihre verkrampften Finger schaue, die an einer ersten Reihe verzweifeln, kommt er zu uns und kräht: »Ich will das auch lernen!« Also sitzen wir zu dritt auf dem Sofa, die Freundin links, ihr achtjähriger Sohn rechts, und ich bin meine Mutter, die anderen Menschen beibringt, wie Handarbeit funktioniert.

# Tag 46
# Die Berlinerin backt Krapfen

Es ist Faschingsmontag und damit Krapfenzeit. Wir wohnen direkt gegenüber einem Bäcker, der dafür bekannt ist, dass man dort gefühlte 200 verschiedene Sorten Krapfen bekommt. Man kann sie sich sogar nach Hause liefern lassen. Kein Witz, »Call-a-Krapfen« nennen sie das.

Aber: Obwohl Krapfen in manchen Gegenden »Berliner« heißen und ich das ja qua Herkunft auch bin, bin ich kein riesiger Faschingskrapfenfan. Ich bin noch nicht mal Faschingsfan. Weil ich als echte Preußin über ausufernde Feierlichkeiten wie Karneval, Fasching, Fastnacht oder das Oktoberfest nur mit zusammengekniffenen Lippen den Kopf schütteln kann. Menschen haben überbordenden Spaß! Das gäbe es bei uns nicht.

Außerdem streiten der Mann und ich immer, wie die Dinger richtig heißen. Pfannkuchen, sage ich. So nennen wir sie bei uns in Berlin, zumindest im Osten. Pfannkuchen seien doch was ganz anderes, sagt daraufhin der Mann. Worauf ich wiederum sage, das, was er da meint, seien aber Eierkuchen.

Und nun sagt der Mann am Telefon zur besten Freundin, die uns zu einem gemeinsamen Essen am Faschingsdienstag einlädt: »Wir bringen Krapfen mit. Selbst gemachte.« Nachdem er aufgelegt hat, präzisiert er für mich diese Ankündigung: »Du musst Krapfen machen.«

»Ach so?«, sage ich und zeige dem Mann in Gedanken einen Vogel.

Aber wieso sollte ich eigentlich keine »Krapfen« machen?, denke ich mir im gleichen Moment. So ein Selbermachjahr ist ja genau dafür da: Sachen selbst machen, die man selbst machen könnte, aber nie selbst machen würde, weil man sie zum Beispiel beim Krapfenhändler direkt gegenüber kaufen kann.

»Gut, mache ich also Krapfen«, antworte ich dem Mann. Ich suche nach dem Frühstück im Internet ein Rezept heraus, das recht einfach klingt und von vielen Menschen mit der Maximalzahl von fünf Sternen bewertet wurde. Ich packe meine Sachen für die Arbeit zusammen und stecke einen Einkaufsbeutel ein. Nach Feierabend werden Krapfen gemacht.

Am Abend hole ich aus meinem Einkaufsbeutel: Eier, Hefe und eine Flasche Sonnenblumenöl zum Frittieren. Meine erste Flasche Frittieröl. Ich habe noch nie im Leben frittiert.

Ich rühre etwas Hefe in Milch ein, lasse sie eine Weile stehen, schlage ein Ei, ein Päckchen Vanillezucker und etwas Butter ausgiebig schaumig und rühre nach und nach 250 Gramm Mehl unter. Zum Schluss kommt zu der entstandenen Krümelei noch die Hefemilch – wodurch ein klebriger, zarter Teig entsteht, der gut zwei Stunden ruhen muss und dem Mann und mir Zeit für das Abendessen gibt. Bevor ich mich neben ihn aufs Sofa vor den Fernseher setze, forme ich aus dem Teig zehn Bällchen, die nun noch mal stehen sollen, »bis sie sich schön vergrößert haben«. Das ist aber nicht gerade das, was ich eine präzise Backanleitung nenne, denke ich mir noch, lasse die Teigkugeln aber trotzdem in Ruhe und schaue einfach eineinhalb Stunden später nach, ob sie sich »schön vergrößert« haben. Sie haben. Prall und immer noch samtig zart liegen sie auf dem Holzbrett. Ich setze einen kleinen Topf auf den Herd, fülle ihn zur Hälfte mit Öl, und stehe nun vor der Frage, wie ich herausfinden soll, wann das Öl 170 Grad Celsius heiß ist. In unserem Haushalt gibt es nur ein Wetter-, ein Steak- und ein Fieberthermometer, und alle drei sind für solche Temperaturen nicht gedacht.

Also tippe ich meine Frage ins Google-Suchfenster und

bekomme prompt eine Antwort: Bilden sich an einem Holzstäbchen, das man ins Öl hält, Blasen, ist es heiß genug fürs
Frittieren.

Holzstäbchen also rein in das Öl, und schon sprudeln viele
kleine Blasen nach oben. Es geht los.

»Magst du mitfrittieren?«, brülle ich Richtung Wohnzimmer, wo der Mann noch vor dem Fernseher sitzt.

»Was muss ich machen?«, schreit er zurück.

»Die Zeit stoppen! Die sollen immer eine Minute lang im
Öl sein«, rufe ich über meine Schulter.

»Schrei doch nicht so«, sagt der Mann, der plötzlich hinter mir steht.

»Also, du stoppst und sagst ›Auf die Plätze, fertig, los!‹.«

»Drei, zwei, eins«, zählt der Mann, ich nehme einen der
Klopse vorsichtig in die Hand, trotzdem bekommt er sofort
Dellen, so zart ist der Teig. »Los!« Ich lasse den Klops ins Öl
fallen, es spritzt nach allen Seiten, und sofort sprudelt das
Öl um den Teigklops herum. Und nach und nach wird die
untere Hälfte des Krapfens braun. Als die Frittierminute zu
Ende geht, zählt der Mann wieder seinen Countdown und als
er bei »Eins! Bitte wenden!« angekommen ist, drehe ich den
Krapfen mit zwei Holzlöffeln um.

Eigentlich dachte ich, dass dieser weiße Rand in der Mitte
der Krapfen immer dadurch zustande kommt, dass der Teig-
ball eben nicht ganz bis zur Hälfte versinkt. Aber unser erster
Krapfen wird keinen Rand bekommen. Er wird von beiden
Seiten genau bis zur Mitte gebräunt. Als ich ihn aus dem Öl
fische und auf das Gitter mit dem Küchenpapier lege, finde
ich, dass das, was ich da gerade produziert habe, überhaupt
nicht wie ein Faschingskrapfen aussieht. Es ist eher ein run-
des braunes Ding mit Dellen, das kräftig nach Frittierfett
riecht.

Jetzt, da ich es ausprobiert habe, muss ich sagen: Frittieren ist mit Abstand die unattraktivste Art der Speisenzube-

reitung, zumindest in der eigenen Küche. An der Imbissbude bin ich für Backfisch, Pommes, Quarkbällchen immer zu haben. Aber beim heimischen Frittieren steht da ein Topf Öl auf dem Herd, um die Herdplatte herum bilden sich kleine schmierige Pfützen, man fischt sein Essen aus dieser Masse Fett, muss es erst einmal abtropfen lassen und kann es dann ohne medikamentöse Hilfe trotzdem nicht problemlos verdauen. Und in der ganzen Wohnung riecht es wie in einer Pommesbude.

Der Mann zählt noch 27 Mal einen Countdown, neun Mal lasse ich einen Teigklops ins Öl fallen, neun Mal drehe ich den Krapfen um, neun Mal fische ich ihn vorsichtig aus dem Öl. Am Ende liegen zehn komisch aussehende Pfannkuchen Schrägstrich Krapfen auf dem Gitter, alle etwas unterschiedlich braun. Die, bei denen wir die Temperatur ein wenig runtergedreht haben, weil das Öl wie verrückt sprudelte, sind zu blass, die anderen sind so dunkelbraun, wie Krapfen eigentlich nicht sein sollten.

»Die sehen doof aus«, bemerkt der Mann.

Hm. Ich würde die Krapfen gern verteidigen, aber er hat leider recht. »Wie kriegen wir jetzt eigentlich ohne Spritze die Marmelade in die Pfannkuchen?«, frage ich.

»Aufschneiden und reinschmieren?«

»Das ist doch blöd. Wer will denn einen Pfannkuchen, der aussieht wie eine Pausenschrippe?«

»Lass uns das morgen überlegen, ich bin müde«, sagt der Mann, »außerdem heißt es Krapfen.« Er verlässt die Küche. Ich gehe ihm hinterher, putze meine Zähne, und dann habe ich die entscheidende Idee: Mit einem Strohhalm!

Ich gehe noch mal in die Küche, nehme mir das Glas Erdbeermarmelade, das im Kühlschrank steht, schneide einen Strohhalm in der Mitte durch, stecke ihn in die Marmelade, schlucke kräftig, um die Spucke von Marmelade und Krapfen fernzuhalten, und ziehe dann beherzt am Strohhalm, bis sich die Marmelade in Bewegung setzt. Ganz langsam in Richtung meines Mundes. Als der Strohhalm fast voll ist, ziehe ich ihn aus dem Glas und zwischen meinen Lippen hervor, stecke ihn in einen Krapfen und puste. Puste, so doll ich kann, und endlich setzt sich die Erdbeermarmelade in Bewegung. Strohhalm für Strohhalm entleere ich so in die Krapfen. Als jeder eine Erdbeermarmelade-Strohhalm-Füllung bekommen hat, gehe ich mir noch mal die Zähne putzen und schlüpfe ins Bett.

»Wo warst du so lange?«, murmelt der schon halb schlafende Mann.

»Ich habe die Pfannkuchen gefüllt.«

»Und wie?«

»Mit dem Strohhalm. Marmelade einsaugen und rauspusten.«

»Das klingt ekelhaft«, schließt der Mann, gibt mir einen Gutenachtkuss und dreht sich um.

## Tag 47
# Soll doch der Bäcker die Krapfen machen

Heute Morgen beim Frühstück dann sagt der Mann: »Wir müssen einen Krapfen probieren! Wir können die nicht mitbringen, ohne sicher zu sein, dass sie schmecken.« Ich vermute zwar andere, egoistische Gründe hinter seinem Vorschlag, aber tatsächlich ist mir auch unwohl bei dem Gedanken, am Abend mit zehn Krapfen aufzutauchen, in die alle hineinbeißen, um dann das Gesicht zu verziehen und sich vielleicht noch ein halbherziges »Hm, interessant« herauszupressen.

Wir werden am Abend neun Leute sein, zehn Krapfen liegen auf der Küchenzeile, einer ist eh zu viel. Also beriesele ich einen Krapfen mit Puderzucker, zücke ein Messer und schneide ihn in der Mitte durch. Eine Hälfte reiche ich dem Mann.

Wie zwei Verkoster im Fernsehen oder bei einem kulinarischen Wettbewerb beißen wir andächtig in unsere Krapfenhälften, kauen schweigend, schmatzen ein bisschen, der Mann nickt mit dem Kopf, bei mir ist es eher ein Hin- und Herschwanken des Kopfes. Ich brauche lange, bis ich meinen Bissen runtergeschluckt habe, dem Mann geht es genauso. Dann sagen wir fast gleichzeitig: »Joah …«

»Ein bisschen fluffiger könnten sie sein«, sagt der Mann. »Und mehr Marmelade muss rein, mindestens doppelt so viel, besser dreimal.«

»Hm. Die sind etwas schliff.«

»Was sind die?«

»Na, noch so ein bisschen roh. Leicht batzig«, ich beiße noch mal in meine Krapfenhälfte, »und ganz schön schwer zu kauen.« Die Konsistenz braucht wirklich eine Portion guten Willens zur Bewältigung, und als ich erneut schwer schlucke, um den Bissen runterzukriegen, beschließe ich, dass diese Krapfen unsere Küche nie verlassen werden.

»Ich mache heute Nachmittag noch mal neue«, sage ich und überlege, ob ich es schaffen kann, zwischen Feierabend, der im Münchner Geschäftsleben an diesem Faschingsdienstag schon mittags anfängt, und dem Essen um halb acht noch mal eine Ladung Faschingskrapfen zu backen. Vor allem, wenn ich die Teigkugeln länger liegen lasse, um ihnen mehr Zeit zum Aufgehen, zum Fluffigwerden zu geben. Es müsste passen. Nach meiner Berechnung könnten sie zweieinhalb Stunden ruhen.

Also stehe ich nach vier Stunden Büro wieder in der Küche, rühre die Hefe in etwas Milch, verquirle Ei, Zucker, Butter, schütte Mehl dazu und die Hefemilch, forme zwei Stunden später zehn kleine Teigbällchen und lege sie auf dem bemehlten Brett ab. Wie schon gestern decke ich sie locker mit etwas Frischhaltefolie ab und lasse sie dann erst einmal in Ruhe.

Zwei Stunden später sind sie zu doppelt so großen Flatschen angeschwollen, und ich will die Folie wegnehmen, um den Teig die letzte halbe Stunde an der Luft aufgehen zu lassen. Sie sollen eine Haut kriegen, das steht so im Rezept. Nur leider ziehe ich ihnen in diesem Moment die Haut ab – die Folie klebt fest. Das hat sie gestern nicht gemacht, eine Nebenerscheinung des langen Liegens, vermute ich. Ich kratze und ziehe vorsichtig und bin jetzt schon etwas genervt, dass vielleicht auch diese Ladung Krapfen nichts wird.

Aber erst mal will ich mich nicht entmutigen lassen, eine halbe Stunde haben sie ja noch, ich gebe ihnen sogar eine Dreiviertelstunde, um sich vom Folienabziehstress zu erholen. Ich ziehe mich in der Zwischenzeit schon mal um, weil wir in anderthalb Stunden losmüssen, es bleiben mir also gerade mal 45 Minuten fürs Frittieren und Füllen. Bevor ich anfange, mit dem Öl herumzumatschen, ziehe ich mir vorsichtshalber noch ein altes Sweatshirt über und lasse dann den ersten, dick aufgegangenen Krapfen ins Öl platschen. Nacheinander backe ich alle zehn, auch sie bekommen wieder keinen weißen Rand, es scheint da noch irgendeinen Trick zu geben, den ich nicht kenne. Oder es ist einfach unmöglich, diesen hellen Streifen zustande zu bringen, vielleicht ist das eine industrielle Sache. Aber dann sind auf den Fotos von »lubu«, dessen oder deren Rezept ich aus dem Internet ausgedruckt habe, gekaufte Krapfen zu sehen! Die haben nämlich einen hellen Ring in der Mitte. Meine Krapfen dagegen sehen genauso merkwürdig aus wie die gestern. Ein bisschen gleichmäßiger braun sind sie. Immerhin.

Noch zehn Minuten, dann müssen wir los. Mit Hochdruck sauge ich Marmelade in einen Strohhalm, mit noch mehr Druck puste ich sie in die Krapfen. Drei Portionen für jeden. Dann lege ich sie beiseite und der Mann siebt Puderzucker darauf. Nach sechs Krapfen tut mir vom Pusten der Mund weh. Die Lippen ziehen, Zunge und Gaumen fühlen sich vom Saugen ganz wund an. Ich mache ein paar Lockerungsübungen, »Uaaaah« und »Iääääh« und »Brrrr« mache ich, während der Mann zunehmend skeptisch guckt. Dann quäle ich mich mit den restlichen vier Krapfen ab, lege die fertig bestäubten in eine Dose und stopfe sie in die Tasche. Eine Viertelstunde zu spät kommen wir von zu Hause los, ich mit schmerzendem Mund.

»Die Krapfen sind selbst gebacken«, sage ich später beim Dessert, als ich sie auf einen großen Teller staple. »Ah echt?« und »Das ist ja toll« bekomme ich zur Antwort und ergänze mal vorsichtshalber: »Ich weiß aber nicht, wie sie geworden sind.«

Alle greifen sich einen Faschingskrapfen und beißen hinein. Ich warte einen kurzen Moment, um die Reaktionen zu beobachten. Ich suche in der Tischrunde nach verzogenen Mundwinkeln und Stirnrunzeln. Ich finde keine, beiße selbst in meinen Krapfen. Ich höre ein »Mhhh« von der besten Freundin und ein »Lecker« von ihrem Sohn. Beide klingen nach meinem Geschmack ein kleines bisschen zu höflich. So richtig überzeugt bin ich nicht, dass die Krapfen sie wirklich begeistern. Ich selbst kaue nämlich schon wieder ziemlich lange auf meinem Bissen herum, bis ich ihn schlucken kann.

Obwohl der Krapfen nicht schliff ist, sondern gut aufgegangen und durchgebacken, ist er überhaupt kein Vergleich zu den Krapfen vom Bäcker gegenüber. Er ist viel schwerfälliger und fettiger. Einfach viel unattraktiver. Und dafür solch ein Aufwand?

Nee, Krapfen werden nicht mehr selbst gemacht. Keine

Frittiersauerei, kein Gestank, der tagelang in der Wohnung hängt. Die werden im nächsten Jahr wieder schön gekauft. Vier, fünf, sechs verschiedene Sorten, soll sich doch der Bäcker mit dem Machen abquälen.

## Tag 52
# Geschüttelt, nicht gekauft

Es ist Sonntagmorgen, und ich stehe im Schlafanzug in der Küche. Beziehungsweise: Ich knie vor unserem Küchenschrank, mit dem Kopf im unteren Fach.

»Was tust du da?«, fragt der Mann in Richtung meines Rückens.

»Ich suche … Ich suche diesen verdammten Becher.«

Der Mann geht weg, dann kommt er wieder.

»Den hier?«

Ich krieche ein bisschen rückwärts, um aus dem Schrank herauszukommen, schaue hoch und –: »Genau den. Wo hast du den gefunden?«

»Im anderen Schrank.«

Na gut. Ich nehme dem Mann den Becher aus der Hand, klopfe ein paar Krümel von meiner Schlafanzughose und sage: »Ich werde jetzt Butter machen.«

Der Mann sagt nur »gut« und verschwindet im Bad.

Gestern früh haben wir das letzte Stück Butter aus der Butterdose gekratzt, und als ich im Supermarkt vor dem Kühlregal stand, beschloss ich, anstelle neuer Butter einen Becher Sahne zu kaufen. Zwar ist es eigentlich hirnrissig, einfach anstatt des einen das andere zu kaufen – die Sahne ist ja auch nicht selbst gemacht. Aber da wir nun mal keine Kuh haben und der nächste Bauernhof nur mit dem Auto zu erreichen ist, muss die Sahne aus dem Becher ihren Zweck erfüllen und zu Butter werden.

Butter selbst machen soll ganz einfach gehen. Allerdings ist das mit »ganz einfach« oft so eine Sache: Wenn man etwas kann, ist es *natürlich* ganz einfach. Ich kann mir zum Beispiel nichts Einfacheres vorstellen als Pfeifen. Ich pfeife viel, gern, laut, auf den Fingern, mit Luft rein oder raus. Aber wenn ich zum Mann jetzt sagen würde: Pfeif mal, dann würde er mich nur anpusten. »Einfach« ist immer relativ.

Jedenfalls klickte ich vor ein paar Tagen auf einen Link, der bei Twitter in meiner Timeline auftauchte, und landete auf einer Seite mit einem Video: Ein älterer Herr mit beeindruckendem Bart sitzt an einem Tisch und erklärt, wie das Buttermachen geht. Und zwar nicht nur in praktischer Hinsicht, sondern auch mit allen physikalischen Details. Das Video hat einen Charme, der zwischen Bob Ross' Malanleitungen und den Experimenten in der WDR-»Hobbythek« liegt. Tatsächlich, so weiß ich am Ende des Films, stecken hinter dem Buttermachen keine höheren Mächte oder geheimnisvollen chemischen Prozesse, sondern vor allem: Gewalt. Sahne muss so lange kräftig geschüttelt werden, bis die Fettpartikel mit aller Wucht von den flüssigen Partikeln getrennt sind. Dann hat man: Butter. Und Buttermilch.

Ich habe den Becher Sahne wie empfohlen über Nacht bei Zimmertemperatur stehen lassen. Das soll die Sahne ein bisschen anranzen lassen, was die Schüttel-Prozesse unterstützt. Glücklicherweise riecht sie trotzdem noch angenehm, als ich den Deckel vom Becher abziehe und die Sahne in einen Schüttelbecher umfülle. Ein Schraubglas geht auch, hatte der Bärtige in dem Video erklärt. Hauptsache groß genug, dass die Sahne frei hin und her fliegen kann. Also Deckel drauf, fest zudrehen. Sehr fest. Und dann wird geschüttelt. Langsam, im Sekundentakt, aber kräftig.

Am Anfang geht es noch einfach, im Laufe der Zeit merke

ich, wie die Flüssigkeit im Schüttelbecher dickflüssiger wird – Schlagsahne. Die Wände des Bechers sind mit Rahm überzogen. Meine Arme werden lahm. Dieses Geschüttle ist wirklich anstrengend. Aber ich rede mir gut zu: Noch mal, und noch mal, und noch zehn Mal schütteln.

Dann geht es plötzlich wieder ganz einfach, und die Becherwände sind wieder durchsichtig. Ich schraube vorsichtig den Deckel ab, und da schwimmt tatsächlich ein dicker Klumpen Butter in einer milchigen Lache. Vorsichtshalber schraube ich den Deckel noch mal drauf, schüttle noch ein bisschen weiter. Dann gieße ich die Buttermilch ab, fülle den Becher mit etwas Leitungswasser, schüttle wieder ein bisschen, gieße das milchige Wasser ab, noch mal Wasser, noch mal schütteln, noch mal abgießen. Dann kratze ich die Butter mit einem Teigschaber aus dem Becher in eine kleine Plastikdose.

Da liegt sie nun, die Butter. Merkwürdig, wie schnell das ging. Bisher hatte ich mir vorgestellt, dass die Frauen früher stundenlang am Butterfass standen. Ebenso dachte ich, dass man ein solches Butterfass braucht. Dass die ganze Sache mit einem Becher und drei Minuten Schütteln erledigt ist, nun ja, das ist jetzt doch ziemlich unspektakulär. Ein kleines bisschen fehlt da die Freude über den Triumph, die ich sonst beim Selbermachen in der Bauchgegend spüre.

Später, beim Frühstück, schmiere ich mir ein Butterbrot und muss sagen: Ja. Das schmeckt.

»Schmeckt, oder?«, frage ich den Mann.

»Hm, schmeckt«, sagt er.

»Willst du gar nicht wissen, wie das geht?«

»Wenn du es mir erzählen willst, will ich es natürlich gern wissen.«

»Es ist schockierend einfach. Man muss nur schütteln. So lange, bis aus der Sahne Butter geworden ist.«

»Hab ich mir fast gedacht«, sagt der Mann und beißt in

sein Brot – das heute leider wieder mal etwas zu trocken geworden ist. Ich fürchte, so richtig begeistern konnte ich den Mann mit meinem Selbermachjahr bisher noch nicht.

Ich dagegen freue mich darauf, demnächst mal zu jemandem zu sagen: »Mach doch mal Butter, geht ganz einfach.«

# Tag 55
## Das einfache Leben

Am Tag 55, einem Mittwoch, rebelliert der Mann morgens um halb 8 am Frühstückstisch. Er knurrt, als ich ein neues selbst gebackenes Dinkelbrot anschneide. »Gibt es jetzt wirklich nur noch selbst gebackenes Brot?«

»Wieso? Schmeckt's dir nicht?«

»Ich würde einfach gern mal wieder Brot von der Hofpfisterei essen. Oder Brezen.«

»Gute Idee! Wir könnten Brezen backen, das haben wir noch gar nicht ausprobiert!«

»Wir??«

Okay, *ich* werde also demnächst versuchen, Brezen selbst zu backen. Der Mann hatte mich ja schon zu Beginn des Experiments gewarnt, dass er nicht alles mitmachen wird. In den letzten Wochen ist mir aufgefallen, wie wenig er zum Frühstück isst. Ich habe ihn im Verdacht, dass er sich auf dem Weg zur Arbeit ein zweites Frühstück beim Bäcker gegenüber kauft. Aber ich spreche ihn nicht darauf an. Denn wenn ich ehrlich bin, sind meine Brote tatsächlich nicht der Hit. Wir haben einige Brote – also, eher viele – gegessen, die besser als Türstopper zur Welt gekommen wären.

Ich brauchte mehr als zwölf Versuche, um das mit der Hefe richtig hinzukriegen. Die Hefe war bisher nicht meine

Freundin, sie weigerte sich, ihren Job zu tun. Dabei ist ihr Job doch nur, mit Mehl und Wasser herumzuliegen und dicke Backen zu machen.

Na gut, dafür muss man ihr Zeit geben. Bei den Versuchen zwei bis sieben wollte ich nicht wahrhaben, dass der verdammte Hefeteig wirklich so lange gehen muss. Klar, beim ersten Versuch ist man noch vorbildlich, aber dann fängt man ja auch mal an zu zweifeln, ob das Rezept nicht vielleicht übertreibt oder ob man nicht auch die eine Zutat durch eine andere ersetzen könnte. Zumindest koche und backe ich so. Ich glaube, ich habe in meinem Leben kein Mal den exakt gleichen Kuchen gebacken oder ein bis auf jede einzelne Zutat gleiches Gericht gekocht.

Außerdem muss ich mich in Sachen Brotbacken wirklich fragen: Bitte, wofür braucht die Hefe so viel Zeit? Für keinen Kuchen muss ein Hefeteig so lange stehen. Wieso also bei Brot? Ich meine: Was tut die Hefe in sechs Stunden? Oder bei Sauerteig sogar: in zwanzig Stunden?

Erst bei Versuch elf sah ich ein, dass Brotbacken Zeit braucht. Dass Brot einem einen anderen Lebensrhythmus lehrt. Der Teig muss angesetzt werden, noch bevor sich eine Brotknappheit im Haus ankündigt, und er verlangt Zeit. Zeit, die ich mir im Alltag nie nehme.

Überhaupt ist das Verlangsamen etwas, das mir das Selbermachen schon jetzt – nach nicht einmal zwei Monaten – eingebläut hat. Mit Hektik oder Multitasking ist hier überhaupt nichts zu erreichen. Selbermachen hat etwas Zenartiges: Wenn ich ein Brot backe, backe ich ein Brot. Wenn ich stricke, stricke ich. Wenn ich an der Nähmaschine sitze, sitze ich an der Nähmaschine. Wenn ich am Computer arbeite, höre ich nebenbei Musik, schaue alle paar Minuten nach neuen Mails und zwischendurch auch immer wieder nach Neuigkeiten im Netz. Aber beim Selbermachen kann ich nicht einfach hin und her springen. Weil nur Murks da-

bei herauskäme, wenn ich alle paar Minuten von der Nähmaschine aufspringen würde, um noch mal kurz in irgendeinem Teig zu rühren. Und ich muss sogar dann ruhig bleiben,
wenn etwas schiefgeht. Beim Selbermachen gibt es einfach
nur ein einziges Prinzip: Eins nach dem anderen und immer
schön langsam.

Für diese Erkenntnis müssen andere ein halbes Jahr ins
Kloster gehen.

Erkenntnis Nummer zwei, die ich bei meinen bisherigen Brotbackversuchen gewonnen habe: keine Brötchen. Es
klingt vielleicht nach einer schönen Vorstellung, frisch gebackene Brötchen auf dem Frühstückstisch liegen zu haben.
Aber es werden nie die fluffigen, weichen, teigigen, aromati-
schen Brötchen, die man im Kopf hat. Es werden die bereits
erwähnten Türstopper. Denn: Selbst gebackenes Brot hat eine
ungleich dickere Rinde als gekauftes. Selbst gebackene Brötchen bestehen zu gefühlten 70 Prozent aus Rinde – logisch,
bei den dicken Krusten, die auch selbst gebackene Brote haben. Die Erkenntnis ist traurig, aber nicht zu ändern: keine
Brötchen.

Aber vielleicht wird das mit den Brezen was, dann gäbe es
ein wenig Abwechslung und so vielleicht auch wieder bessere Laune am Frühstückstisch. Die akute Missstimmung
beim Mann versuche ich mit einem weiteren Angebot zu be-
heben: »Was hältst du von einer Guacamole?« Ich greife mir
eine Avocado aus der Obstschale und halte sie ihm fragend
entgegen.

»Viel«, brummt der Mann. Der Brotaufstand ist noch mal
abgewendet. Ich schneide also die Avocado einmal längs
durch und kratze beide Hälften mit einem Löffel aus. Etwas
Zitronensaft drüber, salzen, dann quetsche ich alles mit einer
Gabel ordentlich durch.

Seit ich Brot backe, überlege ich auch immer, was sich an
Selbstgemachtem auf das Brot schmieren oder legen lässt.

Und ich habe festgestellt: eigentlich alles. Wer einen Pürier-stab hat, dem sind kaum Grenzen gesetzt beim Brotaufstrich: Gemüse, Quark, Erbsen, Linsen, Käse, Kräuter, Nüsse – alles lässt sich verarbeiten. Wahrscheinlich sogar Wurst, aber das möchte ich nicht ausprobieren. Was der Mann schade findet.

Wenn ein selbst gebackenes Brot richtig gut geworden ist – und für das vorletzte Exemplar, eine Olivenciabatta, muss ich mich selber loben, der Mann machte es leider nicht, er beschwerte sich nur, dass würziges Brot zum Früh-stück gar nicht geht –, dann gibt es nichts Besseres dazu als frische Butter oder einen selbst zusammengerührten Brot-aufstrich. Ich freue mich allein deshalb schon jeden Tag ein bisschen mehr auf den Garten – und dabei ist erst Ende Feb-ruar! –, um frisch geerntetes Gemüse zu Brotaufstrich ver-arbeiten zu können.

So ein Brotaufstrich fühlt sich sofort nach Ferien auf dem Bauernhof an, nach Naturkostladen und *back to nature*. Ich glaube, es liegt an den fehlenden Farb- und Aromastoffen, dass das Geschmackszentrum den Körper mit Glückshor-monen überflutet und dass sich das Herz glücklich, aber auch ein bisschen sehnsuchtsvoll zusammenzieht und man unwei-gerlich seufzen muss: »Das einfache Leben!«

»Was bitte?« Der Mann guckt fragend über den Zeitungs-rand.

»Ach, nichts. Schmeckt's dir?«

»Ja, schmeckt gut«, höre ich ihn, schon wieder hinter der Zeitung verschwunden.

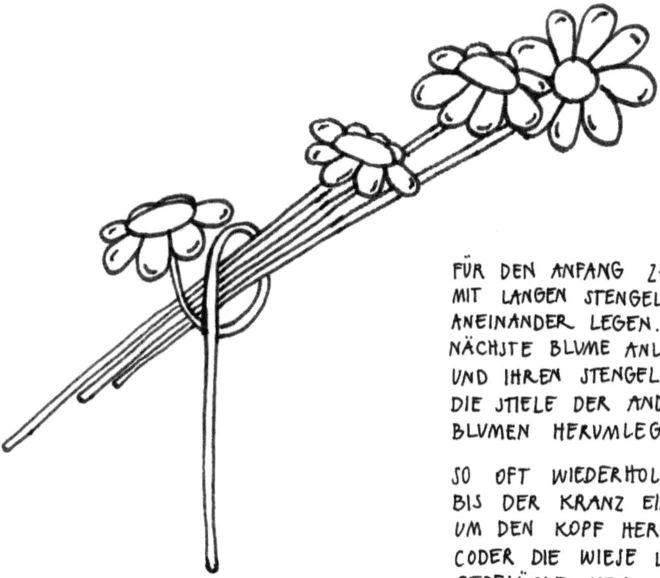

FÜR DEN ANFANG 2-3 BLÜTEN
MIT LANGEN STENGELN ENG
ANEINANDER LEGEN. DIE
NÄCHSTE BLUME ANLEGEN
UND IHREN STENGEL UM
DIE STIELE DER ANDEREN
BLUMEN HERUMLEGEN.

SO OFT WIEDERHOLEN,
BIS DER KRANZ EINMAL
UM DEN KOPF HERUM PASST
(ODER DIE WIESE LEER
GEPFLÜCKT IST)

Frühling

# Tag 60
## Jede Gärtnerin braucht eine Schürze

Das Außenthermometer zeigt gerade mal fünf Grad Celsius an, und wenn ich am Thermometer vorbeischaue, sehe ich da unten im Hof im Halbdunkel den Garagengarten. Ich seufze sehnsüchtig.

»Was ist los?«, fragt der Mann. »Du siehst so tiefschürfend aus.«

»Ich will mit dem Garten anfangen. Es soll endlich warm werden, verdammt.«

»Du hast doch eh noch gar keine Gartengeräte«, sagt er. »Wäre jetzt schönes Wetter, würdest du dann mit den Händen umgraben wollen?«

Da hat er recht. Ich brauche ein paar Sachen für den Garten: eine Schippe, eine Hacke, ein paar Handschuhe, eine Gartenschere. Die Basics eben. Und ich will eine Gartenschürze!

»Du hast recht«, sage ich zum Mann, gebe ihm einen Kuss und strahle ihn an.

Anstatt meinen Abend seufzend am Fenster zu verbringen, hole ich mir einen Notizblock, ein Kleidermaß und einen Stift. Ich messe meinen Hüftumfang aus und die Länge und Breite, die die Schürze haben soll. In meinem Gartenbuch habe ich neulich eine Schürze gesehen, die mir gefällt, mit vielen Fächern und Ösen. Sie sah eher aus wie ein Werkzeuggürtel als wie eine Kittelschürze, wie sie viele Omis im Garten anhaben. Mein erster Gedanke war: ›So eine Schürze muss ich mir unbedingt kaufen.‹ Dann sprang mein mittlerweile ganz gut trainierter Selbermach-Reflex an: Wenn du diese Schürze haben willst, musst du sie dir selbst nähen.

Eine ganz neue Konsumerfahrung ist das: sich nicht im Internet oder in Geschäften auf die Suche nach etwas zu begeben, sondern mit Stoff und Schere selbst loszulegen. Gleichzeitig weiß ich, dass ich *genau die* Schürze bekommen werde, die ich gern haben möchte. Ich muss nicht irgendeinen Kompromiss nehmen, sondern kann die Größe jeder Tasche und das Muster der Schürze ganz allein bestimmen. Alles, was ich mir selber mache, ist genau so, wie ich es gern haben will – auch wenn es vielleicht mal ein bisschen schief wird oder nach zwei Wochen wieder auseinanderfällt.

In einer meiner Kisten habe ich noch einen Rest sehr dicken Baumwollstoff, der Utensilien wie eine Gartenschere aushalten dürfte. Also schneide ich daraus drei Streifen zu: einen sehr langen, schmalen für den Gürtelteil, und zwar so lang, dass ich die beiden Enden hinten nur kreuze und vorn am Bauch verknoten kann. Das ist praktischer. Außerdem ein breites Stück Stoff für die hintere Lage der Schürze und ein etwas schmaleres, aber ein paar Zentimeter längeres Stück Stoff für die Vorderseite.

Ich fasse die Ränder mit Zickzackstich ein, stecke kleine Falten in zwei der Taschen ab, nähe beide Schürzenteile aufeinander und versäubere die Kanten. Dann schlage ich den Stoff für den Gürtel zwei Mal längs ein, fasse mittig den Schürzenteil ein und steppe alles fest.

In weniger als einer Stunde habe ich meine perfekte Gartenschürze.

Blöd nur, dass mir erst jetzt auffällt, dass ich die Schlaufen, die ich gern auch an meiner Schürze hätte, besser vor dem

Zusammennähen aller Teile auf den hinteren Schürzenteil genäht hätte. Denn jetzt muss ich die Schürze ziemlich verkrampft unter dem Nähfüßchen hin und her schieben, während ich versuche, die Ösen halbwegs elegant anzunähen – obwohl das Nähfüßchen ständig in einer der Taschen hängen bleibt oder am Saum des Schürzenbandes und deshalb nicht weiternähen will. Ein bisschen schief und krumm sieht das Ergebnis aus, aber trotzdem habe ich jetzt meine drei Schlaufen an der Gartenschürze.

Ich binde sie mir um und gehe zum Mann, der lesend auf dem Sofa sitzt: »Schau her, hier kommt die Gartenschere rein, ich habe extra eine Falte eingenäht, damit sie genug Platz hat, hier in die Schlaufe kann ich einen Schmutzlappen reinhängen, in diese Tasche hier kommen Kleinigkeiten wie Samentütchen oder Strippe. Und in das große Fach hier kommt die Ernte.« Ich lege meine Hand in das große Mittelfach. »So groß wie eine Zucchini.«

»So, so, die Ernte also.« Der Mann grinst mich an. »Du denkst aber schon weit voraus.«

»Klar. Ich will vorbereitet sein, wenn wir kiloweise Zucchini ernten«, sage ich. »Vielleicht muss ich dir ja noch einen Beutel nähen, damit wir unsere Ernte überhaupt tragen können.«

Der Mann schaut mich entsetzt an und lacht erst, als ich ihm in die Seite knuffe.

# Tag 64
## Guten Morgen, Muffin!

Ich habe seit Jahren drei Kuchenformen im Schrank stehen: eine runde Springform, eine Kastenform und eine Gugelhupfform – Letztere habe ich mir eigentlich nur schenken lassen, weil ich Gugelhupfe so schön finde. Gebacken habe ich damit genau ein Mal.

Heute habe ich mir in der Mittagspause meine vierte Kuchenform gekauft, eine für Muffins. Ich weiß schon, der Muffinhype ist seit Jahren vorbei. Aber ich hänge gerne mal hinterher, bin ein *late adopter*. Außerdem, Trend hin oder her, ich habe in meinem neuen Koch- und Backbuch ein Rezept entdeckt, das ich ausprobieren muss: »Good Morning Muffin!« Das Rezept mit dem Ausrufezeichen, das offenlässt, ob es einfach nur ein imperativer Muffin ist oder ob dieser Muffin am Morgen begrüßt wird, steht im Kochbuch der Londoner Imbisskette Leon, das ich zum letzten Geburtstag von Londoner Freunden geschenkt bekommen habe. Ihnen war nicht entgangen, dass ich ein großer Fan dieses Imbisses bin. Vielleicht sollte ich erwähnen, dass Leon keine Pommes- oder Currywurstbude ist, sondern ein Öko-Imbiss, in dem es wirklich gutes Essen gibt. Zum Beispiel Couscous mit marrokanischen Fleischbällchen oder ein Gericht namens »Leon's Gobi«, ein Curry mit Blumenkohl, Ingwer und Mandeln. Das Essen wird als Take-away in Recyclingpappbehältern über den Tresen gereicht, dazu gibt es frisch gepresste Säfte und anschließend die besten Brownies, die ich in meinem Leben gegessen habe. Leon ist quasi der Selbermacher unter den Imbissbuden und hat mich mit diesem Konzept gleich bei meinem ersten Besuch zum »Stammgast« gemacht – einmal im Jahr, wenn ich in London bin, gehe ich dorthin.

Und genauso gut wie dieser Laden ist das Leon-Kochbuch. Voll mit Geschichten, Kinderfotos und Anekdoten – ein Familienalbum mit Rezepten. So sollten Rezeptbücher immer sein. Ich frage mich, ob wir die Engländer in Sachen Essen nicht vielleicht doch unterschätzen – immerhin sind auch Jamie Olivers Kochbücher so schön und aufwendig gestaltet. Solche Kochbücher könnten den Spaß am Kochen retten, denke ich mir. Gerade erst habe ich gelesen, dass die Zahl derer, die wirklich kochen können oder wenigsten können wollen, immer weiter zurückgeht, ein Viertel der Deutschen kocht überhaupt nicht. Ich gehöre zu dem Viertel der Bevölkerung, das begeistert kocht, zumindest am Wochenende. Keine aufwendigen Menüs, eher bodenständige, vegetarische Küche, aber mit großem Spaß. Und mit guten Kochbüchern macht es noch mehr Spaß.

Die Brownies aus dem Leon-Buch – »The Leon Better Brownie« – habe ich bereits nachgebacken, und nur die Sorge um meinen Cholesterinspiegel hält mich davon ab, sie jede Woche zu backen. Nun haben es mir die Muffins angetan, deswegen trage ich in meinem Einkaufsbeutel vergnügt die Muffinform nach Hause.

Außerdem habe ich Eier, Äpfel, Bananen, Dinkelvollkornmehl, Kleie und Mandeln eingekauft – ja, diese Muffins sind gesund. Wie es im Buch heißt: »Dies ist ein Rezept, bei dem man sich nicht zwischen Geschmack und Gesundheit entscheiden muss.« Wir werden sehen.

Der Mann kommt nach Hause.

»Hilfst du mir beim Backen?«, frage ich.

»Was soll ich machen?«

»Den Apfel hier zu Kompott verarbeiten?«

»Wenn du mir sagst, wie?«

»Schälen, entkernen, klein schneiden und mit einem Klecks Wasser heiß machen. Deckel drauf, Hitze aus, stehen lassen.«

»Krieg ich hin.«

Wenn es um Süßes geht, ist der Mann offen fürs Kochen. Offener als sonst zumindest. Schon mehrmals hat er – stets folgenlos – angekündigt, sich in Zukunft ums Backen zu kümmern. Vor ein paar Wochen erklärte er dann fröhlich, er werde erst im kommenden Jahr zu unserem offiziellen Haushaltsbäcker. In diesem Jahr müsse ja *ich* alles selber machen.

Ich schlage die Eier, gebe Öl dazu, Vanille, eine zerquetschte Banane und etwas Ahornsirup. Das Apfelkompott müsste jetzt eigentlich untergemixt werden, aber der Mann braucht noch fünf Minuten. Er ist in der Küche eher der langsame und gründliche Typ. Vor allem der langsame.

Ich wasche erst einmal meine neue Muffinform ab, fette die Kuhlen mit Butter und heize den Ofen vor. Auf unserer kleinen roten Plastikküchenwaage mische ich Mehl, Kleie, etwas Zucker, Backpulver, Natron und Zimt. Als der Mann fertig ist, rühre ich die Apfelsoße in das Eier-Öl-Gemisch und anschließend die trockenen Zutaten unter. Zum Schluss werfe ich eine Handvoll grob gehackte Mandeln in den Topf, rühre noch einmal um und fülle dann gemeinsam mit dem Mann und zwei Löffeln Muffinkuhle für Muffinkuhle.

Besonders appetitlich sieht es im Moment nicht aus: eine braune Masse mit Stückchen, matschig und platt in zwölf runden Förmchen. Die überraschend randvoll sind, obwohl das Rezept nur für acht Muffins sein soll.

Was für ein Unterschied eine halbe Stunde später: Die Muffins sind bombastisch aufgegangen, haben riesige, goldbraune Kappen, in der Mitte etwas aufgerissen – die Good Morning Muffins sehen aus wie gemalt. Ich klatsche in die Hände, fingere einen heißen Muffin aus der Form, breche ihn in der Mitte durch und gebe die Hälfte dem Mann. Wir beißen hinein.

»Mhhh«, höre ich ihn brummen. Und mir ist in diesem Moment nur recht, dass diese Muffins auch gesund sind, dann kann es sie jetzt regelmäßig geben.

Sie schmecken … »wie ein Herbstmorgen in den Bergen«, sage ich zum Mann. Der schaut mich mit einem zweifelnden Gesichtsausdruck an. Er sagt: »Sie schmecken gut, ja.«

Ich stecke mir den Rest des Muffins in den Mund. Er ist kernig, ein bisschen süß, ein bisschen fruchtig. Mir fällt trotzdem wieder nur der kanadische Wald ein, an den ich beim ersten Bissen gedacht habe. Das Ding hätten die von Leon auch einfach »The Perfect Muffin« nennen können, sie hätten nicht übertrieben.

## Good Morning Muffins!

In einer großen Schüssel zwei Eier mit 90 ml Öl verquirlen. Drei gehäufte Esslöffel oder einen kleinen zerkochten Apfel, einen halben Teelöffel Vanilleextrakt, eine reife, zerquetschte Banane und vier Esslöffel Ahornsirup unterrühren. 200 Gramm Vollkornmehl, sechs Esslöffel braunen Zucker, je einen Teelöffel Backpulver und Natron, einen halben Teelöffel Zimt und vier Esslöffel Kleie vermischen und unter die Ei-Öl-Apfel-Bananen-Mischung rühren. Zum Schluss eine Handvoll grob gehackte Nüsse oder Mandeln untermischen. Die Masse in eine gefettete oder mit Papierförmchen ausgelegte Muffinform geben und im auf 180 Grad Celsius (Umluft 160 Grad) vorgeheizten Backofen 30 Minuten lang backen.

## Tag 71

# Mit Schnupfen und Frau Liebe auf dem Sofa

Ich bin krank. Ich liege zu Hause auf dem Sofa und habe Mitleid mit mir. Und zwar nicht nur, weil ich dröhnende Kopfschmerzen habe, die Nase läuft und das Schlucken schmerzt. Sondern auch, weil ich gerade unter größter Kraftanstrengung einen Brotteig zurechtgeknetet habe. Ich bin so erschöpft, dass ich sogar am Rücken schwitze. Ich habe es nicht leicht. Ich habe es sogar ausgesprochen schwer.

Es ist allein schon anstrengend, daran zu denken, dass ich später noch einen Kuchen fürs Wochenende backen und einen Brotaufstrich zubereiten muss. Ich habe einfach keine Kraft, irgendetwas selber zu machen.

Wie bitte hat das früher auf dem Bauernhof funktioniert?

Ich kann wirklich froh sein, den Mann zu haben. Lebte ich allein, müsste ich hungern. Vielleicht sogar verhungern. Na gut, vielleicht sterbe ich nicht gleich. Aber ich müsste Dosenessen kaufen, und das widerspricht meiner Vorstellung eines Selbermachjahres.

Plötzlich kann ich die Hausfrauen verstehen, die Mitte des letzten Jahrhunderts freudig die Küchenrevolution mit den vielen Maschinchen und Fertigprodukten in ihren Stuben begrüßten. Ich hätte es vielleicht genauso gemacht: hätte dort, wo vorher ein Braten mit Kartoffelklößen und selbst eingemachtem Rotkraut gestanden hatte, einfach mit Maggi-fix und Dosenerbsen »verfeinertes« Geschnetzeltes gekocht, dazu Reis aus dem Beutel. Und zum Nachtisch hätte ich eine Cremetorte aus dem Tiefkühlregal serviert. Denn das muss eine gewaltige Arbeitsentlastung gewesen sein. Schon jetzt stehe ich ja manchen Samstag den halben Tag in der Küche. Angefangen beim frischen Brot fürs Frühstück. Über den Wochenendkuchen, den ich jede Woche backe, um gekaufte Süßigkeiten wenigstens weitestgehend zu ersetzen. Bis zur zeitigen Vorbereitung eines warmen Essens, das ich mir immer öfter aus einem Kochbuch heraussuche, um nicht wie sonst eines unserer zehn Standardgerichte zu kochen. Dafür muss ich meistens noch die Zutaten kaufen – und schon ist mein Samstag weg. Ich mag das trotzdem, so einen Haushaltstag mit Backen und aufwendigem Kochen. Aber nur, weil ich es freiwillig tue. Würden alle Tage so aussehen, hätte ich wohl Depressionen. Und ich hätte vor 50 Jahren auch vor Freude geweint, wenn ich die Kartoffelklöße nicht mehr selbst hätte stampfen, formen und kochen müssen, sondern einfach eine Packung mit Fertigklößen ins kochende Wasser hätte werfen können.

Allerdings war ich nie ein großer Fan von Fertigessen. Das Zeug wurde ja auch nicht erfunden, um mir ein besseres Leben zu bereiten, sondern damit es im Krieg, an der Front, schön lange hält und leicht zuzubereiten ist. Fertigessen ist eine Militärinnovation, habe ich gelesen. Und den Forschern in den Lebensmittellaboren war es vielleicht egal, wie viel Salz oder Trockenfett und Geschmacksstoffe sie in so eine Tube oder Tüte pressen mussten, damit der Inhalt genießbar wurde. So manche Zutatenliste auf den Verpackungen von Fertigessen liest sich heute noch so, als sei sie eine Anleitung für chemische Experimente. Bei der Werbung für Currywurst in der Plastikpackung kämpfe ich jedes Mal mit einem Würgereiz. Doch jetzt, erschöpft, krank, genervt, sehne ich mich nach schneller, anstrengungsfreier Nahrungszufuhr, nach viel Salz und viel Fett.

Und jetzt will ich: Seelachsbrotaufstrich, aus Lachsersatz mit Mayonnaise! Am besten dick auf einem weißen Brötchen, damit »Gesundheit« heute Abend überhaupt kein Thema ist.

Ich schreibe dem Mann eine SMS und bestelle Brötchen und Lachszeug.

Schon die Vorfreude auf mein giftiges Abendessen gibt mir ein bisschen Kraft, deswegen rufe ich die beste Freundin an.

»Ich bin krank!«, jammere ich ihr vor. »Mir ist langweilig.«

»Leg dich hin und schlaf!«, sagt die beste Freundin streng.

»Schlafen ist auch langweilig!«

»Was soll ich tun? Ich muss arbeiten«, sagt sie. »Wenn du willst, kann ich nach der Arbeit bei dir vorbeikommen, dir Händchen halten. Und ich kann dir meine Strickfortschritte zeigen.«

»Heute Abend ist auch der Mann da«, nörgel ich weiter. »Mir ist aber jetzt langweilig!«

»Hör zu, du bist unausstehlich, weil krank. Du schläfst jetzt, wirst gesund, und ich gehe in mein Meeting, das vor genau einer Minute angefangen hat. Ciao, Süße.« Die beste Freundin hat aufgelegt.

Also muss ich mich weiter allein bemitleiden.

Schlafen will ich aber auch nicht. Also schalte ich den Computer an, um nach E-Mails zu sehen.

Frau Liebe hat mir geschrieben. Frau Liebe heißt eigentlich Jessica, und seit gut einem Jahr lese ich ihren Blog *frauliebe. typepad.com.* Es ist ein Selbermachblog, auf dem Frau Liebe unterhaltsam davon berichtet, was sie gerade genäht oder zusammen mit einer Gruppe Kinder gebastelt hat. Frau Liebe ist nämlich Erzieherin.

Vor ein paar Tagen habe ich jedenfalls beschlossen, dass Frau Liebe mir vom Bloggen übers Selbermachen erzählen soll. Ich schrieb ihr eine Mail mit meinen Fragen – und da ist schon die Antwort:

»Meinen ersten Blog hatte ich 2004. Zu der Zeit gab es kaum deutschsprachige *Do-it-yourself*-Blogs. Ich kannte aber eine ganze Reihe amerikanischer Blogs, die sich mit Handarbeiten und generell dem Selbermachen auf eine andere

Art beschäftigt haben, als wir alle es von Omas Kirchenbasar kennen. Bis ich über diese Blogs und einige thematisch ähnliche Foren gestolpert bin, dachte ich, ich sei mit meiner Leidenschaft fürs Rumtüfteln und Handarbeiten ziemlich alleine. Also habe ich meinen eigenen Blog gestartet, um in Kontakt mit anderen zu kommen, die diese Leidenschaft teilen. Ich wollte Leute finden, die coole Ideen haben und denen es etwas bedeutet, Sachen selber zu machen. Als ich sie fand, hat das meinem eigenen Rumgebastel ziemlichen Auftrieb gegeben, weil ich plötzlich nicht mehr das Gefühl hatte, alleine im stillen Kämmerlein an der Nähmaschine zu sitzen. Obwohl ich das natürlich immer noch tat. Und ich wollte meine Sachen für mich selber archivieren. Wenn ich heute ein paar Jahre in meinem Blog-Archiv zurückgehe, finde ich immer wieder Sachen, an die ich mich sonst wohl kaum noch erinnern würde. Wie ein Tagebuch ist das, nur ohne den ganzen ätzenden Liebeskummer.«

Was Frau Liebe schreibt, stimmt schon: Selbermachen ist oft eine einsame Angelegenheit. Es ist kein Hobby wie Fußball, bei dem zum Beispiel der Mann jede Woche Freunde trifft. Allerdings wäre es auch wenig sinnvoll, würde sich die beste Freundin neben mich an die Nähmaschine stellen und mir den Oberfaden halten. Das funktioniert nicht, man ist sich nur gegenseitig im Weg.

Das Internet füllt da eine große Lücke. Man ist nicht mehr ganz so allein. Man tauscht, diskutiert, inspiriert, gibt an. Und tröstet, wenn mal was nicht klappt.

Ich lese weiter in Frau Liebes Mail. »In den letzten Jahren haben traditionelle Handarbeiten das Miefig-Altbackene verloren, das ihnen anhaftete. Für mich war Selbermachen nie muffig. Klar, manche Sachen sind es, weil sie von Seniorinnen mit Seniorinnengeschmack hergestellt werden. Es hat aber nichts mit der Technik der Handarbeiten zu tun. Ich bin voller Erfurcht, wenn ich sehe, wie jemand die Stricknadeln schwingt, der schon 1950 damit angefangen hat. Ich sehe das, was ich heute mache, in einer Tradition und will auf keinen Fall einen Keil zwischen die gestrickten Bettjäckchen meiner Großmutter und die handgestrickte Totenkopfweste meiner Freundin treiben. Es ist einfach eine Frage des Geschmacks und des Lifestyles. Aber vor allem kannst du heute durch das Internet deine Sachen einem großen Publikum anbieten, zum Beispiel in einem Verkaufsportal oder deinem eigenen Web-Shop. Du musst nicht über trutschige Handarbeitsmärkte tingeln.«

Ich schreibe Frau Liebe zurück und frage, wie das Selbermachen ihr restliches Leben beeinflusst und ob sie jetzt nur noch Freunde aus dem Internet hat, die stricken, nähen oder handwerkern können. Ich klicke auf »Senden«, als der Mann mit meinem Abendbrot nach Hause kommt.

Während ich an einem großen Bissen von meinem neonpinken Abendessen kaue, überlege ich eine Viertelsekunde, mein Projekt neu zu justieren: »Ein Jahr lang Junkfood essen«.

Allerdings stünde dann auch die Currywurst in der Plastikpackung auf meinem Speisezettel. Ich verwerfe den Gedanken schleunigst.

## Tag 79
## Stark ätzend!

Der Mann und ich sind aufs Land gefahren und haben Natriumhydroxid mitgebracht.

Außerdem haben wir dabei: eine 3,5-Liter-Rührschüssel, ein großes leeres Gurkenglas, einen Rührlöffel aus Hartplastik, eine Flasche Essigessenz, zwei große Flaschen Olivenöl, ein Fläschchen Lavendelöl, Gummihandschuhe und einen 70 × 10 × 7 Zentimeter großen selbst gebauten Holzkasten.

Die Mutter des Mannes und ich werden Seife machen, der Mann wird uns assistieren. Vor ein paar Tagen nämlich habe ich mir vor dem Abendessen die Hände gewaschen und dabei mit einem Seifenrest gekämpft, der mir immer wieder durch die Finger glitschte. Da dachte ich mir: Seife selber machen, das wäre auch eine Idee. Also mache ich heute Seife.

»Ich habe mir früher, als junge Frau, Kosmetik selbst gemacht«, sagt die Mutter des Mannes.

»Und warum machst du es nicht mehr?«, frage ich sie.

»Die Haare wurden ganz stumpf, und dann ist es nicht mehr ganz so lustig«, sagt sie.

Wir tragen einen alten Tisch raus auf die Terrasse und legen eine dicke Schicht Zeitungspapier darauf aus. Rechts in Griffnähe, aber nicht im Weg, stelle ich Küchenrolle und Essig zum Neutralisieren bereit.

Vorsicht ist alles bei unserem Vorhaben, das schreibt das Seifenbuch und das steht groß auf der Dose Natriumhydroxid, die ich gestern in der Apotheke gekauft habe. Einen ganzen Nachmittag war ich unterwegs, um 200 Gramm NaOH zu ergattern. Im Internet lässt sich NaOH recht einfach und billig bestellen, aber dort heißt es auch, dass Apotheken solche Chemikalien normalerweise führen. Also ging ich gestern in meine Stammapotheke und bekam eine Abfuhr. Die Apothekerin schickte mich in die Innenstadt, »in den Hobbythek-Laden«. Dort stehen Regale voller Öle und Chemikalien und Zusatzstoffe – nur leider gibt es kein NaOH. »Nicht mehr«, sagte die Verkäuferin, es sei ja auch ziemlich gefährlich. Allerdings finde ich es gefährlicher, wenn Menschen sich das Zeug kiloweise im Internet bestellen, als wenn sich ein Apotheker Käufer oder Käuferin noch mal anschauen kann, bevor er 200 Gramm über den Tresen reicht. Aber gut, ich musste also weitersuchen und kaufte im »Hobbythek-Laden« nur ein Fläschchen Lavendelöl. Ich beschloss, auf dem Nachhauseweg einfach in jede einzelne Apotheke zu gehen und nachzufragen – auf der Strecke von zwei U-Bahnstationen liegen an die zehn Apotheken. Und ich hatte Glück: In der sechsten Apotheke bot mir die Apothekerin NaOH-Plättchen an – für die ich knapp sieben Euro zahlte. Für 200 Gramm. Im Netz hatte ich Kilopackungen für den gleichen Preis gesehen.

In der Arzneidose klapperten die kleinen Pellets, als ich sie in meiner Tasche ehrfürchtig nach Hause trug. Immerhin war darauf groß das »Stark Ätzend!«-Zeichen gedruckt.

Deswegen bringt die Mutter des Mannes jetzt nicht nur zwei Skibrillen für uns aus dem Keller mit, sondern hat auch noch zwei Mundschutze dabei. Ihr Mann ist Arzt, da hat man so was im Haus. Sehr praktisch.

Die große Schüssel stellen wir auf die Küchenwaage und wiegen 1430 Gramm Öl ab. Anschließend fülle ich zum Anrühren der Lauge 455 Gramm bzw. Milliliter destilliertes Wasser in das Glas. Dann ist das NaOH dran: Ich stelle einen Einwegbecher auf die Waage – ich halte die Luft an, der Mann hält die Luft an, die Mutter des Mannes hält die Luft an, alle drei starren wir auf die Digitalanzeige – und fülle aus meiner Apothekendose 182 Gramm Natriumhydroxid dort hinein. Die Pellets sehen eigentlich ganz harmlos aus, wie kleine Dropse.

Dass sie es nicht sind, merken wir, als wir alle Zutaten nach draußen gebracht haben und ich die Pelletts vorsichtig in das Glas mit dem Wasser schütte und rühre. Der Mann liest vor: »Das Ätznatron unter ständigem Rühren VORSICHTIG einrieseln lassen, Gesicht dabei abwenden. Die Flüssigkeit wird sehr schnell heiß, und es bilden sich giftige Dämpfe – NICHT einatmen.« Die Natronstückchen lösen sich langsam auf, die Mutter des Mannes und ich wechseln uns beim Rühren ab, mit ausgestrecktem Arm und verdrehtem Oberkörper. Denn da steht zwar, man solle das Gesicht abwenden, aber irgendwie müssen wir ja auch hingucken, um zu sehen, was wir da tun. So sehen wir ziemlich albern aus: Zwei Frauen in Schürzen, mit Gummihandschuhen an den Händen, einer Skibrille und einem Mundschutz im Gesicht, und abwechselnd mit einem ausgestreckten Arm. Wir rühren mit einem knappen Meter Abstand in einem ehemaligen Gurkenglas, uns kann nichts passieren. Hoffentlich.

Das Wasser wird erst trüb, dann wieder klar, und das Glas ist beschlagen. Als ich es vorsichtig anfasse, ist es sehr heiß. Als hätten wir kochendes Wasser hineingeschüttet.

Der Mann liest weiter vor: »Lauge bis auf Zimmertemperatur abkühlen lassen. Wer es eilig hat, kann den Behälter in ein Eiswürfelbad stellen.« Aber keiner von uns hat Lust, mit einem Glas voll ätzender Lauge und einer Schüssel voller Eiswürfel herumzuhantieren. Deswegen lassen wir das Glas stehen, wo es ist, und warten.

Warten sehr lange. Erst eine halbe Stunde, noch mit Brillen, Mundschutz und Handschuhen ausstaffiert, dann ziehen wir die Schutzkleidung aus, weil sich das Glas noch genauso heiß anfühlt wie vorher und es auch unter all dem Schutzzeug ziemlich warm wird. Die Mutter des Mannes verschwindet in den Garten, nimmt sich einen Eimer mit und macht sich daran, ihre Beete vom ersten Unkraut zu befreien.

Ich besuche die beiden Lavendelsträucher, die an der Terrasse stehen, und knipse mit den Fingernägeln Blüten ab. Eine gute Handvoll sammle ich und zerrupfe sie auf einem großen Teller, wo sie etwas trocknen können.

Wir machen Brotzeit, wir warten. Um zwei Uhr machen wir endlich weiter: Die Lauge ist zimmerwarm, das Olivenöl muss nicht erwärmt werden wie andere Fette und Öle bei der Seifenherstellung, also schütte ich die Lauge zum Öl und rühre mit dem Löffel. Augenblicklich wird das bisher durchsichtige und dunkelgrüne Olivenöl cremig und hellgrün.

Beim Umfüllen kleckert mir ein bisschen Lauge auf den Tisch. Ich rechne eigentlich damit, dass sie sich zischend durch das Zeitungspapier und das Holz des Tisches frisst. Aber nichts passiert. Es liegt einfach eine kleine Pfütze Natronlauge neben der Rührschüssel. Ich lasse die Mutter des Mannes weiterrühren und mir vom Mann etwas Küchenkrepp mit einem Schluck Essigessenz darauf geben. Damit wische ich die Lauge weg und bin beinahe ein bisschen enttäuscht, dass nach all den Warnhinweisen nicht wenigstens ein kleines Rauchwölkchen vom Tisch aufgestiegen ist.

Wie im Buch empfohlen, beschleunigen wir die Seifewerdung der zwar geschmeidigen, aber noch flüssigen Masse mithilfe des Pürierstabes. Ich lasse ihn brummend durch die Rührschüssel kreisen; als mir der Arm schlapp wird, übernimmt wieder die Mutter des Mannes. Langsam wird die Masse etwas heller – und auch endlich fester. Ich übernehme den Pürierstab wieder. Er ist schon bedenklich heiß gelaufen, deswegen lasse ich ihn jetzt immer nur zehn Sekunden arbeiten und dann wieder zehn Sekunden ruhen. Ich will ihn nicht kaputt machen, auch wenn wir ihn in der Küche sowieso nicht mehr benutzen dürfen. Vielleicht will ich aber ja irgendwann noch mal Seife machen.

Und endlich, nach zirka zehn Minuten, wird aus der Öl-Lauge in unserer Schüssel ein Vanillepudding. So beschreibt das Seifenbuch nämlich die Zielkonsistenz der Rohseife. Wenn man etwas Seife vom Löffel in die Masse tropfen lässt, versinkt diese nicht sofort, sondern die Tropfen bilden noch eine ganze Weile kleine Puddinghügel.

Der Mann schraubt die Lavendelöl-Flasche auf, pult den Plastikstöpsel heraus und kippt die gesamten zehn Milliliter in den Topf, während ich den Pürierstab noch ein paar Mal durch die Rohseife ziehe.

Zu dritt Seife zu machen, ist ideal: Nicht nur kann man sich gegenseitig zur Vorsicht ermahnen. Es können sich außerdem zwei beim Rühren abwechseln, der Dritte kann mit dem Buch aus etwas Abstand Anweisungen geben, Haare aus der Stirn streichen, die Skibrille zurechtrücken oder eben kleine Fläschchen öffnen, die wir mit den Gummihandschuhen an den Händen nicht aufkriegen.

Wir stellen die Seifenform bereit – den langen, schmalen Holzkasten, den ich mir vor ein paar Tagen aus drei Lattenrost-Leisten zusammengeschraubt habe, gleich nach meinem Entschluss, Seife zu machen. Der Lattenrost ist Teil einer beachtlichen Holzsammlung auf unserem Dachboden. Dort oben steht nämlich ein altes Ikea-Bett. Beziehungsweise dessen Einzelteile: Helle Fichtenholzleisten, die früher mal Seitenteile, Kopf- und Fußende des Bettes und eben ein Lattenrost waren.

Für die Seifenform habe ich jeweils eine Holzlatte links und rechts an eine dritte Leiste für den Boden geschraubt: mittig und an den Seiten jeweils ein kleines Loch hineingebohrt und eine Schraube hinterhergeschickt. Dann habe ich die Seitenenden zurechtgesägt und an allen vier Ecken verschraubt. Und zum Schluss eine Mülltüte zugeschnitten und meinen Kasten damit ausgekleidet.

Als ich fertig war und ein Rezept aus meinem Seifenbuch heraussuchte – reine Olivenölseife –, musste ich erst einmal ausmessen und -rechnen, wie viel Seife überhaupt in die Form passen würde. Ich kam auf zwei Liter und glich das Rezept entsprechend an, erhöhte alle Mengenangaben auf das 1,3-Fache.

Jetzt wird sich herausstellen, ob ich richtig gerechnet habe – ob die zwei Kilo Seifenmasse wirklich in meine Form passen. Ich fürchte, dass der Platz nicht ausreichen wird, die Masse in der Schüssel sieht so viel größer aus als die Holzkiste. Und 2000 Kubikzentimeter fassen zwar 2000 Milliliter, aber nicht unbedingt 2000 Gramm, fällt mir jetzt ein – Stichwort: Dichte. Vorsichtig kippe ich die Rührschüssel und lasse den dicken Pudding in die schmale, lange Form fließen. Es ist verführerisch, man möchte den Finger hineintunken und ablecken.

Die Form füllt sich, die Schüssel leert sich. Es wird klar: Alles passt, fast millimetergenau. Glück gehabt.

Die Mutter des Mannes und ich streuen die Lavendelbrösel oben auf die Seife, dann decken wir sie mit Frischhaltefolie ab und drücken den Lavendel noch etwas fest. Die Seifenform stellen wir für die nächsten 24 Stunden in den Keller. »Die Seife wird schlafen gelegt«, liest der Mann vor. Bis ich selbst schlafen gehe, laufe ich noch vier Mal in den Keller, um nach der Seife zu sehen. Von Mal zu Mal wird sie heller und fester. Ich bin versucht, sie noch heute aus ihrer Form zu nehmen und in Stücke zu schneiden. Doch der Mann überredet mich, sie in Ruhe zu lassen und mich schlafen zu legen.

## Tag 80
## Zeit für einen Jobwechsel!

Noch vor dem Frühstück gehe ich im Keller die Seife besuchen. Gut sieht sie aus, fast ganz weiß ist sie über Nacht geworden.

Ich laufe die Treppe wieder hoch, nehme die Mutter des Mannes an die Hand und mit in den Keller.

»Schau, wie schön sie geworden ist.«

»Toll«, sagt die Mutter des Mannes und fasst ganz vorsichtig auf die Oberfläche der Seife.

»Heute Nachmittag um drei!«, sage ich und kann es kaum erwarten, die Seife anzuschneiden.

Wir frühstücken lange, mit Sonntagszeitung und frischen

Brötchen vom Bäcker, und trotzdem ist es erst ein Uhr, als ich jeden Text der Zeitung gelesen habe und beim besten Willen nichts mehr essen kann.

Ich überlege, was ich bis zum Seifenanschnitt noch tun könnte, und beschließe, eine Seifenbox zu bauen. Zur Aufbewahrung der Seifenstücke. Sie müssen nämlich noch ein paar Monate liegen und trocknen.

Ich hole mir aus dem Keller zwei leere, kleine Weinkartons. Den einen nehme ich auseinander und schneide ihn in rechteckige Stücke, die so groß sind wie der Boden des anderen. Mit einer Pappe verstärke ich den Boden des Seifenkartons, zwei weitere Pappstücke klebe ich aufeinander. Das wird ein Zwischenboden, und mein Plan geht auf: Wenn ich ihn flach in den Karton drücke, bleibt er auf halber Höhe stecken. Jetzt kann die Seife im Karton auf zwei Etagen lagern. Auf die Pappen lege ich weißes Druckerpapier, damit es keine Verfärbung an der weißen Seife gibt.

Weil mein Seifenkarton hübsch aussehen soll und ich auch schon an einen späteren weiteren Gebrauch denke, klebe ich eine zerschnittene Dokumentenfolie an die Außenwand. Sie dient als Einsteckfenster für Informationen darüber, was in der Kiste ist. Für diese Ladung Seife schreibe ich mit Goldstift und in Schönschrift »Lavendel-Olivenöl-Seife« auf ein Blatt Papier und stecke es in die Folie.

»Das ist das Kitschigste, was ich je von so nah gesehen habe«, sagt der Mann, als er zu mir ins Esszimmer kommt, wo ich meine Bastelstunde abhalte.

»Das ist *hübsch!*«, sage ich.

Als wir dann die Seife aus dem Keller holen und die Seifenform öffnen, um den 70 Zentimeter langen Seifenbarren herauszunehmen, finde ich: Mein Karton passt sehr gut zu dieser Seife. Die ist nämlich auch hübsch geworden.

»Wenn wir drei Zentimeter dicke Stücke abschneiden, kriegen wir 23 Stück raus«, sage ich, denn ich habe es vorher ausgerechnet: 23 mal drei Zentimeter plus einen Zentimeter Verschnitt gleich unser Seifenblock. Außerdem halte ich 7 × 5 × 3 Zentimeter große Seifenstücke für genau richtig.

»Ich will aber dicke Seifen«, sagt der Mann. »Wir könnten doch auch zehn Seifen schneiden, die sieben mal sieben Zentimeter groß sind und drei Zentimeter dick. Außerdem wäre dann viel mehr Lavendel an einem Stück dran, das würde besser aussehen.«

»Aber dann kann man die Seife nicht benutzen!«, raunze ich den Mann an.

»Aber sie sähe besser aus!«, raunzt er zurück.

»Wir fragen deine Mutter.«

Die kommt gerade aus dem Garten, und ich trage ihr unsere Streitfrage vor.

»Ich würde sie dünn schneiden. Dann liegen sie gut in der Hand«, sagt sie. Ich schaue den Mann triumphierend an. Dann messe ich drei Zentimeter ab und schneide mit dem Messer langsam ein Stück vom Seifenblock. Es wird schief.

Auch die nächsten beiden Stücke werden schief, und sie brechen unten ein bisschen ab.

»Die Messerklinge ist zu dick«, sagt der Mann und holt aus der Küche das schmalste Messer, das er finden kann. Er übernimmt das Schneiden. Seine Stücke werden glatt, gerade und sehen alle fast gleich aus. Und was noch erstaunlicher ist: Als er den Seifenblock aufgeschnitten hat, sind es nicht nur 23, sondern sogar 24 Stück Lavendel-Olivenöl-Seife.

Wir stellen sie vorsichtig in den Seifenkarton, ich rupfe noch ein paar Lavendelstile vom Strauch, lege sie mit in den Karton und hoffe, dass die Seifen ihren Duft über die nächsten Monate nicht verlieren. Dann bringe ich den Karton zu den gesäuberten Seifenutensilien runter in den Keller.

Olivenölseife soll mindestens 6 Monate nachreifen, besser sogar ein ganzes Jahr – wir werden also Freunde und Familie zu Weihnachten mit Lavendelseife überhäufen. Ich zähle an meinen Fingern ab: »Mama, Schwester, beste Freundin, Oma.«

»Tanten, plus zwei. Schwestern, plus zwei«, sagt der Mann.

»Freundinnen, plus drei«, sagt die Mutter des Mannes.

Bleiben immer noch 13 Seifen übrig.

Irgendjemand wird sich schon finden lassen, den oder die wir beschenken können. Aber vielleicht sollte ich auch versuchen, die Seifen auf einer dieser Plattformen zu verkaufen, auf denen man sich einen eigenen Webshop mit Selbstgemachtem einrichten kann – was mehrere Hunderttausend Menschen schon getan haben.

Auf *Dawanda.de* und *Etsy.com,* dem amerikanischem Vorbild, habe ich mich schon oft umgeschaut, nur noch nie etwas gekauft. Aber diese Portale faszinieren mich; man kann dort einfach alles kaufen: Kosmetik, Hüte, gedrechselte Wanderstöcke, Broschen, Faschingskostüme, selbst gebackene Hundeplätzchen, Geldbeutel, Gewürzmischungen, Lampen, Monster aus Filz. Sogar Skulpturen. Und die Menschen kauften dort gerne ein, weil das meiste eben Unikate sind.

Was es dort auch gibt: jede Menge Seife. Um genau zu sein: Über 1500 Produkte werden in dieser Kategorie angeboten. Es scheinen sich zahlreiche Seifenmacher mit ihrem Hobby etwas dazuzuverdienen.

So um die fünf Euro verlangen die Verkäuferinnen für ein Stück. Ich müsste also nur fünf Stück Seife verkaufen, um die Materialkosten wieder drinzuhaben. Knapp 25 Euro habe ich für Olivenöl, Duftöl, Natriumhydroxid, Rührschüssel und -löffel bezahlt. Den Pürierstab, der jetzt mit unten bei den Seifensachen liegt, hat die Mutter des Mannes gesponsert – weil sie einen neuen geschenkt bekommen hat.

Wie schnell ich die Kosten wieder drinhaben könnte, überrascht mich. Weil ich bei den selbst genähten Sachen auf diesen Plattformen immer schockiert war, wie wenig sie kosten – angesichts der Materialien und vor allem auch der Arbeitszeit. Die meisten Anbieter verkaufen ihre Sachen zu selbst ausbeuterischen Preisen.

Dagegen könnte sich die Seife richtig lohnen. Vielleicht sollte ich Seife kochen, anstatt Texte zu schreiben? Würde sich das lohnen? Für die ganze 2-Liter-Seifenkiste würde ich 120 Euro bekommen. Und wenn ich die Kosten für die Zutaten abziehe, bliebe mir ein knapper Hunderter als Gewinn. Klingt erst mal viel. Aber: Ich müsste jeden zweiten Tag Seife kochen, meinen Holzkasten also immer wieder befüllen, sobald ich einen Seifenblock herausgenommen habe, um 1500 Euro im Monat zu verdienen – wovon ich meinen Lebensunterhalt eher schlecht als recht bestreiten könnte. Mein Stundenlohn läge, die Zeit für Verpackung und Versand und das Besorgen der Materialien mit eingerechnet, bei rund 5 Euro. Und: Ich müsste jeden Monat alle 360 Stück Seife verkaufen, um überhaupt dieses Einkommen zu haben. Ich bezweifle, dass die Nachfrage nach Seife so groß ist.

Ich bin etwas ernüchtert. Bis hierher hatte ich Portale wie *Etsy.com* und *Dawanda.de* als Möglichkeit gesehen, sein Hobby zum Beruf zu machen. Und ich scheine nicht die Einzige zu sein, denn zum Beispiel im Blog von *Etsy.com* gibt es die hoch frequentierte und -kommentierte Rubrik »Quit Your Day Job« – »Kündige deinen Brotjob«. Klingt für mich mittlerweile eher nach keiner guten Idee. Zumindest nicht für mich.

Vor ein paar Monaten gab es in der *New York Times* ein Porträt der Designerin Yokoo Gibran, die voluminöse Stricksachen, vor allem Schals, verkauft – und damit nicht nur ein richtiges Business aufgezogen hat, sondern sogar zu einigem Wohlstand gekommen ist. Einige ihrer Teile werden über die US-amerikanische Textilkette »Urban Outfitters« verkauft, in der *Etsy.com*- und der Selbermach-Community ist sie ein

Star. Allerdings strickt sie auch 16 Stunden am Tag und hat nie Urlaub. Und der Arbeitsplatz, den sie für ihre Selbermach-Karriere hingeschmissen hat, war »nur« eine Anstellung in einem Copyshop. Ich glaube, ich hätte weniger Probleme, einen Kopierladenjob hinzuschmeißen, als meinen Beruf aufzugeben.

Aber abgesehen von allen finanziellen Gedankenspielereien bin ich vor allem nicht sicher, ob ich die Seifen überhaupt verkaufen *will*. Etwas herzustellen, weil man damit Geld verdient, ist ja etwas fundamental anderes, als es herzustellen, weil es Spaß macht und weil man anderen damit eine Freude machen kann. Ich stelle mir jetzt schon vor, zu Weihnachten die Seifen hübsch verpackt unter den Weihnachtsbaum zu legen, und freue mich auf die Gesichter, die die Beschenkten machen werden, über neun Monate im Voraus.

Und überhaupt ist meine Laune gerade ganz hervorragend. Denn das Seifemachen war lustig. Es wird nicht das letzte Mal gewesen sein, das steht schon fest. Es ist faszinierend – so faszinierend, wie ich dachte, dass es Chemie nie sein könnte, als ich das Fach in der elften Klasse mit einer 4 im Zeugnis abgewählt habe.

# Tag 82
# Mit einer Katze vor dem Ofen

Eine links. Eine rechts. Eine links. Eine rechts. Eine links. Eine rechts. Ich stricke. Eine links. Eine rechts. Das ist im Moment meine kleine Abendmeditation. Als mein Schnupfen etwas nachließ und die Kopfschmerzen nicht mehr ganz so grausam zu mir waren, habe ich weitergemacht mit dem Üben der ersten Reihe. Und dann habe ich, als sie schön

gleichmäßig geworden war, einfach eine zweite Reihe dazu-
gestrickt. Eine dritte. Eine vierte.

Als ich zehn Reihen gestrickt hatte, maß ich nach, wie
viele Maschen wie viele Zentimeter ergeben, und rechnete
aus, wie viele Maschen ich stricken müsste, um einmal um
meinen Kopf herumzustricken. Ich habe nämlich beschlossen, eine Mütze zu stricken. Mit Zopfmuster. Ja, ich bin ein
bisschen übermütig geworden, sage mir aber, dass ich das
schon hinbekomme – im Zweifelsfall wieder mithilfe eines
*Youtube*-Videos. Auch wie ich die Rundung stricke, die eine
Mütze oben am Kopf hat, weiß ich noch nicht. Deswegen
werde ich bei dieser Mütze auch das Abnehmen von Maschen lernen.

Das Zopfmuster stellt sich als gar nicht so kompliziert heraus. Das Einzige, was man dafür braucht, ist eine dritte Nadel, auf der man ein paar Maschen ablegen kann, und sehr
bewegliche Finger. Denn man strickt ein Stückchen ohne
die beiseitegelegten Maschen weiter, und dann muss man sie
wieder aufnehmen – was ein schönes Gezerre und Gezuppel
ist, weil sich so eine Strickmasche auch nicht endlos in die
Länge ziehen lassen will.

Mittlerweile bin ich dort angekommen, wo die Mütze
langsam schmaler werden soll, und habe mir schon angeschaut, wie das geht.

Noch einfacher als die Zöpfe!, lache ich triumphierend, als
ich herausfinde, dass man einfach nur zwei Maschen zusammenstrickt. Pah, kein Problem!

So sitze ich abends auf dem Sofa, eine links, eine rechts,
eine links, eine rechts, zwei zusammenstricken, neben mir
sitzt der Mann und liest ein Buch, und aus der Stereoanlage
singt Bob Dylan.

Das Bild, das wir beide abgeben, würde eher in eine
Berghütte passen als in eine Wohnung über einer rege befah-
renen Kreuzung. Der Mann müsste allerdings einen grauen

Bart haben und ich eine geblümte Kittelschürze tragen. In der Ecke würde ein Feuer im Ofen brennen, vor dem sich eine Katze räkelt. Und auf der Armlehne des Sofas würde ein Spitzendeckchen liegen.

Dabei ist Stricken angeblich das neue Cool.

Warum fühlt es sich dann so wahnsinnig uncool an?

Also nicht, dass mir die Strickabende keinen Spaß machen würden, im Gegenteil. Es kostet mich erstaunlich wenig Überwindung, Freunden abzusagen, die mich zum Tanzengehen überreden wollen, und stattdessen einen Abend mit meinem Strickzeug zu verbringen. Aber cool ist es nicht. Wenn dagegen eine Sarah Jessica Parker strickend am Filmset sitzt, ist das cool.

»Warum ist Sarah Jessica Parker cool und ich nicht?«, frage ich den Mann.

Er überlegt.

»Sarah Jessica Parker lebt in New York, ist berühmt, reich, mit einem Schauspieler verheiratet und hat immer hübsche Sachen an.«

»Ich meine beim Stricken.«

Der Mann schaut mich fragend an. Ich erkläre ihm, dass strickende Schauspielerinnen und Models total angesagt sind und es als absolut lässig gilt, während der Dreh- und Fotopausen Schals und Pullover zu stricken. Dass es aber ziemlich unangesagt ist, wie wir beide hier miteinander rumsitzen.

»Na ja, sie ist halt Sarah Jessica Parker. Die könnte mit den Füßen musizieren, und es würde als cool gelten. Oder?« Und dann überrascht mich der Mann: »Ich habe neulich was gelesen, von einer Soziologin oder Kulturwissenschaftlerin, die hat sich damit beschäftigt, in welchem Zusammenhang Handarbeiten wie wirken. Welche Aufgabe sie erfüllen und all so was. Die solltest du interviewen.«

Gute Idee? Ich stricke die letzten Maschen meiner aktuellen Reihe zu Ende, eine links, eine rechts, lege das Strickzeug beiseite und hole mir den Computer aufs Sofa. Eine Bob-Dylan-CD später habe ich die Frau gefunden, von der der Mann gesprochen hat: Elke Gaugele, Kulturwissenschaftlerin, unterrichtet an der Akademie der Bildenden Künste in Wien »Moden und Styles« und hat unter anderem ein Buch über Schürzen verfasst. Ich schreibe ihr eine Mail, ob wir uns mal unterhalten können.

## Tag 86
## Erwachsenwerden zwischen Terrakottatöpfen

Ich stehe am Küchenfenster und erfreue mich an den sechs kleinen, dicken Blättern, die sich dem Licht entgegenstrecken. Wenn ich alles richtig mache, werden sie in den nächsten Wochen zu großen Pflanzen heranwachsen, und in ein paar Monaten werden an ihren Stielen Hokkaidokürbisse hängen. Mein Herz hüpft wieder ein bisschen.

Vor zweieinhalb Wochen habe ich aus einem Kürbis vom Biobauern den Schlonz rausgekratzt, um die Kerne zu trocknen und ein paar Wochen später einzupflanzen. Allerdings hatten vier Kerne schon im Kürbisbauch kleine Triebe bekommen, Trocknen kam nicht in Frage, sie wegzuschmeißen brachte ich nicht übers Herz. Also habe ich sie direkt in mit etwas Erde gefüllte Eierkarton-Separees gesteckt. Auch wenn es dafür eigentlich noch zu früh im Jahr war.

Die Kürbistriebe ließen sich nicht lange bitten, schnell standen die drei kräftigen Mini-Pflänzchen am Fenster, die vierte verwechselte leider oben und unten – sie streckte die

Wurzeln in die Luft. Ich hatte mich beim Auslegen der Samen schon gefragt, ob die Triebe wohl instinktiv wissen, in welche Richtung es gehen soll. Ein paarmal hatte ich die Kerne in den Fingern hin und her gedreht. Keim nach unten? Keim nach oben? Und hatte sie dann einfach flach hingelegt und mit Erde bedeckt. Ich war nicht sicher, ob aus den Trieben Wurzeln oder Stiele werden. Wieder was gelernt: Es werden Wurzeln, und wenn die tief genug in der Erde verankert sind, hebt sich der Kern aus der Erde. Im Kern befinden sich zwei Keimblätter, die diesen abwerfen, wenn sie sich öffnen. Und ich habe außerdem gelernt: Es gibt auch dumme Pflanzen. Die nicht wissen, in welche Richtung sie wachsen sollen.

Wenn jetzt die Pflänzchen schon so loslegen, müssen sie bald raus in den Garten. Was für mich heißt: Ich muss schleunigst die noch fehlenden Dinge besorgen, Erde und Gemüsesamen, außerdem ein Vorhängeschloss und einen Vierkantschlüssel. Das Vorhängeschloss hat mir der Hausmeister empfohlen, um den Zugang zum Garagendach abschließen zu können. Ich bin mir noch nicht ganz sicher, ob ich meinen Nachbarn ein solches Misstrauen entgegenbringen will und sollte. Würden die echt mein Gemüse klauen? Den Vierkantschlüssel brauche ich für den grifflosen Wasseranschluss im Hof, der mir erstaunlicherweise in diesem Jahr zum allerersten Mal aufgefallen ist. Direkt neben dem Hofeingang zum Haus guckt ein Wasserhahn aus der Wand und wird mir ersparen, ständig mit einer Gießkanne aus dem 5. Stock in den Hof runterzulaufen.

Um auch nicht zwischen Wasserhahn und Garagendach hin und her rennen zu müssen – immerhin 22 steile Metallstufen mit schwerer Gießkanne –, habe ich mir in der vergangenen Woche einen Gartenschlauch zugelegt. Zwar hätte ich als Stadtbewohnerin nie gedacht, mal vor meinem 67. Geburtstag einen Gartenschlauch zu besitzen. Aber Bequemlichkeit ist auch beim Selbermachen König.

Kaum hatte ich Anfang der Woche die Idee mit dem Gartenschlauch, stieß ich auf eine Werbung des nahen Discounters mit Angeboten für die »KW 12«. KW 12 ist Gartenwoche. KW 12 ist diese Woche, Gartenschläuche sollte es ab Donnerstagmorgen geben. Seitdem ich ein berufstätiger Mensch bin, war ich nicht mehr oft bei eben jenem Discounter. Aber ich erinnere mich an meine Studentenzeit, in der ich häufig dort eingekauft habe und meine Wohnungs- und vor allem Kücheneinrichtung zu einem beachtlichen Prozentsatz durch die Non-Food-Angebote dieser Märkte bestückt waren. Da in meinem Viertel viele sparsame Studenten lebten, musste ich schnell sein, um noch etwas von den Wochenangeboten abzukriegen. Doch ab einem bestimmten Zeitpunkt bekam ich immer, was ich wollte. Ich hatte nämlich herausgefunden, dass die Angebote am Vorabend kurz vor Ladenschluss rausgelegt werden.

Ich stand also am Mittwochabend um fünf vor acht im Supermarkt, schlenderte durch die Gänge, legte eine Tafel Schokolade in meinen Wagen und fuhr sie zwei Runden spazieren – und dann brachte eine Mitarbeiterin die Gartenangebote. Es klappte also immer noch. Ich hatte einen Gartenschlauch. 20 Meter lang, grün und billig.

Jetzt wollen der Mann und ich die anderen Dinge besorgen. Wir fahren in einen Bau- und Gartenmarkt. Im Baumarkt bin ich gern. Alles dort ist praktisch, und man selbst fühlt sich so »patent«. Als würde einem dort jeder sofort abnehmen, dass man quasi mit einem Schlagbohrhammer in der Hand geboren wurde.

Einen Vierkantschlüssel haben wir in der Abteilung mit Wasserrohren, -anschlüssen und -hähnen schnell gefunden; in der Gartenabteilung wuchten wir zwei 60-Liter-Beutel Erde in unseren Wagen und ziehen kleine Tütchen mit Gemüse- und Kräutersamen aus dem Angebotsständer. Neben uns diskutiert ein Pärchen über Terrakotta-Töpfe, und erst als wir sie aus Versehen anrempeln, bemerken wir, dass wir uns kennen. Die Männer spielen manchmal zusammen Fußball, und auf einer Party vor ein paar Monaten haben wir uns länger über Marokko unterhalten, wo wir gerade gewesen waren und die beiden zum Surfen hinwollten.

Es gibt ein Reihum-Händeschütteln, der Mann und ich lachen ein kleines bisschen zu laut; ich habe noch nie zufällig jemanden im Bau- und Gartenmarkt getroffen, den ich kenne. Jetzt, da es passiert, bin ich überrascht, wie fremd und erwachsen ich mir dabei vorkomme. So stelle ich es mir vor, wenn man mit einem Kinderwagen auf der Straße andere Leute mit Kindern trifft. Man signalisiert sich gegenseitig: Schaut her, wir sind fähig, Verantwortung zu übernehmen, und pflegen einen ernsthaften Lebensstil! Schiefer Vergleich? Vielleicht. Irgendwie aber auch nicht. Ob man Kinder oder einen Garten im Griff behalten will, kommt so ungefähr aufs Gleiche raus, denke ich mir. Viel Arbeit, viel Freude, man muss sich kümmern, und vor allem muss man sich die ganze Chose überhaupt erst mal zutrauen.

Hier stehen wir also und plaudern über unsere Gartenpläne in diesem Jahr. Das Pärchen hat einen sehr großen Garten, weil die beiden zusammen mit sechs anderen Menschen in einer Villa wohnen. Beim Gedanken an den Platz, die Bäume und die Möglichkeiten, die so ein richtiger Garten bietet, werde ich ein bisschen neidisch. Aber sofort bekomme ich Schuldgefühle meinem Garagendach gegenüber. »Garten ist, was du draus machst!«, sagt die Alys in mir.

Die beiden laden uns auf einen baldigen Kaffee in ihren Garten ein, was der Mann sofort zusagt, weil er die Möglichkeit auf eine Partie Fußball auf dem Riesenrasen wittert, dann verabschieden wir uns. Die beiden diskutieren weiter über die Terrakottatöpfe, während der Mann und ich unseren Einkaufswagen Richtung Eisenwaren schieben, um ein

Vorhängeschloss zu kaufen. Weil wir eben nicht in einer Villa, sondern in einer rauen Gegend wohnen. Wo man den Nachbarn misstraut.

# Tag 90
## Warten auf die Kalte Sophie

Die beste Freundin ist zum Abendessen da und staunt, dass auf dem Balkon schon die ersten Töpfe stehen. Am letzten Sonntag war das Wetter so freundlich, dass ich mich nicht mehr zurückhalten konnte und schon ein paar Töpfe mit Samen bestückte: Melone, Aubergine, Kopfsalat und Rucola habe ich ausgesät. Neben den Töpfen, in denen man nur Erde sieht, stehen zwei Kürbispflanzen, die prächtig gewachsen sind. »Boah, die sind ja schon riesig. Viel zu früh!«, ruft die beste Freundin.

»Ist doch gut, dass die so groß sind«, verteidige ich mich und die Kürbispflanzen. »Am Wochenende werde ich eh anfangen, den Garten anzulegen. Das Wetter ist so schön. Dann kommen sie in ein großes Gefäß und können noch größer werden.«

»Auf keinen Fall!«

Hä? Ich schaue die beste Freundin verständnislos an. »Die Kürbispflanzen *müssen* aber doch größer werden, sonst funktioniert die ganze Idee mit dem Gärtnern nicht.«

»Aber du darfst sie nicht vor den Eisheiligen im Freien einpflanzen!«

»Was hast *du* denn bitte für eine Ahnung vom Gärtnern?«

»Keine. Nur das mit den Eisheiligen weiß ich.«

Na schönen Dank auch. Mit Halbwissen hier Panik verbreiten.

»Lass uns mal essen«, beende ich das Thema. »Ich werd mir von dir nichts einreden lassen.«

»Wie du denkst«, setzt die beste Freundin noch mal nach.

Ich hole den Pürierstab aus dem Schrank und unterbinde jeden weiteren gut gemeinten Ratschlag mit dem lauten Kreischen, das der Pürierstab beim Zerkleinern der weich gekochten Möhren von sich gibt. Ich kippe noch etwas Sahne in den Topf, salze nach und halte den Pürierstab ein letztes Mal in den Topf. Es gibt Suppe.

Zwischen zwei Löffeln kramt die beste Freundin in ihrer Tasche und hält mir ein Stück Gestricktes mit etwas welligen Rändern vor die Nase. »Schau, mein erster richtiger Schal.«

»Sehr hübsch!«, antworte ich und bin tatsächlich beeindruckt, wie schnell sie stricken gelernt hat. Dass es noch nicht wirklich wie ein Schal aussieht, sondern eher wie ein zerbeultes Etwas, finde ich eher rührend als schlimm. Alles, was ich als Kind gestrickt habe, sah genauso aus. »Übst du immer noch so viel?«

»Fast jeden Abend. Und nachts träume ich dann vom Stricken. Aber irgendwie verbringe ich genauso viel Zeit mit Aufribbeln. Ich will meinem Sohn zum Geburtstag unbedingt einen Schal schenken, aber erst ist er zu schmal geraten, dann wieder zu breit, dann haben mir die Farben nicht richtig gefallen …«

Ich ermutige die beste Freundin, dass sie das gut hinkriegen wird. Und sie verabschiedet sich recht bald nach dem Essen, um zu Hause weiterzuüben. Ihr Sohn hat schon in ein paar Wochen Geburtstag.

Ich selbst habe an diesem Abend auch noch etwas vor. Als sie gegangen ist, setze ich mich an den Computer. Ich muss wissen, was die Eisheiligen sind, sie gehen mir nicht aus dem Kopf. Gehört habe ich den Begriff schon, und ich weiß auch, dass das etwas mit dem Wetter zu tun hat. Aber noch warten mit dem Garten? Immerhin ist morgen der März vorbei, und ich habe noch nichts im Garten getan. Dabei begann die Gartensaison für mich gefühlt immer im März. Nicht umsonst habe ich die Vermieterin gefragt, ob ich das Garagendach zwischen März und Oktober nutzen darf.

Also, die Eisheiligen. Ich lese im Netz nach: Es handelt sich um Bischöfe und Märtyrer aus dem 4. und 5. Jahrhundert. Hat also erst mal nichts mit dem Garten zu tun. Weiter: Mamertus kommt am 11. Mai, Pankratius am 12., Servatius am 13. Am 14. Bonifatius und am 15. eine Sophie. Soll das heißen, dass die Eisheiligen erst am 15. Mai (Mai!!) vorüber sind? Pfff. So lange soll ich noch warten? Ich wollte eigentlich schon am 24. Januar loslegen!

Ich lese weiter, und zwar Bauernregeln: Pankraz, Servaz, Bonifaz machen erst dem Sommer Platz. Oder: Vor Nachtfrost du nie sicher bist, bis Sophie vorüber ist. Und: Pflanze nie vor der Kalten Sophie! Eine Gemeinheit ist das, das hat mir keiner vorher gesagt, dass ich bis Mitte Mai warten muss! Es kommt mir aber auch einfach unsinnig vor. Wie soll das denn gehen, wenn ich alles erst im Mai aussäe – das wird doch nie groß und reif bis zum Spätsommer. Irgendwas stimmt da nicht. Und ich will auch nicht glauben, dass sich die Leute wirklich daran halten.

»Die Annahme beruht auf jahrhundertealten Erfahrungen und Beobachtungen von Bauern, laut Volksglaube wird das milde Frühlingswetter erst mit Ablauf der Kalten Sophie stabil«, lese ich weiter. Na, da haben wir's doch! Volksglaube!

Aberglaube. Also ist das Ganze ja wohl nicht ernster zu nehmen als Engel oder der schlechte Einfluss der Zahl 13 auf das persönliche Wohl. Und wegen solchem Unfug soll ich mit meinen Pflanzen noch warten? Nie im Leben.

Ich lese mir den Rest des Eintrages durch. Und fühle mich bestätigt, dass diese Geschichte großer Quatsch ist. Die Wetterbeobachtungen lassen sich heute nämlich meteorologisch nicht mehr bestätigen. So wurden beispielsweise in Trier im

Zeitraum von 1951 bis 1961 durchschnittlich 0,4 Frosttage im Mai gemessen, das sind vier Tage in zehn Jahren, und von 1991 bis 2006 gab es überhaupt keine.

Also, was soll die Aufregung? Null komma vier Frosttage, das ist ja so gut wie nichts. Eigentlich kann man die Eisheiligen vergessen, sie einfach ignorieren, die meisten Menschen haben einfach nur Schiss, dass nach zwanzig Jahren ohne Eisheilige gerade in diesem Jahr dann doch welche vorbeischauen und all die schönen und in harter Arbeit großgezogenen Gemüsepflanzen umbringen.

Allerdings: Ich auch. Null komma vier Frosttage sind halt auch nicht null Frosttage. Und: Wie blöd wäre das denn, wenn es gerade in meinem Einstandsjahr als Gärtnerin einen Kälteeinbruch gäbe und meine Pflanzen erfrieren würden? Man würde in der Gärtnergemeinschaft mit dem Finger auf mich zeigen und sagen: Schaut her, genau so macht man's nicht. Und ich dürfte mir, vermutlich auch öfter als zu ertragen wäre, anhören: »Das weiß doch jedes Kind, dass man auf die Kalte Sophie warten muss!« Nein, danke. Ich werde warten.

# Tag 95
## Die Übungshose

Ich stehe ratlos in meiner Küche und überlege, was ich zum Abendbrot essen soll. Der Mann ist beim Fußball, und für mich allein zu kochen, macht mir ungefähr so viel Spaß, wie die Wohnung zu fegen. Als ich noch allein gelebt habe, gab es bei mir an sehr vielen Abenden Nudeln mit Ketchup und geriebenem Käse. Aber noch nicht einmal Ketchup und Käse haben wir im Haus, der Kühlschrank und die Schublade mit den Vorräten sind schockierend leer.

Brot ist auch keines mehr da. Aber ich habe überhaupt keine Lust, eines zu backen – das ich dann erst kurz vorm Schlafengehen anschneiden kann. Ich stromere durch die Wohnung, durchwühle Schränke und erkläre nach zwanzig Minuten eine halbe Tüte Erdnussflips und eine Rolle Chips, die noch von einer Runde mit Freunden am Wochenende herumliegen, zu meinem heutigen Abendbrot.

Da die Essensfrage nun geklärt ist, kann ich mich meinem Plan für diesen Abend widmen: Ich werde mir eine Hose nähen. Eigentlich brauche ich eine richtige Hose, über den Winter sind zwei Stoffhosen durchgescheuert und nicht mehr zu gebrauchen. Aber als Übung und Test will ich mir erst einmal eine Schlafanzughose nähen. Denn eine Schlafanzughose braucht keinen Reißverschluss, keine Taschen, noch nicht mal einen Hosenschlitz.

Zwei Monate schon liegt neben meinem Bett, ganz oben auf dem Bücherstapel, das Buch »Design-It-Yourself Clothes. Patternmaking Simplified«, das ich mir bestellt hatte, um endlich zu lernen, Schnittmuster selbst anzufertigen. Seitdem habe ich nur ein paarmal kurz darin geblättert. Aber ich habe schon mein Lieblingskapitel entdeckt: »Making Patterns from Existing Clothes« – Schnitte von vorhandenen Klamotten kopieren. Heißt: Die Autorin des Buches, Designerin Cal Patch, erklärt, wie man den Schnitt der Lieblingshose, des Lieblingsshirts oder -kleides abzeichnen kann.

In dem nur eineinhalb Seiten langen Kapitel liest es sich wie eine praktische, schnelle Art, einen Schnitt herzustellen: Kleidung flach auf ein großes Stück Papier legen, Falten ordentlich glatt streichen, Außenkanten mit einem Stift abzeichnen, innere Kanten mit Nadeln durch den Stoff hindurch auf das Papier übertragen, das heißt: Löcher in das Papier pieksen und diese anschließend mit einem Stift zu Linien verbinden.

Das klingt einfach.

Ich falte meine Lieblingsschlafanzughose einmal längs zusammen, zupfe den Schritt sorgfältig nach außen und lege alles auf Zeitungspapier. Ich habe zwei Bögen Papier zusammengeklebt, um die Länge des Hosenbeins auch draufzubekommen. Mit einem Filzstift ziehe ich die Kanten nach und versuche dabei, keine Filzstiftstreifen an der Hose zu hinterlassen. Ich nehme die Schlafanzughose weg und schaue zufrieden auf meinen Schnitt: sieht genauso aus wie das, was ich von Fertigschnittmustern kenne.

Schnitte haben eigentlich immer unterschiedliche Vorder- und Rückteile, weil Ausschnitt, Länge oder die Kurve des Schritts unterschiedlich sind. Als ich aber jetzt meine Schlafanzughose in die andere Richtung längs falte und probehalber an meinen Papierschnitt anhalte, passt beides genau aufeinander. Perfekt. Dann habe ich jetzt schon meinen Schnitt, werde das Hosenbein einfach vier Mal zuschneiden, zwei Mal auf links, zwei Mal auf rechts.

Das ging schnell. Ich brauche länger dafür, einen Stoff auszusuchen. In meinem Regal habe ich vier große Bastkörbe voll mit Stoffen und Stoffresten. Ich kann es mir nämlich mehrmals im Jahr nicht verkneifen, durch die Stoffabteilung des örtlichen Kaufhauses zu spazieren, und dann kaufe ich mir den einen oder anderen Meter, meistens preisgesenkte Gelegenheitskäufe – in der Hoffnung, mich würde ganz bald die große Nählust überkommen. Sie kam leider nie.

Einen Korb nach dem anderen ziehe ich heraus, treffe eine engere Auswahl von sechs verschiedenen leichten Baumwollstoffen, entscheide mich per Eene-meene-muh für einen dunkelroten mit gelben und schwarzen Streifen. Das wird eine fröhliche Schlafanzughose.

Passend zum Stoff lege ich beschwingte Musik auf, dann geht es los: bügeln, zuschneiden, abketteln, zusammennähen, Saum und Bund umnähen. Das alles dauert nur eine gute Stunde.

Während ich nähe, fürchte ich allerdings, dass mir gleich die Nähmaschine auseinanderfällt. Sie quietscht und ächzt, als wäre sie schon hundert Jahre alt. Ich beschließe, das Gummiband später in meine neue Schlafanzughose einzuziehen und zuerst meiner Nähmaschine einen Frühjahrsputz zu gönnen.

Ich drücke am CD-Spieler noch einmal auf »Play«, bürste mit einem langen Pinsel alle Teile ab, die ich erreichen kann. Ich puste kräftig in die Maschine und tropfe etwas Öl an alle Stellen, die sich irgendwie bewegen. Das Quietschen wird tatsächlich leiser. Auf den Stoffresten stichle ich ein paar Extrarunden mit der Maschine, damit überschüssiges Öl wieder herauskommt – und auch das Rattern ist leiser geworden. Meine Nähmaschine schnurrt wie ein junges Kätzchen. Ich kann jetzt die Musik sogar nicht mehr nur in den Nähpausen hören.

Gut gelaunt mache ich mich ans ungeliebte Bügeln: Die Seitennähte der Hosenbeine müssen innen auseinandergebügelt werden, damit sie später nicht an der Haut reiben. Was ein Krampf ist, denn dabei kriegt das Hosenbein gleich eine Bügelfalte, allerdings innen. Die man dann wieder rausbügeln muss. Anstrengend ist das.

Ein Ärmelbrett bräuchte ich. Damit kann man die Naht wunderbar auseinanderbügeln. Ich sollte mir so etwas unbedingt besorgen, sonst könnte dieses Schneiderjahr ganz schön nervig werden.

Der Mann kommt nach Hause, als ich gerade die Küche aufräume, die Nähmaschine zurück in die Lücke zwischen Bücherregal und Schreibtisch und das Bügelbrett in die Abstellkammer stelle.

»Schau, meine neue Schlafanzughose!«, rufe ich.

»Interessante Farbe«, sagt er.

»Ich muss nur noch den Gummi einziehen, dann kann ich sie heute Nacht gleich tragen.«

»Viel Spaß!«, wünscht mir der Mann.

Und ich denke mir: Eigentlich super, Selbermachen ist immer *Just-in-time*-Produktion. Keine Vertriebswege, kein Verpackungsaufwand, keine Lagerung, kein Herumliegen im Laden. Machen und essen. Machen und anziehen. Machen und benutzen. Die Frage ist nur, wie lange das Machen dauert.

Heute ging es besonders schnell. Das Gummiband ist mithilfe einer Sicherheitsnadel ruck, zuck eingezogen – Gummibandende mit Sicherheitsnadel aufspießen und durch einen Schlitz in den Hohlraum am umgenähten Bund stecken, und dann Zentimeter für Zentimeter die Sicherheitsnadel nach vorn verschieben, das Gummiband zieht sie so hinter sich her.

Dann ist sie fertig, meine neue Schlafanzughose, an nur einem Abend.

Ich probiere sie an. Wild sieht sie aus. Aber auch ein bisschen unförmig. Nachdenklich schaue ich sie im Schlafzimmerspiegel an. Was stimmt mit dieser Hose nicht? Der Mann kommt ins Zimmer und schaut, als würde er sich genau die gleiche Frage stellen. Was stimmt mit dieser Hose nicht? Sie ist über dem Hintern ein kleines Stückchen zu kurz, und vorne beult sie sich ein bisschen aus. Ich ziehe sie aus und andersherum wieder an. Gleiches Ergebnis: Vorne ist eine Beule, hinten könnte sie etwas höher sitzen.

Ich hätte vielleicht doch separate Vorder- und Hinterteile zuschneiden müssen. Allerdings kann ich auch jetzt, als ich die alte Schlafanzughose wieder und wieder zusammenfalte und drehe und andersherum zusammenfalte, nicht sehen, wo der Unterschied sein soll. Sie sehen absolut gleich aus. Bloß angezogen eben nicht. Na gut, vielleicht liegt bei der alten Hose der vordere Saum doch ein kleines bisschen tiefer als der hintere, muss ich nach weiterer genauester Untersuchung zugeben. Ich müsste also eigentlich bei meiner neuen

Hose den Saum noch mal auftrennen, vorne zwei Zentimeter tiefer ausschneiden und hinten noch einen schmalen Streifen anstückeln.

Andererseits ist es nicht so, dass mein nackter Hintern rausschauen oder mich die Beule auf der Vorderseite besonders stören würde. Es ist meine Schlafanzughose, selbst gemacht, basta.

Und bei der »echten« Hose mache ich dann einen richtigen Schnitt, nach der Anleitung aus dem Kapitel »Miss Fancy Pants« meines »Patternmaking«-Buchs. Für heute Nacht bin ich jedenfalls zufrieden. Kann sein, dass die Ansprüche sinken, wenn man Dinge selber macht. Oder dass ich einfach zu müde bin, um ernsthaft darüber nachzudenken, irgendwas an der Schlafanzughose noch mal umzuarbeiten.

## Tag 100
## Kracherbrezen

Ich bereue immer noch, Ende Februar dem Mann gesagt zu haben, ich würde mal Brezn backen. Weil er mich jetzt nämlich seit sechs Wochen regelmäßig und in zunehmend quengelndem Tonfall fragt, wann ich endlich Brezen mache. Nun komme ich nicht mehr drum herum, es müssen Brezen her.

»Ich sehe aber überhaupt nicht ein, die alleine zu backen«, sage ich.

»Dann backen wir sie eben zusammen«, sagt der Mann.

So schnell hatte ich nicht mit seinem O. K. gerechnet. Ob der Mann sich auf meine Selbermachprojekte einlässt, kann ich nie vorhersehen. Er ist da sehr sprunghaft. Aber offensichtlich mag er Brezen. Und ich weiß: Er mag kneten. Vielleicht lockt ihn auch das.

Ich suche ein Rezept aus dem Netz und stelle fest, dass wir alles da haben, was wir brauchen: Mehl, Milch, Hefe, Salz, Butter, Natron. Und laut Rezept ist so ein Brezteig auch erstaunlich fix gemacht. Der Teig muss nicht wie beim Brot zigmal stehen und gehen. Wenn ich das hier richtig überblicke, sollten die Brezen innerhalb einer Stunde im Ofen liegen. Und pünktlich zur Brotzeit auf unseren Tellern.

Ich schütte 250 Gramm Mehl in eine Schüssel, mische einen viertel Teelöffel Salz unter, löse einen halben Würfel Hefe in einem Achtelliter Milch auf und rühre die zerlassene Butter unter. Die Butter-Hefe-Milch soll der Mann mit dem gesalzenen Mehl verkneten. Er ist ein ausgezeichneter Kneter, viel geduldiger als ich, und hat den Ehrgeiz, den zartesten Teig aller Teige zurechtzukneten. Immer. Das macht es manchmal anstrengend, vor allem, wenn es eigentlich nur darum geht, schnell einen Pizzateig zu machen, und ich schon Hunger habe.

Der Mann knetet also, und knetet und knetet, und als er der Meinung ist, das sei jetzt ein ganz hervorragend gekneteter Teig, stellt er ihn endlich beiseite. Nur 15 Minuten muss der Hefeteig ruhen – nach meinen bisherigen Hefeteigerfahrungen extrem kurz. Ich spüre einen Funken Skepsis in mir, ob das gut sein kann, dass die Hefe im Breznfall so wenig Ruhezeit braucht.

Aber bis auf Weiteres werde ich dem Rezept vertrauen. Wir teilen den Teig und jeder von uns formt drei Teigkugeln, wieder mal möglichst ohne Risse, was nicht mein Talent ist. Meine drei Kugeln haben Nähte und Falten.

Zwanzig Minuten lassen wir die Kugeln liegen, dann beginnt der kreative Teil: Wir müssen Brezen formen. Zuerst rollen wir die Teigkugeln auf dem Tisch zu langen Schlangen aus, am Ende dünner als in der Mitte, das ist bei gekauften Brezen ja auch so.

»Und wie muss man das jetzt verknoten?«, frage ich.

»Ich würde sagen, so«, antwortet der Mann, greift sich seine beiden Teigenden, wickelt sie einmal umeinander herum, wie einen Knoten eben, »und dann so.« Und drückt die Enden am unteren Rand des Breznbauches fest. Aber irgendwie sieht das nicht richtig aus.

Ich nehme meine Teigschlangenenden, drehe sie nach innen, und da fällt es mir ein: Sie müssen zwei Mal umeinander geschlungen und dann jedes Ende auf jeweils »seiner« Seite festgedrückt werden. Genauso muss es aussehen.

»Ha! Ich hab's!«, rufe ich, stolz, das Wesen der Brezn schneller als der Mann begriffen zu haben, obwohl ich erst seit fünf Jahren in München lebe und der Mann geborener Oberbayer ist.

Die zweite Style-Frage taucht auf, als die kleinen, rohen Brezn vor uns liegen: Wenn sie noch aufgehen im Wasser und im Ofen, werden sie nicht mehr wie Brezen aussehen, sondern wie verwachsene Knubbel. Wir entscheiden uns für experimentelles Backen: In Abstufungen machen wir die Teigschlangen immer dünner, bis die letzte Breze aussieht wie unterernährt – an den Enden nur ein paar Millimeter dick, am Bauch höchstens einen Zentimeter.

Ich setze Wasser auf den Herd, gebe drei Esslöffel Natron hinein, lasse die Lauge aufkochen und hebe dann mit dem Bratenwender vorsichtig die erste Breze hinein. 30 Sekunden bleibt sie dort, dann fische ich sie wieder heraus, lege sie auf das Blech, das der Mann eingefettet hat, und hebe die nächste Breze ins Wasser. Der Mann streut grobes Salz auf die gekochte Breze, die gar nicht großartig aufgegangen ist. Irgendwie hatte ich mir vorgestellt, dass sie nach dem heißen Bad dicker wäre.

Doch auch eine halbe Stunde später sieht die Breze noch genauso aus – ebenso wie ihre Artgenossen, die mit ihr gemeinsam seit zwanzig Minuten im Ofen backen. Gut, ein bisschen runder sind sie schon geworden, und am Bauch sind einige von ihnen auch hübsch aufgeplatzt, aber sie haben weder Brezngröße noch -farbe. Sie sind bleich wie Kaiserbrötchen.

Und sie sind es noch immer, als die Backzeit um ist. Ich gebe ihnen weitere zwei Minuten – immer noch bleich –, dann noch mal zwei – bleich – und dann noch mal volle fünf Minuten bei 20 Grad Celsius mehr und eingeschaltetem Grill.

Es nützt alles nichts. Die Brezen bleiben unattraktiv. Aber hässliche Backwaren bin ich mittlerweile gewöhnt. Wir decken den Brotzeittisch, ich schmiere Butter auf eine Ecke meiner Zwergenbreze und beiße hinein. Es kracht.

Der Mann beißt. Es kracht. Ein Breznbruchstück bohrt sich schmerzhaft in mein Zahnfleisch.

Wir beißen krachend in unsere blöden, selbst gemachten Brezen, kauen vorsichtig. Sie schmecken schon okay, sind aber keine Brezen.

»Wir müssen ein anderes Rezept ausprobieren«, sage ich zum Mann. »Kann ja nicht sein, dass wir keine vernünftigen Brezen hinkriegen.«

Allerdings ist meine Motivation, mich noch mal als Breznbäckerin zu versuchen, momentan nicht allzu groß. Scheitern ist scheiße.

## Tag 101
## Rot geblümt & selbst genäht

Die letzten hundert Tage waren Kindergeburtstag im Vergleich zu dem, was ich heute vorhabe. Heute wird es hart und komisch, denn Selbermachen kann einen in *sehr* merkwürdige Bereiche führen.

Vor allem, wenn man Freunde hat wie ich, die einem dauernd seltsame Projekte vorschlagen. So geschehen beim Faschingsessen im Februar, bei dem ich mich für meine fettigen Krapfen geschämt habe. Nach dem Essen hatte es als Verdauungshilfe Grappa gegeben, und die beste Freundin hatte mich nach dem Stand meines Selbermachjahres gefragt. So laut, dass das Gespräch am Tisch zum Erliegen kam und mich alle anstarrten und warteten, was ich erzählen würde.

Ich berichtete von meinem Plan, mir in diesem Jahr ein Kleidungsstück nach einem eigenen Entwurf nähen zu wollen, und dass mir meine Vermieterin erlaubt hat, auf dem Garagendach einen Gemüsegarten anzulegen.

Während ich erzählte, füllten und leerten sich unsere Grappagläser mehrmals. Und ich wurde mit Ideen bombardiert: Ob ich schon überlegt hätte, Strom selber zu machen.

»Oder Kaugummi.«

»Klopapier!«

»Klopapier? Wieso denn bitte Klopapier?«

Mit jedem weiteren Grappa wuchs die Liste der absurden Vorschläge. »Du könntest ein Schwein schlachten!« – »Ich bin Vegetarierin.«

»Aber Messer schmieden!«

»Ich kannte mal eine, die hat Wolle selbst gesponnen.«

»Oder wie wär's mit Reisanbau?«

So ging es noch eine ganze Weile. Ein paar Ideen erschienen mir gar nicht so doof. Allerdings war ich nicht sicher, ob das nur an meinem eigenen Grappa-Konsum lag.

Und dann fiel das Wort »Monatshygiene«. Binden. Ich solle mir Binden selber machen, sagte eine Frau, die ich nicht mal kannte – die Nachbarin der besten Freundin.

»Ich meine das ernst, es gibt viele Frauen, die nähen sich ihre Binden selber. So Ökos. Feministinnen.«

»Ich bin Feministin und noch nie auf die Idee gekommen, mir meine Binden selber zu nähen«, antwortete ich.

»Na dann wird's Zeit«, sagte sie.

In den Tagen danach dachte ich immer mal wieder an diesen Vorschlag. Und mir wurde klar: Wenn ich das mit dem Selbermachen ernst meine und auch Grenzbereiche ausloten will, muss ich auch so etwas machen. Ich werde mir Binden nähen müssen.

Aber obwohl ich in meinem Entschluss so streng mit mir war, fallen mir Woche für Woche wichtigere Dinge ein, die ich unbedingt ausprobieren muss. Seit Februar. Zum Anfang jeder neuen Woche denke ich mir: Am Wochenende nähst du endlich so ein Ding. Aber spätestens am Freitag finde ich eine Ausrede, um andere Wochenendpläne zu machen. Denn ehrlich gesagt fürchte ich mich ein bisschen vor dieser Erfahrung. Eigentlich nicht nur ein bisschen. Sondern sehr.

Ich bin nun mal mit Wegwerfprodukten aufgewachsen. Okay, meine ersten Lebensjahre habe ich in Baumwollwindeln verbracht. Das finden viele Menschen für ihre eigenen Kinder oder vor allem für sich selbst – als diejenigen, die die Windeln waschen müssen – heute ebenfalls inakzeptabel. Für mich ist es einfach eine von zwei Möglichkeiten, sein Kind zu wickeln. Aber die Möglichkeit, waschbare Monatshygiene zu benutzen, habe ich bisher nicht in Betracht gezogen. Sozialisation ist alles.

Dabei gibt es Wegwerfbinden, -slipeinlagen und Tampons gerade mal seit gut hundert Jahren, und das auch nur in den Industriegesellschaften. Unsere Urgroßmütter und Großmütter haben noch Lumpen oder gestrickte Einlagen benutzt. Oder wenn sie besonders arm waren: gar nichts.

Dagegen sind die Flügelbinden, für die in Öko- und feministischen Kreisen Nähanleitungen kursieren, richtige Luxusprodukte. Deren Anhängerinnen schwören: Wer sie einmal benutzt, greift nie wieder zu Wegwerfprodukten. Genähte Binden seien nicht nur ökologischer – die Durchschnittsfrau verbraucht in ihrem Leben immerhin rund

17 000 Einlagen oder Tampons – und auf lange Sicht preiswerter, sondern verursachten auch weniger Hautirritationen. Vor allem für Frauen, die gerade ein Kind bekommen haben, sei Baumwolle – oder noch besser: Hanf – die ökologischere und gesündere Wahl. Es gibt sogar kleine Unternehmen, die sich auf Textilbinden spezialisiert haben. Im Internet kann man sie in allen Formen und Farben und für zirka zehn Euro das Stück bestellen.

So weit die Theorie.

Jetzt steht die Praxis an.

Anleitungen gibt es im Internet genug, ich habe mir schon vor einigen Tagen eine davon ausgedruckt. Das Prinzip ist einfach: Frottee und Baumwollflannell wird in Form einer Flügelbinde zugeschnitten, zusätzlich schneidet man noch eine oder zwei Lagen Frottee in Form einer Slipeinlage zu – als Verstärkung. An den Flügeln werden Druckknöpfe angebracht oder ein normaler Knopf auf die eine, ein Knopfloch in die andere Seite genäht.

Ich brauche einige Versuche, bis ich das mit den Flügeln und Kurven für meine Vorlage richtig hinkriege. Fehlen nur noch Stoffe. Für die Frotteeschicht und -einlage erkläre ich einem alten Handtuch sein Dienstende und schneide einmal die Flügelform und zwei Streifen für das Futter zu.

Als Oberstoff will keiner der Stoffe in meinen Kisten so richtig passen. Ich suche nach etwas rot Gemustertem. Erst ganz unten in einer der Kisten finde ich in einer Tüte mit vielen kleinen Stoffresten ein paar Quadratzentimeter rot geblümten Stoff. Passt. Und von der Größe gerade so ausreichend. Ich schneide die Flügelformen zu, setze mich mit allen Einzelteilen an die Nähmaschine, nähe Inlay auf Frotteeflügelteil, darauf die eine Seite des Oberstoffes und darauf rechts auf rechts die andere Seite des Oberstoffes. Ich wende alles und steppe die Kante noch einmal ab. Zum Schluss mache ich ein Knopfloch in einen Flügel und nähe einen Knopf auf den anderen Flügel, denn leider habe ich keinen solchen Apparat, mit dem man Druckknöpfe in Stoffe schießen kann.

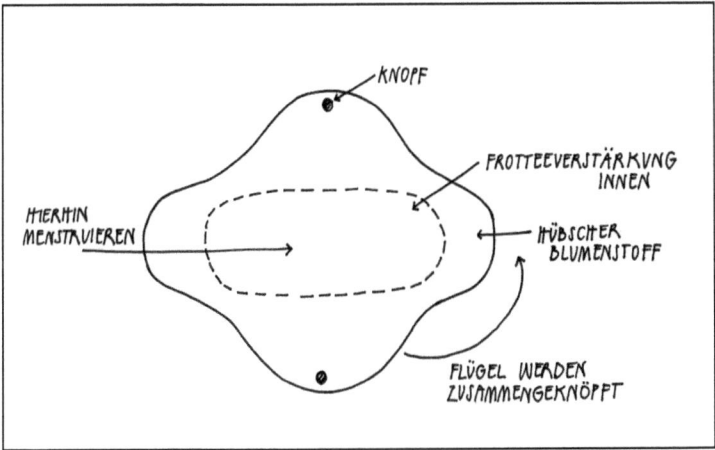

Und so sitze ich, zweieinhalb Stunden nachdem ich mit einem Bleistift elliptische Formen auf ein Stück Papier gemalt habe, mit einer geblümten Baumwollbinde in der Hand vor meiner Nähmaschine. »Hübsch«, sagt der Mann, als er in die Küche kommt, und grinst mich dabei breit an.

»Viel zu hübsch zum Anziehen«, sagt die beste Freundin, als ich ihr mein Tagewerk am Abend zeige.

»Ich werde sie anziehen müssen«, antworte ich.

»Selbst schuld.«

Ja, selbst schuld. Der Kindergeburtstag ist vorbei.

# Tag 106
# Warum Stricken das neue Cool ist

Ich wähle eine Frankfurter Nummer, es klingelt, dann nimmt die Kulturwissenschaftlerin Elke Gaugele ab und wünscht mir einen guten Abend. Wir haben uns vor ein paar Tagen für heute am Telefon verabredet, um darüber zu reden, warum Stricken manchmal als cool, sexy, trendy gilt – zum Beispiel bei Sarah Jessica Parker – und manchmal einfach nur Stricken ist – zum Beispiel bei mir.

Also, warum? »Es kommt auf den Kontext an«, sagt Elke Gaugele. »Wenn die Grünen sich in ihren Anfangsjahren in den Bundestag setzten und strickten, war das eine politische Aussage. Sie provozierten, indem sie zeigten: Ich kann nebenher auch noch gut was anderes machen.«

»Stricken gilt ja jetzt wieder als cool«, sage ich. »Meine Oma hat ihr Leben lang gestrickt, war aber eher nicht Teil einer Avantgarde.«

Nicht allein die strickende Person sei entscheidend, sondern auch die gesellschaftlichen Umstände, sagt Elke Gaugele. Meine Oma gehe demnach mit einem ganz anderen Bewusstsein ans Stricken heran als die jungen Menschen, die sich zu *Knit-ins,* also zum öffentlichen Stricken in der Gruppe, zusammenfinden. Trotzdem habe auch meine Oma vermutlich schon einen Wandel der Handarbeit miterlebt. »Handarbeit war in Deutschland durch den Ersten und Zweiten Weltkrieg eng an eine Kriegsökonomie gebunden. Da wurden zum Beispiel massenweise Socken für die Front gestrickt. Im Ersten Weltkrieg gab es sogar eine Reichswollwoche«, sagt Gaugele. Ich lese später im Lexikon nach, dass in der »Reichswollwoche« im Januar 1915 warme Unterwäsche für die Truppen gesammelt wurde. Die Frauen strickten und häkelten, was das Zeug hielt, um die Männer an der Front zu versorgen. »Dadurch erlebte Handarbeit in Deutschland eine Militarisierung, war in nationale Zwecke eingebunden«, sagt Gaugele. »Den ersten großen Bruch gab es dann in den 60er-Jahren. Die Frauengeneration entdeckte Handarbeit wieder, abseits der Kriegsökonomie. Man konnte zu dieser Zeit verschiedene Strömungen beobachten: Zum einen die Handarbeit als Teil eines ›guten‹ Haushalts, der das alte Verständnis von Handarbeit in gewisser Weise weiterführte. Zum anderen gab es aber auch eine neue Generation Frauen, die genau damit brach, die das alte Rollenbild ablegen wollte.«

»Was passierte da genau?«, will ich wissen.

»Kleidung war teuer in den 60er-Jahren. Da ging es beim Nähen vor allem ums Geldsparen. In den 70er- und 80er-Jahren wurde Kleidung dann sehr viel billiger. Plötzlich ging es vor allem darum, sich selbst auszudrücken. Zum allerersten Mal in der Geschichte war das Selbermachen nicht Teil einer Notökonomie, sondern ein Zeichen der neu entstehenden Wohlstandsgesellschaft.«

Wenn ich an die Generation meiner Oma denke, sehe ich tatsächlich Frauen vor mir, die stricken und nähen, weil es einfach nichts gab. Meine Mutter dagegen hat vor allem deshalb genäht, weil sie sich gern modisch kleidet. Zwar gibt es für den Osten den Spruch »Wir hatten ja nüscht«, aber Kleidung gab es immer, niemand musste nackt rumlaufen. Nur hatten Frauen auch im Sozialismus den Wunsch, individuelle Sachen zu tragen.

Aber heutzutage erscheint mir das Selbermachen nicht mehr nur als Teil unserer Wohlstandsgesellschaft, sondern im Gegenteil: auch als Alternative zu ebendieser.

Wenn ich zum Beispiel an meine selbst genähte Binde denke: Es bestand absolut keine ökonomische Notwendigkeit, sie mir zu nähen, eine Wegwerfbinde kostet nur ein paar Cent. Und trotzdem gibt es Frauen, die auf dieses Angebot der Konsumgüterindustrie verzichten. Nebenbei bemerkt haben die Frauen nicht ganz unrecht mit ihrer Behauptung, eine selbst genähte Binde sei die bessere Wahl: Sie war überraschend gemütlich, und ich hatte keinen Moment lang das Gefühl, sie sei irgendwie unzuverlässiger als eine Fabrikbinde. Nur, dass ich noch eine ganze Reihe Binden mehr bräuchte, würde ich ganz umsteigen wollen.

Es gibt anscheinend das Bedürfnis nach Alternativen zur gekauften Massenware. Heute schwingt beim Nähen, Stricken, Häkeln oft mit, eben nichts in Millionenproduktion Hergestelltes tragen zu müssen und zu wollen.

»So ist es auch«, sagt Elke Gaugele. »Das sehe ich als den zweiten großen Bruch. Nach dem ersten Bruch – weg von der Notökonomie, hin zur Wohlstandsgesellschaft – machte Handarbeit zwar kleinere Wandlungen durch: in den 60ern als Möglichkeit, Geld zu sparen, in den 70ern von der Umweltbewegung geprägt, in den 80ern dann Punk mit der Umcodierung bürgerlicher Kleidung. Aber der große Bruch ist nun, dass sich Handarbeit mit Konsumkritik verbindet, mit der Kritik an unserer Warengesellschaft. Nachhaltigkeit ist heute das wichtigste Schlagwort.«

»Und wo hat diese Entwicklung angefangen?«, frage ich.

»Im Bereich der Handarbeit mit der dritten Welle des Feminismus in den USA. Anfang der 90er-Jahre. Deren Vertreterinnen warfen den Feministinnen der zweiten Welle vor, viel zu verkopft zu sein, und entwarfen ihr Frauenbild neu – freier, konsumkritischer, spaßorientierter. Schon etwas vor dieser neuen feministischen Bewegung entstanden Subkulturen wie Graffiti, Street-Art oder Guerilla Gardening. Deren Vertreter bildeten zusammen etwas wie eine Kommunikationsguerilla. Die übte Kapitalismuskritik und Gesellschaftskritik in einem, Kritik an den Produktionsbedingungen.

Naomi Kleins ›No Logo‹ könnte man als deren wichtigstes Buch sehen. Und die Selbermachbewegung wurde ein Teil dieser Guerilla.«

Dass der Widerstand gegen die Konsumkultur aus den USA kommt, erscheint mir logisch – immerhin sind die Vereinigten Staaten das Mutterland des Konsums.

»Aber in Deutschland?«, frage ich Elke Gaugele. »Ehrlich gesagt kommen mir die Selbermacher hier nicht so wahnsinnig politisch vor.«

»Stimmt schon. Die *Do-it-yourself*-Bewegung in den USA ist Teil eines gesellschaftlichen Wandels, die ist wirklich sehr stark politisch motiviert. Das ist ein breites gesellschaftliches Phänomen. Bei uns spielt die Politik dabei nicht so eine große Rolle. In Deutschland hatte die Ökologiebewegung einen immensen Einfluss auf die Idee des *Do it yourself,* was am Hausfrauenimage des Selbermachens aber nicht unbedingt etwas verändert hat. Erst jetzt sehe ich Ansätze einer echten Subkultur. Die ihre politischen Ziele aber noch finden muss.«

Ich frage mich jedoch, ob man überhaupt noch von einer Subkultur sprechen kann, wenn alle großen deutschen Zeitungen und Magazine Geschichten darüber bringen, dass die Deutschen das Gärtnern, Stricken und die Baumärkte wiederentdecken. Politik erscheint mir da relativ. Wenn Schrebergärten wieder *in* sind und mit Manufaktum-Möbeln und schickem Kugelgrill ausgestattet werden, wenn sich selbst gestrickte Kindersachen in kleinen Läden hundertfach und teuer verkaufen oder in Baumärkten nie so viel Umsatz gemacht wurde wie im Jahr 2010, ist das Selbermachen in Deutschland doch auch immer noch ein – vor allem: rasant wachsender – Teil unserer Konsumgesellschaft. Es scheint beides zu geben: Selbermachen, das im Mainstream angekommen ist, für das ein eigener Markt entsteht, und Selbermachen, das Menschen für sich als Alternative zu gekauften Produkten entdecken.

Aber ich muss Elke Gaugele noch einmal fragen, wie ich denn nun Stricken von Stricken unterscheide, also das konsum- oder gesellschaftskritisch gemeinte vom einfachen Freizeit-Stricken.

»Manchmal ist es echt knifflig«, sagt sie. »Neulich zum Bespiel saß im Flugzeug vor mir eine Frau, die strickte. Ihre Motivation ist natürlich nicht so leicht zu durchschauen wie bei einer Gruppe strickender Menschen bei einem *Knit-in*. Einerseits wurde einfach nie in Flugzeugen gestrickt, es könnte also schon eine Haltung hinter dem Tun dieser Frau stecken.«

»Nach dem Motto: Ihr tut hier alle so superwichtig oder businessmäßig, macht euch mal locker?«

»Ja, vielleicht. Andererseits strickt sie vielleicht einfach gern und macht sich um den Ort gar keine Gedanken.«

Auf jeden Fall muss ich das Stricken in der Öffentlichkeit ausprobieren. Ich will sehen, wie die Menschen reagieren. Ob Stricken wirklich revolutionär sein kann.

## Tag 114
# Eine Frage der Gärtnerehre

Wir verbringen das letzte April-Wochenende bei den Eltern des Mannes auf dem Land, und gleich nach der Begrüßung verkrümle ich mich mit der Mutter des Mannes in den Garten. Ihr Garten ist riesig und wunderbar: Er zieht sich an drei Seiten des Hauses entlang, unterhalb der Terrasse wachsen das halbe Jahr über Blumen in allen Farben und Größen, dahinter erstreckt sich eine Wiese, an deren Ende ein Fußballtor steht – dem Mann und seinen drei Neffen ist dieser Teil des Gartens der liebste. Die Mutter des Mannes und ich lassen die Fußballwiese links liegen, gehen am Schuppen vorbei und um den Weiher hinterm Haus herum, zu den Gemüsebeeten. Auf einem Beet steht ein dicker Rhabarber, einen Meter weiter zeigen ein paar Erdbeerpflanzen ihre ersten Blüten. Im Frühbeet stehen einige Salatköpfe, aber auch draußen auf den Beeten strecken bereits Salate ihre Blätter in die Frühlingsluft.

Ich bitte die Mutter des Mannes um ein Gartenfachgespräch. Meine Kürbispflanze zu Hause am Balkon öffnet nämlich eine Blüte nach der anderen, aber ich kann keine Kürbisse in oder hinter der Blüte erkennen, und eigentlich funktionieren doch Pflanzen so: Sie blühen, dann fällt die Blüte ab, und übrig bleibt eine Frucht, die dann wächst und reift. Bis man sie erntet.

Aber bei mir wächst nichts, außer dem Gedanken, dass ich etwas falsch gemacht habe. Im Selbstversorgerbuch steht im Kapitel über die Zucchini etwas von Bestäuben per Hand, vielleicht muss ich das auch bei den Kürbissen machen, die sind ja nah verwandt mit den Zucchini? Aber da steht auch etwas von weiblichen und männlichen Blüten, und wenn ich meine Blüten beziehungsweise die meiner Kürbispflanze mit dem Bild im Buch vergleiche, dann sind das alles nur männliche Blüten. Große Verwirrung also bei mir. Ich brauche Hilfe.

Aber die Mutter des Mannes zuckt nur mit den Schultern. Sie sagt: »Ich bestäube da nix, und es klappt trotzdem.« Aha. Und woher dann die Früchte kommen, will ich weiter wissen: »Na aus den Blüten, vermute ich«, sagt sie. »Ich hab noch nie nachgeschaut. Die sind dann immer einfach da.«

Das ist jetzt nicht die Anleitung, die ich erhofft hatte. Meine Verwirrung ist genauso groß wie zuvor. Eigentlich ist sie sogar noch größer geworden, denn wieso hat die Mutter des Mannes überhaupt schon Pflanzen draußen stehen? Was ist bitte mit den Eisheiligen? Sie zuckt wieder die Schultern: »Da geb ich nix drauf.«

»Aber wenn dann alle Pflanzen erfrieren …«, sage ich unsicher.

»Wenn noch mal Kälte angesagt wird, deckst du die Pflanzen halt ab.«

Klingt gut. Klingt einfach. Aber warum wird einem dann überhaupt von den Mitmenschen so viel Angst vor diesen verdammten Eisheiligen gemacht?

Ich fühle mich mit all den Gartenproblemen wie eine Totalanfängerin, ständig unsicher, was nun richtig ist und ob es wohl fahrlässig ist, einfach mal loszulegen, wie ich es sonst so gern tue.

»Weißt du«, sagt die Mutter des Mannes, »ich bin mit dem Garten meiner Mutter aufgewachsen, und trotzdem ist bei mir erst mal total viel schiefgegangen. Man muss halt rumprobieren.«

»Hast du gar nichts gelesen, wie's geht?«, frage ich.

»Doch, klar. Aber ob's was bringt? Du weißt doch, was man über die dümmsten Bauern sagt. Mit den dicksten Kartoffeln und so. Und genau so ist es. Im ersten Jahr, als ich noch nicht die geringste Ahnung hatte, hatte ich mehr und bessere Kartoffeln als jemals danach.«

Die Mutter des Mannes hat mich überzeugt, hat mein Trotz-Zentrum anspringen lassen. Ich bin ein dummer Bauer, deswegen sollte ich auch darauf vertrauen, die dicksten Kartoffeln zu ernten. Ich werde es einfach probieren. Und auch die blöden Eisheiligen können mich nicht mehr aufhalten, es muss jetzt losgehen, bevor meine Energie verpufft. Nächstes Wochenende fange ich an!

Außerdem ist es ja nicht so, als müssten der Mann und ich elendig hungern, sollte das mit dem Gemüse aus eigenem Anbau nicht klappen. Meine Gartenehre wäre dahin. Aber scheiß drauf.

# Unkraut raus, Gemüse rein!

Ich öffne vorsichtig ein Auge und linse auf den Wecker. Sieben Uhr dreißig.

Reicht. Samstag hin oder her. Beide Augen auf, Beine aus dem Bett – heute ist Gartentag. Endlich!

Ich koche Kaffee, und ein paar Minuten später sitzt der Mann gegenüber am Frühstückstisch. Kaffeeduft funktioniert immer. Wir essen, der Mann schweigt verschlafen, und ich freue mich auf den heutigen Tag: »Wie viele Zucchinisamen soll ich denn in die Erde stecken? Man soll ja immer mehr nehmen und später nur die kräftigste Pflanze großziehen … Beim Kürbis ist auch nur einer von vieren richtig gut geworden … Magst du Bohnen sehr gern? Dann mache ich ein paar mehr … Und sag mal, müssen die Tomaten schattig oder sonnig stehen? Die heißen doch Nachtschattengewächse. Aber nachts ist es eigentlich immer schattig …«

Der Mann brummt und kaut weiter an seinem Brot.

Ich bin schnell satt, mag lieber gleich loslegen, alles zusammenpacken, was ich brauchen werde. Ich wickle vier verschrumpelte Kartoffeln aus Zeitungspapier aus und lege sie auf den Tisch. Vor ein paar Wochen habe ich sie – es ist meine Lieblingskartoffelsorte, eine rotschalige, die wir immer über unsere Gemüse-Abokiste vom Bauernhof geliefert bekommen – dick in das Zeitungspapier eingewickelt, und jetzt haben sie schon etwa ein Zentimeter lange Triebe und müssen raus in die Erde.

»Willst du die noch essen?«, fragt der Mann mit leicht angewidertem Gesichtsausdruck.

»Nein, einpflanzen.«

»Wieso das denn?«

»Weil daraus dann ganz viele Kartoffeln werden, Stupid.«

»Glaub ich nicht.«

»Ist aber so.«

»Wieso sollte das so sein?«

»Aus der Kartoffel wächst eine Pflanze, und an der sind unten dran ganz viele neue Kartoffeln.«

»Wieso sollten da neue Kartoffeln dran sein? Wenn, dann hängt doch der Nachwuchs oben an der Pflanze.«

Nun bin ich auch ratlos. Keine Ahnung, warum das da unter der Erde viele Kartoffeln werden. Aber es ist nun mal so.

Ich zucke mit den Schultern und gehe zum Balkon, um meine Kürbispflanze zu holen, die die letzten Nächte schon draußen verbracht hat, da erhebt sich auch der Mann und brummt überraschend: »Ich hol mal die Kübel vom Dachboden runter.« Ich muss also anscheinend nicht allein in den Garten, sondern bekomme Hilfe vom Mann.

Mein frühreifer Kürbiszögling strahlt mir entgegen, als ich die Balkontür öffne, er hat schon wieder eine neue Blüte, er sieht prächtig aus. Dabei habe ich jeden Morgen, wenn ich nach ihm sah, damit gerechnet, ihn erfroren in sich zusammengesunken vorzufinden. Aber er ist kräftig, hat ja auch die anderen Kürbiszöglinge überlebt. Vermutlich hätte ich ihn auch schon viel eher ganz rauspflanzen können, Frost gab es schon lange keinen mehr, und tagsüber schien immer schön die Sonne. Aber in all den Wochen war es eher ein tägliches Ritual gewesen, das ich lieb gewonnen hatte, am Morgen – noch im Schlafanzug – den Topf rauszustellen und nach Sonnenuntergang wieder reinzuholen. Das war ein bisschen wie Gassigehen mit einem Hund, das muss man auch mindestens zwei Mal am Tag.

Ich packe den Kürbis in eine Kiste, dazu die beiden Tomatenpflanzen, die ich von der Mutter des Mannes bekommen habe, eine Schippe, eine Gartenschere, die Samentütchen, John Seymours »Selbstversorgung aus dem Garten«, und »Alys im Gartenland« quetsche ich auch noch rein.

Der Mann kommt vom Dachboden mit den Plastiktonnen und Keramikschalen, die mir seine Mutter gegeben hat. Den Gartenschlauch hole ich noch aus der Abstellkammer und mache auf dem Weg einen Abstecher ins Bad. Denn draußen schiebt sich gerade die Sonne zwischen den Wolken hervor, ich schmiere mir eilig noch eine Schicht Sonnencreme ins Gesicht und in den Nacken. Für alle Fälle.

Der Mann und ich schleppen die Kübel, Töpfe und Pflanzen rauf aufs Garagendach und müssen alles direkt an der Treppe abstellen. Es ist kein Durchkommen. Der Garagengarten sieht aus wie ein Garagenurwald. Der Frühling hat hier oben zugeschlagen, die Sträucher und vor allem das Unkraut sind in die Höhe geschossen, der Weg schimmert nur noch schwach durch das Grün hindurch, Sträucher und Schlingpflanzen haben sich ineinander verknäult.

Hier muss erst mal Platz für meinen Gemüsegarten gemacht werden. Ich lege mit der Gartenschere los, schneide Äste ab, die auf den Weg hängen, einen nach dem anderen, bis man sich wieder ein paar Zentimeter weiter vorwärtsbewegen kann. »Darf ich mal?«, fragt der Mann und greift nach der Gartenschere, seine Augen funkeln. Die nächste Stunde ist er begeistert damit beschäftigt, dicke Ackerwinden-Arme zu zerschneiden. Ich pule ebenfalls meterlange Lianen aus den Ästen der Wildkirsche, die hier oben steht und die ich in den letzten fünf Jahren, in denen ich hier schon wohne, nicht bemerkt habe. Ich ziehe sie auch aus dem Tümpel, der sich als irgendwann einmal angelegter Teich mit Wasserspiel entpuppt, jetzt aber zugewuchert und verschlammt ist. Als ich den Hausmeister wegen des Wasseranschlusses im Hof ansprach, erzählte er mir, dass der Garten ursprünglich für die Bankmitarbeiter angelegt worden sei, die in unserem Haus vier von fünf Etagen mit ihren Büros belegen. Es habe damals dort oben nicht nur das Wasserspiel gegeben, sondern auch drei Bänke – ein gemütlicher Rückzugsort für gestresste Banker. Dem irgendeine Krise ein Ende bereitet haben muss. Vermutlich wurde aus Kostengründen beschlossen, das Dach sich selbst zu überlassen. Seitdem hat die Natur versucht, den Garagengarten zurückzuerobern. Sie war ziemlich erfolgreich.

Doch ab heute hat sie einen Gegner.

Wir verbringen zwei Stunden damit, des Dickichts Herr zu werden, und nach und nach zeigen sich die ersten Erfolge: Man erkennt unterschiedliche Sträucher, wenn erst einmal die Blätter der Ackerwinde herausgezogen sind. Man kann den kleinen Weg benutzen, ohne über Schlingen zu stolpern. Man wird auf eben diesem Weg nicht mehr von störrischen Ästen und vertrockneten Zweigen angegriffen. Und die Gehwegplatten sind als solche zu erkennen.

Alles, was wir abschneiden, schmeißen wir kurzerhand vom Dach. Als wir beschließen, das mit dem Unkraut für heute gut sein zu lassen, steigen der Mann und ich die 22 Stufen vom Dach herunter und stehen vor einem Riesenberg Gestrüpp. Der in die Mülltonne muss. Mit Stopfen, Biegen, Treten und Schieben kriegen wir das Zeug tatsächlich dort unter, anschließend ist die Mülltonne voll bis oben hin – und zwar eine große, mit Schiebedach, keine kleine mit Deckel.

Wir klopfen uns die Hände an den Hosen ab. »Brauchst du mich noch?«, fragt der Mann. »Danke fürs Helfen!«, sage ich, aber da ist er schon im Haus verschwunden. Ich bin froh, dass er mit angepackt hat, die Aufräumaktion im Garten wäre allein ätzend gewesen, vermutlich hätte ich mir nur den Weg freigeschnitten und die Töpfe einfach mitten ins Gestrüpp gestellt.

Ich schiebe mich wieder die schmalen Metallstufen hoch aufs Garagendach, verteile die Tonnen und Schalen um mich herum und schneide den ersten der beiden 60-Liter-Säcke Erde auf. Jetzt muss ich nur noch entscheiden, welche Samen in welche Gefäße kommen.

Doch erst mal lenkt mich ein Plätschern ab, und ich sehe eine Amsel, die sich im frisch freigelegten Teich vergnügt. Sie breitet die Flügel aus, schüttelt sich, taucht mit dem Kopf unter und spritzt mit Wasser herum. Sie sieht aus, als ob sie Spaß hätte. Ich habe ihn jedenfalls allein beim Zuschauen. Wie schön: Kaum ein bisschen was in der Natur gemacht, schon ist einem die Natur dankbar dafür.

Zurück zu meiner Aufgabe. Ich stehe lange, sehr lange vor den Töpfen und gehe sie in Gedanken durch: Die großen Tonnen für die Zucchini. Die beiden kleineren für die Tomaten. Dann haben die Kartoffeln keine Tonne mehr. Reicht den Zucchini vielleicht auch eine flache Schale?

Ich schaue noch mal in meine Gartenbücher, obwohl ich das schon am Abend zuvor gemacht habe und dachte, ich hätte mir alles gemerkt.

Aber sobald ich mich für eine Pflanze und ein Gefäß entschieden, Erde eingefüllt und Samen hineingesteckt habe, stehe ich wieder ratlos vor der Topfversammlung. Die schaut erwartungsvoll zurück. Ich hätte wie bei einer Konferenz kleine Namensschilder an die leeren Töpfe verteilen sollen, damit ich auf einen Blick weiß, welchem Gefäß ich in Gedanken welche Aufgabe zugeteilt habe. Also schaue ich ins Gartenbuch, topfe ein, Gartenbuch, eintopfen, Gartenbuch, und so weiter, und so fort.

Am Ende sind alle Töpfe und Tonnen gefüllt, nur meine vier Kartoffeln liegen noch vor mir. Ich blättere durch »Alys im Gartenland«, weil ich mich erinnere, dass sie das mit den Kartoffeln irgendwie anders gemacht hatte. Richtig, hier steht es ja: Plastiksäcke. Kartoffeln baut sie in Plastiksäcken an. Die billigste – wenn auch nicht attraktivste – Art, Gemüse zu ziehen. Das klappt angeblich auch mit Tomaten, Zucchini, Mangold und Erbsen. Eine gute Lösung für alle, die keine Schwiegermutter mit einem Schuppen voller Pflanzgefäße haben und auch kein Vermögen im Gartenmarkt lassen wollen.

Wie praktisch, dass einer der beiden 60-Liter-Säcke schon leer ist und der andere nur noch ein Drittel voll. Ich verteile die Erde in beide Säcke, dreißig Zentimeter hoch soll die Erdschicht sein, und rolle die Tütenränder nach unten, dann stecke ich jeweils zwei Kartoffeln wie im Buch angegeben nebeneinander und mit den Trieben nach oben in die Erde – so, dass sie noch ein bisschen mit Erde bedeckt sind. In den nächsten Wochen soll ich, immer wenn die Triebe herausgucken, etwas Erde auffüllen, bis die Säcke fast wieder voll sind. Heißt auch: Ich brauche demnächst noch mehr Erde.

Jetzt aber sind alle Samen und Pflanzen erst mal untergebracht und müssen nur noch an den richtigen Ort. In den letzten Wochen habe ich Sonnenbeobachtungen durchgeführt: Ich habe mir auf ein Blatt Papier ein Rechteck gezeichnet, also den Garten, und dann alle paar Stunden aus dem Fenster geschaut, wo gerade die Sonne schien. Die Sonnenflecken habe ich mit großen Kreisen auf das Rechteck gemalt und die Uhrzeiten dazugeschrieben. Damit ich weiß, wann überhaupt mal die Sonne scheint auf dem Garagendach. Denn der Garten ist von drei Seiten, nämlich Osten, Süden und Westen, von Häusern umzingelt, es hätte also auch sein können, dass es dort nie sonnig ist. Doch im Süden steigt die Sonne bis über die Dächer, im Südwesten ist eine Baulücke, und die Häuserwand im Westen ist nur zwei Etagen hoch.

Durch meine Kreisemalerei habe ich drei Zonen ausgemacht: In einer scheint mittags von halb zwölf bis drei die Sonne, in die nächste Zone wandert sie zwischen halb eins und halb fünf, und im Rest des Gartens gibt es nur abends etwas direktes Sonnenlicht, ansonsten liegt dieser Teil im

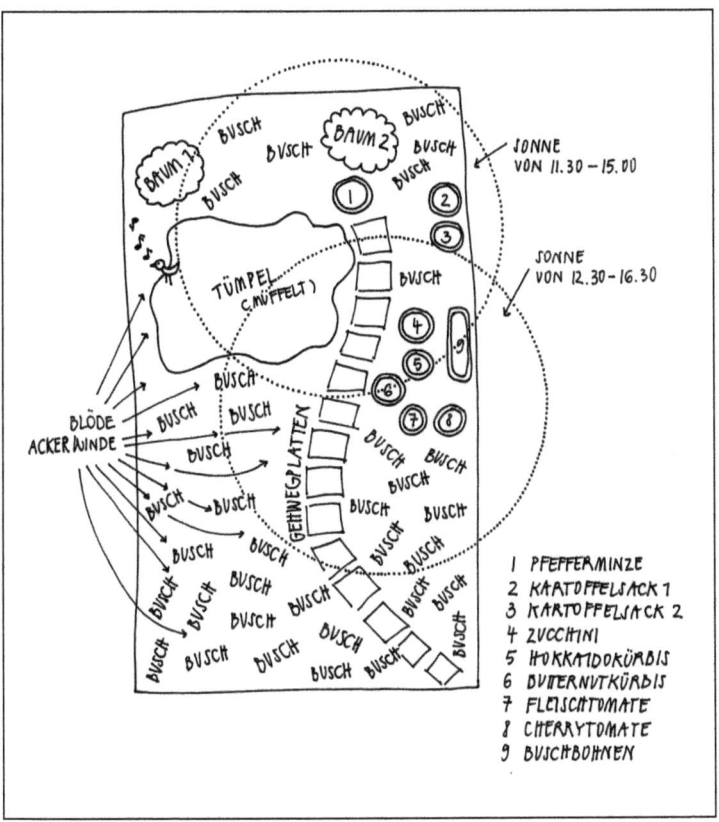

Legend within image:
1 PFEFFERMINZE
2 KAATOFFELSACK 1
3 KARTOFFELSACK 2
4 ZUCCHINI
5 HOKKAIDOKÜRBIS
6 BUTTERNUTKÜRBIS
7 FLEISCHTOMATE
8 CHERRYTOMATE
9 BUSCHBOHNEN

Schatten. Kürbisse und Zucchini kommen genau an die Stelle, wo Mittags- und Nachmittagssonne scheinen. Die Bohnen, Tomaten und Kartoffeln bekommen einen Halbtagssonnenplatz.

Als ich die Pflanzen angießen will, merke ich, dass mein Vierkantschlüssel leider nicht passt. Er ist genau eine Nummer zu klein. Dummerweise hatten sie im Baumarkt aber nur diese eine Größe, deswegen war ich auch davon ausgegangen, dass jeder Wasseranschluss gleich groß ist.

Ich hole also mit meiner Gießkanne Wasser aus dem 5.

Stock, zwei Mal muss ich laufen, damit alle Samen einen Schluck Wasser abbekommen.

Dann endlich: fertig. Der Garten. Und ich.

Bleibt trotzdem noch der Balkon. Auch da muss ich etwas tun. Zu Ostern haben wir von den Eltern des Mannes zwei Hängeerdbeerpflanzen geschenkt bekommen, die setze ich in ein Gestell, das man an die Brüstung hängt. In einen weiteren Topf mit Erde stecke ich zwei Sonnenblumenkerne, in einen Blumenkasten, der ebenfalls an der Brüstung hängt, kommen zehn Samen Kapuzinerkresse.

Neben die Schalen mit den Melonen- und Auberginenpflanzen, die sich bald mal zeigen müssten, immerhin stecken die Samen schon seit vier Wochen in der Erde, quetsche ich noch eine Schale mit Fenchelsamen und einen Blumenkasten, in den ich die sieben kleinen Kopfsalatpflänzchen setze, die sich bisher einen kleinen Topf geteilt haben. Ich muss mir irgendetwas einfallen lassen, wie ich den Platz am Küchenfenster besser nutzen kann. Ansonsten wird es hier, sobald die Pflanzen und mit ihnen die Gefäße größer werden, sehr eng.

Mit erdverklebten Händen stehe ich in der Balkontür und sehe mir mein Tagewerk an. Ich schaue auch glücklich in den Garten runter – den restlichen Tag könnte ich hier stehen und so schauen. Ich bin aufgeregt, ob das alles etwas wird.

Eine Stunde später werde ich allerdings nervös. Der Himmel hat sich zugezogen, es hat angefangen zu regnen. Kann nicht schaden, sage ich mir, dabei wäre mir Sonne für meine Samen schon lieber.

Am späten Abend regnet es immer noch.

# Tag 122
## Pflanzen, zart wie Hundewelpen

Ich wache auf, horche in den Maisonntag hinein. Es regnet immer noch. Verdammt. Die Samen sind jetzt wahrscheinlich schon ganz eingematscht und werden vielleicht nicht mehr keimen. Und die Pflanzen, die schon draußen stehen, frieren doch sicher, da im kalten Regen. Es muss aufhören zu regnen. Sofort.

Ich stehe auf und mache mir einen Tee zur Beruhigung, ein Kaffee würde mich jetzt nur noch nervöser machen. Meine Frühstücksbrote esse ich am Balkonfenster stehend, fuchtle alle paar Bissen mit den Armen und fluche in Richtung Frühstückstisch: »Es regnet immer noch!«

»Das können die schon ab. Ist ja nicht so, dass es in der Natur nie regnen würde«, sagt der Mann. Aber ich bin skeptisch, ob es okay für Pflanzen ist, wenn sie eingelitert werden. Immer wieder hört man doch im Radio von Erntekatastrophen wegen andauerndem Regen.

Die Natur, das ist etwas, mit dem ich nicht viel Erfahrung habe. Ich bin mitten in der Großstadt geboren, im Hinterhof groß geworden und später im Plattenbau erwachsen. Die einzige Natur, mit der ich bis dahin zu tun hatte, war ein Maisfeld hinter der S-Bahn-Linie, das aber Anfang der Neunziger verschwand, weil dort Bürogebäude hochgezogen wurden. Natur war dann nur noch das, wo man hingelangte, wenn man die Straße vor unserem Hochhaus, die B2, eine Viertelstunde lang Richtung Nordosten fuhr.

Und jetzt macht mir die Natur hier Scherereien. Nicht mit mir, beschließe ich, schlinge den letzten Happen meines

Frühstücks runter und packe entschlossen große durchsichtige Mülltüten, eine Schere und ein Knäuel Wolle in die Taschen meiner Regenjacke. Ich ziehe in den Kampf. Gegen die Natur. Oder für die Natur, für meine Pflanzen? Jetzt ist mir auch noch der Feind abhanden gekommen. Die Natur ist verwirrend.

Unten im Garagengarten stülpe ich einem Topf nach dem anderen zerschnittene Tüten über, binde sie fest und hoffe, dass das, was ich da mache, einem Gewächshaus nahekommt. Dass sie vor Regen und auch vor der Kälte, die vorausgesagt wird, geschützt sind. Was wäre das denn bitte für eine Schmach: Ich setze mich über die blöde Eisheiligen-Regel hinweg, und dann erfriert und ertrinkt mir hier alles.

Zufrieden schaue ich mir meine Rettungsaktion an, das wird schon. Ich will noch einen Tütenzipfel zurechtzupfen, mache einen Ausfallschritt nach vorn und spüre einen unbekannten Schmerz hinten im Oberschenkel und im Hintern. Was ist das bitte? Zur Probe mache ich auch einen Ausfallschritt mit dem anderen Bein – Muskelkater. Von dem bisschen Gärtnern gestern. Wie lächerlich.

Wieder zurück in der Wohnung hole ich die Pflanzen vom Balkon in die Küche, verteile sie auf Regalen und Fensterbrettern. Dann schalte ich den Computer an und schaue auf allen Wetterseiten, die ich finden kann, nach den Voraussagen für die nächsten Tage. Sie sind sich alle einig: Regen. Viel Regen. Dabei ist der Regen vielleicht noch nicht mal das Schlimmste. In der Nacht zu Freitag werden für die Region Südost Temperaturen zwischen 0 und 7 Grad vorausgesagt. Die Eisheiligen könnten also tatsächlich noch mal Ernst machen.

*DWD.de,* die Seite des Deutschen Wetterdienstes, füge ich zu meinen Lesezeichen hinzu – obwohl ich in diesem Moment noch nicht weiß, dass ich sie im Laufe der kommenden Woche fast stündlich aufrufen werde, um nachzusehen, ob vielleicht doch noch Sonne vorhergesagt wird – und lasse mich ein kleines bisschen dadurch beruhigen, dass dort die Temperaturangabe »zwischen 0 und 7 Grad« für die nächsten Nächte präzisiert wird: »Wendelstein 0 Grad, leichter Schneefall«, aber »München 7 Grad, leichter Regen«. Doch auch andernorts, im Rheinland zum Beispiel, stehen noch mal 0 Grad und weniger auf der Wetterkarte. Die Eisheiligen lassen sich in diesem Jahr also nicht lumpen, in den Gebirgen wird es sogar noch mal Nachtfrost geben.

Egal, ob null oder sieben Grad: Ich stelle mir meine Kürbispflanze da unten vor wie einen kleinen frierenden Hundewelpen, der zitternd in Regen und Wind auf bessere Zeiten wartet und darauf, dass ihm jemand hilft. Soll ich den Kürbis doch in die Wohnung holen, ihm einen Platz an der Heizung anbieten und tausendmal um Verzeihung bitten?

»Sind 7 Grad wirklich warm genug für die Kürbispflanze?«, frage ich den Mann.

»Weißt du was, du nervst«, sagt er. »Ruf meine Mutter an, ruf deine Mutter an, die wissen das bestimmt. Aber bitte keine Wetterfragen mehr, ich weiß es nämlich nicht.«

Meine Mutter hat langjährige Datschen-Erfahrung, und das im unwirtlichen Randberlin. Also schicke ich ihr eine SMS, ab wann ich mir Sorgen machen muss. Sie schreibt zurück: »In der Stadt keine Sorgen, Häuser heizen & unter Folie gar kein Problem.« Wenn sie recht hat, wäre das ein wirklich ernst zu nehmender Vorteil am urbanen Gärtnern: So richtig kalt wird es in der Stadt nicht. Also außer im Winter. Aber es stimmt: Mein Garten ist vier Meter vom Erdboden entfernt und an drei Seiten von Häusern umgeben, in denen bei dem Mistwetter vermutlich noch fleißig die Heizungen aufgedreht werden. Und wenn ich mir so unser Haus anschaue und wie schlecht es isoliert ist, dürften da schon ein, zwei Grad aus den Wohnzimmern in den Hinterhof abstrahlen.

Die andere Mutter, die des Mannes, rufe ich vorsichtshalber auch noch an, sie kennt sich immerhin mit den klimatischen Bedingungen in Oberbayern aus. Sie rät mir sogar, die Folien abzunehmen, »da staut sich nur die Nässe drunter. Trau deinen Samen mal was zu, die müssen abhärten«.

»Und wenn nun doch noch mal Frost kommt? Die Eisheiligen waren ja noch gar nicht.«

»Hör Radio, das mach ich auch, und solange die nicht sagen, es bestehe Frostgefahr, musst du dir überhaupt nichts denken. Und wenn sie es sagen, kaufst du im Gartenmarkt Vlies und deckst die Pflanzen ab. Aber glaub mir, du wirst es nicht brauchen.«

»Na gut.« Kleinlaut verabschiede ich mich und lege auf. Ich vermute, ich bin in kürzester Zeit nicht nur zu einer ängstlichen Gärtnerin geworden – all mein Enthusiasmus hat sich in Sorgen verwandelt –, sondern ich habe mich gleichzeitig auch zu einer nervtötenden Zeitgenossin entwickelt. Das muss anders werden. Ich muss mich entspannen, unbedingt. Und ich muss meinen Pflanzen auch noch ihre Regenmäntel wegnehmen.

## Tag 128
## Faulheit siegt

Hinter mir liegt die bisher anstrengendste Woche des Jahres. Und noch 34 Wochen vor mir. Ich bin so schlapp, dass ich gar nicht aufstehen mag. Seit einer guten halben Stunde drehe ich mich im Bett wieder und wieder um.

Was habe ich mich gesorgt: Nicht mehr über die Temperaturen, aber weiterhin wegen des Dauerregens. Da konnten Mutter und Schwiegermutter noch so beruhigend daherreden, ich stand trotzdem jeden Morgen und jeden Abend sorgenvoll am Fenster und schaute in den Himmel. Zwei Mal war ich auch bei den Samen im Garagengarten, und habe sie gebeten, trotz aller Widrigkeiten fleißig zu keimen.

Ich bin fassungslos, dass mir das Wetter so viel ausmachen kann. Früher war mir das Wetter immer ziemlich egal. Klar, es hat genervt, nass zu werden, wenn ich unterwegs war. Aber ich habe mir nie Sorgen gemacht. Worüber denn auch? Dass meine Frisur zerstört werden könnte? Ich habe nicht einmal eine Frisur. Aber diese Woche hatte ich dauernd Regensorgen.

Der Mann kommt ins Schlafzimmer und sagt: »Wir haben kein Brot mehr.« Ich stehe auf, es hilft ja nichts. Dass ich allerdings wegen meiner Gartensorgen vergessen habe, am Vorabend noch ein Brot zu backen, bessert meine Laune auch nicht. Jetzt eines backen? Dauert zu lange. Und außerdem habe ich keine Lust. Ich schlurfe in T-Shirt und meiner Schlafanzughose in die Küche und stelle eine Packung Cornflakes auf den Frühstückstisch. Der Mann hat freundlicherweise schon Kaffee und Tee gekocht und stellt nun zwei Müslischalen dazu.

»Ich glaube, ich kapituliere. Ich mag kein Brot mehr backen«, sage ich und schütte Milch über meine Cornflakes. »Es ist langweilig. Meistens sehen sie auch noch blöd aus. Und schmecken so mittel.«

»Wie du meinst. Ich kann losgehen und ein Pfisterbrot kaufen«, sagt der Mann etwas zu erfreut und deprimiert mich damit noch ein bisschen mehr. Über vier Monate lang habe ich alle paar Tage Brot gebacken, und jetzt sind wir beide erleichtert, wenn das ein Ende hat?

Was soll's, Schluss mit selbst gebackenem Brot. »Gut, kauf eins«, sage ich zum Mann, der freudestrahlend aufspringt und zum Bäcker geht. Ich schaufle schweigend den Rest meines Frühstücks in mich hinein.

Später mache ich einen Ausflug in die Innenstadt. Seit Wochen steht auf der Küchentafel »Ärmelbrett« und »passender Vierkantschlüssel«, für meinen Hosennähplan und für den Wasseranschluss im Hinterhof. Zuerst fahre ich in den Schneiderbedarf im ORAG-Haus am Münchner Jakobsplatz. Der Ausflug dorthin macht mir gute Laune, es ist wie eine Zeitreise, hier einkaufen zu gehen: hohe, schwere Holzregale an den Wänden, mit Stoffen, Reißverschlüssen und Knöpfen gefüllt. Das Geschäft unten im Haus der »Oberbayerischen Rohstoff- und Arbeitsgemeinschaft« der Südbayerischen Schneider-Genossenschaft gibt es schon seit über 100 Jahren, nebenan sind ein Trachten- und ein Stickereigeschäft.

Ich frage eine der Verkäuferinnen nach einem Ärmelbrett aus Holz, so eines, wie ich es von meiner Mutter kenne. Die Verkäuferin zieht einen Ordner aus dem Regal, holt ein kleines Heft hervor, schlägt Seite 14 auf und legt es mir hin. In Schwarz-Weiß sind dort Ärmelbretter abgebildet, das Heftchen sieht eher aus wie ein Erinnerungsstück vom Dachboden als ein Katalog eines tatsächlich noch existierenden Unternehmens.

Ich schaue mir die verschiedenen Modelle an.

»Das hier fände ich gut. Wie viel kostet es?«, frage ich.

Sie holt einen weiteren Ordner, blättert Seiten mit endlosen Preislisten um, dann scheint sie die richtige gefunden zu haben und fährt mit dem Finger eine lange Zahlenreihe hinunter, schaut noch mal in den Katalog mit den Ärmelbrettern, vergleicht die Artikelnummern und sagt:

»Dieses Modell kostet 92 Euro. Das etwas kleinere daneben 85 Euro.«

»Oh. Ja, also. Danke.«

Ich verabschiede mich und stehe einen Moment später wieder auf der Straße. 85 Euro!

Ich schüttle immer noch fassungslos den Kopf, als ich 200

Meter weiter ein Haushaltswarengeschäft betrete. Ich frage mich durch die Abteilungen auf der Suche nach einem Vierkantschlüssel. Am Ende lande ich beim Schlüsseldienst – eigentlich klar, heißt ja auch Vierkant*schlüssel*, aber mehrere Mitarbeiter hatten mich erst mal Richtung Sanitär und Bad und dann in die Werkzeugabteilung geschickt. Nun stehe ich vor einem Mann im Karohemd, dessen Ärmel in Anpackermanier hochgekrempelt sind. Er öffnet einen Schrank – und dahinter ist das Vierkantschlüssel-Mekka. Alle sind sie dort versammelt, an langen Haken nach Größen sortiert aufgereiht. Ich mache große Augen.

»Welche Größe brauchen Sie?«, fragt der Karohemdenmann.

»Sieben Zoll, bitte.«

Er streckt seine Hand aus und lässt sie in der Luft schweben, direkt vor dem einzigen Haken, an dem keine Schlüssel hängen.

»Sind aus.«

Ich könnte auf der Stelle vier 8-Zoll- oder zwanzig 6-Zoll-Schlüssel kaufen, alle hängen sie direkt vor meiner Nase. Nur die siebener sind ausverkauft.

»Wann haben Sie die denn wieder?«, frage ich.

»So in drei Wochen sollten welche kommen, denke ich.«

»Danke«, sage ich, denke aber: Drei Wochen!

Wieder verlasse ich kopfschüttelnd ein Geschäft. Allerdings hat es angesichts der Wetterprognose für die nächsten Wochen wohl auch keine Eile mit dem Schlüssel. Vorerst brauche ich den Gartenschlauch ganz sicher nicht.

Dieser Tag ist bisher ein einziger Reinfall. Ich hätte im Bett bleiben sollen und weiter darüber katastrophieren, was das Wetter alles mit meinem armen Garten anrichten könnte.

Ich muss heute noch irgendetwas tun, das diesem Tag einen Sinn gibt. Ich beschließe, dem Brotbacken eine letzte

Chance zu geben. Vielleicht hat das Internet ja noch einen Rat für mich, wie ich zur erfolgreichen Brotbäckerin werde.

Als ich nach Hause komme, schalte ich den Computer an, tippe in die Suchmaschine »lazy« und »bread« ein, »faul« und »Brot«, und stoße auf einen Eintrag mit der Überschrift »No knead, No rest«, heißt: Kein Kneten, kein Stehenlassen. Klingt nach einem guten Brot.

Ich entdecke eine ganz neue Welt: die Welt des knetfreien Brots. In der es auch schon einige deutsche Anhänger zu geben scheint. Denn ich finde außerdem einen Artikel aus der Wochenzeitung *Der Freitag,* in dem der Autor Jörn Kabisch schreibt, dass das Rezept für knetfreies Brot das meistgesuchte Rezept der Welt ist. Kann ich verstehen.

Er schreibt außerdem: »Ich fand dieses Brotrezept anfangs mehr als unsympathisch. Es ist derart unsinnlich. Das finde ich noch heute. Wenn irgendetwas das Backen interessant macht, dann ist das doch das Kneten, vor allem beim Hefeteig.« Da bin ich anderer Meinung. Ich finde das Kneten langweilig, anstrengend, überflüssig und rundum blöd. Mehr habe ich zum Kneten nicht zu sagen. Außer: Meinetwegen kann es gern abgeschafft werden. Und in diesem Punkt sind wir uns wieder einig, stelle ich fest, als ich weiterlese: »Das knetfreie Topfbrot hat mich geläutert. Das Knetgebot gehört trotz tausendjähriger Geschichte wieder aus dem Küchenkatechismus verbannt. Denn was menschliche Hände können, schafft die Hefe allemal. Sogar besser.«

Ich bin sofort überzeugt; nicht nur das, ich bin euphorisch. Das knetfreie Brot könnte meine Chance auf weitere 34 Wochen Brotbacken sein. Ich hole meine Schüssel aus dem Schrank und schütte wie im Text angegeben 400 Gramm Mehl hinein, mische einen Teelöffel Salz und einen viertel Teelöffel Trockenhefe darunter. Dann kippe ich 300 Milliliter warmes Wasser langsam in das Mehl und rühre währenddessen mit meinem Teigschaber einen klebrigen Teig an. Ich stürze einen Topfdeckel auf die Schüssel und stelle sie für die nächsten 12 Stunden in die hinterste Ecke auf die Arbeitsplatte. Und plötzlich bin ich doch noch zufrieden mit diesem Samstag. Ich werde den Rest des Tages faul und lesend auf dem Sofa verbringen.

Denn draußen regnet es weiter.

## Tag 129
# Das beste Brot der Welt

Ich schneide mir die vierte Scheibe vom besten Brot der Welt ab. Ich kann einfach nicht aufhören zu essen, so gut schmeckt es. Und der Mann isst noch schneller als ich, mit einem breiten Grinsen im Gesicht.

Das Brot sieht zwar lustig aus, flach und rund, aber wie soll ein Brot auch aussehen, das in einem Topf gebacken wurde! In diesem Fall ist mir die Form mal richtig egal. Das Brot sieht nämlich trotzdem noch hundertmal besser aus als die grauen Laibe, die ich in den letzten Monaten produziert habe, dieses Brot glänzt braun und appetitlich, und außerdem hat es eine Kruste, die schön knackt.

Für mich steht fest: Ab jetzt nur noch Brot ohne Kneten. Für dieses Brot spricht einfach alles. Man hat überhaupt nur zwei Mal für je zwei Minuten etwas mit ihm zu tun, einmal beim Zusammenrühren und einmal viele Stunden später beim Umbetten aus der Schüssel in den Topf. Dazwischen liegt das Brot rum, geht vorbildlich auf, danach muss es nur noch gebacken werden – fertig.

Wie gesagt: Es ist das beste Brot der Welt.

# Das faule Brot

In einer Schüssel 400 Gramm Mehl – je nach Laune Weizen-, Roggen-, Dinkel-, Vollkorn- oder blankes Mehl – mit einem Teelöffel Salz und einem viertel Teelöffel Trockenhefe vermischen. Wer mag, kann Gewürze, Kräuter, Nüsse, Samen dazuwerfen. 300 ml Wasser einkneten. Mit einem Teigschaber gibt es keine teigverklebten Finger. Deckel oder Frischhaltefolie drauf, 12 bis 36 Stunden stehen lassen – je länger, desto saurer schmeckt es. Im Originalrezept wird der Teig vor dem Backen noch mal gefaltet, aber ich habe eine noch faulere Version erprobt, die wunderbar funktioniert: Den Teig ohne Falten einfach in einen gefetteten Topf setzen, Deckel drauf, und je nach gewünschter Festig- oder Fluffigkeit gleich in den Ofen damit oder noch mal ein paar Stunden stehen lassen. Im geschlossenen Topf 30 Minuten bei 230 Grad (Umluft: 210) backen, dann den Deckel abnehmen und weitere 20 Minuten backen.

# Kein tapferes Schneiderlein

Ich benötige immer noch eine Hose. Dringend. Der nur halb erfolgreiche Versuch mit der Schlafanzughose hat mich zwar etwas irritiert, aber meine einzige intakte Hose leidet unter der Dauerbelastung. Nur traue ich es mir nicht zu, gleich eine Hose nach einem eigenen Schnitt zu nähen. Hosen sind kompliziert. Im Zweifelsfall kneifen sie. Oder hängen sackartig an einem herunter. Vor allem machen sie so viel Arbeit, dass es gar nicht in Frage kommt, eine zu nähen, die anschließend scheiße aussieht und es nie in die Öffentlichkeit schafft.

Deswegen habe ich zwei Beschlüsse gefasst:

1. Ich werde mir heute zwar eine neue Hose nähen.

2. Ich werde den Schnitt dafür aber nicht selber machen.

Stattdessen krame ich meine Nähzeitschrift hervor. Vor ein, zwei Jahren habe ich mir mal eine Ausgabe der *Burda easy fashion* gekauft, weil mir die Schnitte darin so gut gefielen und ich optimistisch war, ganz bald mehr zu nähen, wirklich. Darin sind Schnitte für Hüfthosen, asymmetrische Oberteile, coole Mäntel, einfache Blusen und so etwas. Eben nicht die klassischen Taillenhose-Blümchenkleid-Kollektion, die man sonst meistens findet.

Auch einen Stoff für die Hose habe ich bereits. Schöne, mittelschwere Schurwolle in Dunkelgrau. Sie war immer für eine Hose oder eine Jacke gedacht, denn es ist wirklich ein guter Stoff, den ich für ein Drittel seines Originalpreises bei einem Ausverkauf eines alten Stoffladens gekauft habe. 15 Euro pro Meter.

Aber obwohl ich mich den ganzen Tag über das Schnäppchen gefreut hatte, blieb der Stoff dann doch wieder liegen.

Woche um Woche, Monat um Monat, Jahr um Jahr. Der Stoff hat schon vier Umzüge mitgemacht.

Ich finde auch gleich einen Schnitt, der mir gefällt: eine gerade geschnittene Hose mit Bügelfalte. Ich schneide ein Teil nach dem anderen aus dem beiliegenden Pergamentbogen aus. Das dauert. Sieben Teile sind es insgesamt: vorderes und hinteres Hosenteil, vorderer und rückwärtiger Bund, Hosentasche, Taschenklappe, Gürtelschlaufe.

Dann breite ich meinen Stoff auf dem Bügelbrett aus und glätte all die über die Jahre hineingepressten Falten. Auf dem Fußboden lege ich die Schnittmusterteile wie vorgeschrieben auf den Stoff, pinne sie mit Nadeln fest, nehme meine Schere in die Hand – und zögere.

Ich darf jetzt nichts falsch machen. Wenn ich etwas falsch zuschneide, ist mein schöner Stoff im Eimer. Ich messe noch mal die Nahtzugaben nach, lese noch mal die Anleitung durch. Und lege dann trotzdem die Schere wieder aus der Hand. Ich traue mich nicht. Ich bin ein Angsthase. Lächerlich. Ich muss zwischendurch etwas anderes tun. Vielleicht fällt mir mit ein bisschen Abstand doch noch ein Fehler ein, der mir passieren könnte.

Ich gehe in den Garten. Auch wenn es regnet. Gerade weil es regnet. Es regnet jetzt seit 14 Tagen ohne Unterbrechung, ich will nachschauen, ob ich mir überhaupt noch Hoffnung machen soll auf einen Sommer mit eigenem Gemüse.

Mamertus, der erste Eisheilige, war der einzige Tag mit etwas Sonne, auf 23 Grad war die Temperatur am Nachmittag sogar gestiegen, abends dann gab es ein Gewitter, und das Thermometer fiel auf nur noch 7 Grad. Pankratius, Servatius, Bonifatius und Sophie waren graue Tage mit Sprühregen, und nur am ersten der Nachmittage war es mal über zehn Grad »warm«.

Ich ziehe mir meine Regenjacke an, husche schnell hinaus, vorsichtig die Metalltreppe zum Garten hoch und stehe dann wieder mal und immer noch vor enttäuschend kahlen Kübeln voll Erde. Nur im Kartoffelsack tut sich was: Die ersten grünen Spitzen der Kartoffelpflanze schauen heraus. Ich brauche Erde zum Aufschütten. Durch den Regen renne ich zum Supermarkt um die Ecke, kaufe einen 20-Liter-Beutel Erde und renne zurück zu meinem Garten. Ich reiße den Sack auf und schaufle mit den Händen Erde auf die Kartoffeltriebe, bis sie bedeckt sind. An einem Strauch putze ich mir die Hände behelfsmäßig ab, knote den Sack Erde zu und schleppe ihn in die trockene Ecke unterm Kirschbaum. Mehr kann ich hier vorerst nicht tun.

Mit ausgiebigem Händewaschen kann ich den ersten Schnitt in meinen Hosenstoff noch etwas hinauszögern, aber dann komme ich nicht mehr drumherum. Ich hole tief Luft, setze die Schere an und drücke zu. Noch mal und noch mal und noch mal. Immer in eineinhalb Zentimeter Abstand um den Papierschnitt herum.

Ich habe es getan, ich habe alle Teile ausgeschnitten. Wenn etwas falsch abgemessen ist, habe ich Pech gehabt, dann brauche ich neuen Stoff. Sorgfältig zeichne ich eine gestrichelte Linie entlang der Kanten der Schnittmusterteile, um später zu wissen, wo genau die Nähte sein müssen. Ich übertrage Abnäher und Anschlusspunkte. Meine Beine schlafen ein, denn ich hocke immer noch auf dem Boden – seit einer Stunde.

»Wollen wir mal Brotzeit machen, ich habe Hunger!«, ruft der Mann.

»Machen wir.« Ich schüttle meine Beine aus, sie kribbeln fies. Auf dem Weg in die Küche fühlt es sich an, als würde ich auf einem Stachelschweinrücken laufen.

Aber nicht nur die Beine tun mir weh, auch meine Finger sind ganz verkrampft. Meine Schneiderschere ist uralt, ich habe sie von meiner Mutter bekommen, sie schneidet mittlerweile nur noch mit viel Gewaltanwendung. Ich schreibe meiner Mutter eine SMS: »Wie alt ist eigentlich die Schneiderschere? Soll ich die mal schleifen lassen?«

Nach dem Essen kommt Antwort von ihr: »Von deiner Oma. Kann nich schaden, ja.«

Nach dem Essen baue ich meine Nähmaschine auf dem Küchentisch auf und fange an, die 18 Einzelteile der Hose mit Zickzackstich zu versäumen.

Es ist eine langweilige Arbeit, und schon nach einer halben Stunde fängt mein Rücken an wehzutun. Ich sitze immer ganz schief an der Nähmaschine, weil ich den linken Arm ausstrecken muss, um mit der flachen Hand den Stoff gleichmäßig unter dem Nähfüßchen durchzuschieben. Mit der rechten Hand halte ich den Stoff direkt vor meinem Bauch in der richtigen Position. Bei den Beinen umgekehrt: Das rechte gibt ausgestreckt auf dem Pedal Gas, das linke habe ich angewinkelt am Stuhlbein verhakt. Deswegen sitze ich immer leicht nach rechts verdreht da. Ich strecke mich und kettle das nächste Teil ab. Strecken, zickzack. Strecken, zickzack. So geht es fast anderthalb Stunden, bis endlich alle Einzelteile fertig sind. Und ich nicht mehr sitzen kann, weil mein Rücken so verspannt ist.

Auch wenn der Plan eigentlich war, mir eine Hose zu nähen, und dieser Haufen Einzelteile noch nicht einmal annähernd wie eine Hose aussieht, beschließe ich, es für heute gut sein zu lassen. Ich räume die Nähmaschine zurück in ihre Ecke und lege die Teile meiner Hose darauf. Ich werde stattdessen den Mann zwingen, mir den Rücken zu massieren.

# Sägen, bohren, schrauben

Es ist wieder Wochenende, sogar ein langes, es ist Pfingsten. Ich hätte eigentlich Zeit, meine Hose weiterzunähen. Ich habe nur überhaupt keine Lust, mich an die Nähmaschine zu setzen, mir ist eher nach etwas Robustem. Deswegen habe ich einen anderen Plan dazwischengeschoben: Ich werde mir ein Ärmelbrett bauen. Denn wenn dann Hosennähte zu bügeln sind, muss ich nicht wieder umständlich auf dem Bügelbrett herumhantieren.

So ein Ding besteht nur aus ein paar Brettern, etwas Schaumstoff und einem Stück Stoff. Das sollte ich hinkriegen. Am Mittwoch hatte ich meiner Mutter eine SMS geschrieben: »Kannst du mir die Maße deines Ärmelbretts schicken? Ich will mir eines bauen.«

»Post an dich unterwegs«, schrieb sie wenig später zurück.

Und gestern lag tatsächlich ein dicker Brief im Briefkasten. Darin ein Schaumstoffteil, länglich, an einer Seite abgerundet, perfekt als Auflage für mein selbst gemachtes Ärmelbrett.

Auf das Post-it, das auf dem Schaumstoffding klebte, hatte meine Mutter geschrieben: »Lag meiner Bügelmaschine bei und seitdem nur rum.«

Außerdem fand ich in dem Umschlag eine Zeichnung, ebenfalls mit einem Kommentar versehen: »So sieht mein Ärmelbrett aus.«

Ich mache mir einen Bauplan:

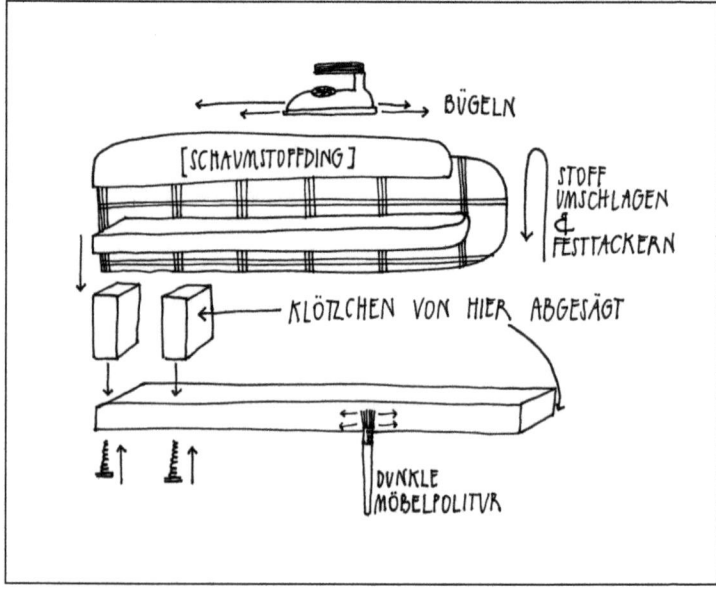

Skizze und Schaumstoffteil liegen nun auf meinem Küchentisch, daneben lege ich eine Säge, ein Lineal, meinen Tacker,
einen Bleistift, Holzleim, ein paar Schrauben und Dübel. Als
ich auch noch die Bohrmaschine auf den Tisch lege, fragt der
Mann skeptisch: »Was hast *du* denn vor?«

»Ich baue mir ein Ärmelbrett.«

Er schaut mich verständnislos an.

»Das ist so was«, sage ich und halte ihm die Skizze meiner
Mutter vor die Nase. »Wenn man Nähte auseinanderbügeln
muss in Hosenbeinen und Ärmeln, ist das sehr praktisch.«

Der Mann zuckt mit den Schultern. »Na dann. Ich setze
mich in die Sonne und lese.« Der Mann scheint sich mittlerweile damit arrangiert zu haben, dass ich ständig irgendetwas für mein Selbermachjahr zu tun habe. Aber da ich nicht
mehr erwarte, dass er mitmacht, ist er mittlerweile sehr entspannt. Seine Befürchtung, ich könnte schrullig werden, war

bisher grundlos. Und so begegnet er meinen Projekten mit distanziertem Interesse. Auch jetzt schiebt er seinen Sessel am Küchenfenster so zurecht, dass ihm einerseits die Sonne den Nacken wärmt, er mir aber andererseits beim Werkeln zuschauen kann.

Tatsächlich scheint seit gestern die Sonne. Endlich! Es ist eine kleine Sensation. Ich habe hervorragende Laune und freue mich schon, am Nachmittag bei Sonnenschein in meinen Garten zu gehen und nach den Pflanzen zu schauen – wenn da schon Pflanzen sind. Sobald ich mein Ärmelbrett fertig habe und im Garten war, werden wir außerdem aufs Land fahren, endlich raus in die Sonne, spazieren gehen, vielleicht ein Eis essen – alles Dinge, die wir in diesem Jahr wegen des schlechten Wetters noch nicht getan haben.

Doch zuerst das Ärmelbrett. Ich gehe auf den Dachboden, um Holz zu holen. Ich suche aus meinem Bettteile-Holzstapel die passenden Latten heraus. Ich messe mit meinem Lineal verschiedene Holzstücke ab und nehme eine dicke Latte aus dem Lattenrost und eine etwas breitere, aber flachere aus dem Kopfteil mit nach unten.

Jetzt kommt das, was ich im Haus am liebsten mache: sägen und bohren. Ich säge und bohre wahnsinnig gern. Schon seit dem Werkunterricht in der Schule, in dem wir bereits als Elfjährige an schwere Maschinen durften. Deswegen habe ich auch einen Fuchsschwanz zu Hause und habe die Bohrmaschine mit Holz-, Stein- und Betonbohrer-Sets mit in die Beziehung mit dem Mann gebracht. Zusammen mit Hammer, Schleifmaschine, Malerrollen, Tapeziertisch und diversen Schraubenziehern. Der Mann brachte ein Fahrradreparaturset mit. Der Rest des Handwerksbestandes in unserer Abstellkammer gehört mir. Ich liebe kleine Bauarbeiten in der Wohnung. Der Mann nicht.

Ich messe auf der schmaleren Latte zwei zehn Zentimeter lange Stücke ab und säge die beiden Klötzchen ab. Der

Rest der Latte wird der untere Teil des Ärmelbrettes. Auf die zweite, breitere Latte lege ich das Schaumstoffteil und zeichne mit dem Bleistift die Rundung nach, die es auf der einen Seite hat. Mit der Säge beginne ich am oberen Kurvenrand, säge im flachen Winkel zur Holzkante einen Keil ab, setze wieder am Kurvenrand ab, säge einen nächsten Keil und so weiter, bis ich so etwas wie eine Rundung gesägt habe.

Den Rest muss das Schleifpapier machen. Damit glätte ich auch die Schnittkanten der anderen Bauteile. Der Küchenboden um den Tisch herum ist jetzt mit einer Schicht aus Sägespänen und feinem Holzstaub belegt, beim Vorbohren der Löcher für die Schrauben kommen noch kleine Holzringellöckchen dazu.

»Sieht professionell aus, was du da machst«, kommentiert der Mann vom Sessel aus.

»Willst du doch mitmachen?«, frage ich ihn.

»Och nö, lass ma.«

Ich fege Sägespäne, Holzstaub und -löckchen zusammen, damit die Holzpanade an meinen Knien nicht noch dicker wird. Und dann kommt der erste spannende Moment: Habe ich genau genug abgemessen und gebohrt? Werden die Holzkanten glatt aufeinanderliegen? Eine Schraube nach der anderen drehe ich in die schmalen vorgebohrten Löcher. Ich versenke die Schraubenköpfe noch einen Millimeter tiefer ins Holz, damit sie ganz glatt aufliegen. Die Klötzchen stehen wie geplant gerade und fest zwischen den beiden Latten. An der hinteren Kante schließt eines nicht ganz genau auf der unteren Latte ab. Egal. Die Konstruktion ist stabil.

Ich räume das Werkzeug weg und mache Platz für meine Nähmaschine, um das Stück Stoff für den Bezug zu nähen. Ich schneide den Stoff in der Form des Schaumstoffes zu, hinten gerade, vorne rund, mit zehn Zentimeter Nahtzugabe. Beziehungsweise Klammerzugabe. Mit der Nähmaschine versäume ich die Kanten, dann bügle ich den Stoff, so heiß es geht. Es ist Leinen, das hält was aus, muss es ja auch als Bezug eines Ärmelbrettes.

Ich stecke den Stoff auf der Oberseite der Polsterung fest, lege sie auf mein Ärmelbrettgestell, schlage das Leinen einmal nach innen ein und ziehe die Stoffkante bis zur Innenseite des oberen Holzbrettes.

Mit dem Tacker jage ich eine Klammer in Stoff und Holz. »Tack!« macht es laut. Aus dem Sessel am Fenster brummt es »Hey!!«. 44 Klammern später steht ein fertiges Ärmelbrett vor mir und sieht schick aus.

Ich werde meinem neuen Ärmelbrett noch einen antiken Touch verpassen, denn das Leinen ist so schön altmodisch geblümt, dass das helle Fichtenholz nicht richtig dazupasst. Ich hole mir die dunkle Möbelpolitur aus der Abstellkammer und einen Pinsel und streiche die Holzteile damit ein.

»Ha!«, rufe ich, als der letzte Tropfen Möbelpolitur im Holz versickert ist, und strecke dem Mann in der Sonne mein Ärmelbrett entgegen.

»Wow! Das sieht ja cool aus. Wie ein Erbstück, gar nicht neu«, sagt er. Es sieht wirklich aus, als hätte ich es von meiner Oma geerbt und nicht in weniger als zwei Stunden selbst zusammengezimmert. Ich schicke meiner Mutter eine MMS mit einem Bild vom Ärmelbrett.

Gut gelaunt gehe ich in den Garten und staune: In meinen Töpfen sind kleine Bohnen- und Zucchinisprösslinge zu sehen. Die Keimblätter haben die Erde richtig aufbrechen müssen, um ihre Stengel herum sind kleine Erdplatten aufgeworfen. Durch den Regen ist die Erde knochig geworden, eine richtig dicke Schicht hat sich gebildet, die jetzt in der Sonne grün schimmert, wie ganz feines Moos.

Ich muss lachen und sage den Pflanzen ganz leise »Hallo!«, so sehr freue ich mich, dass sie es endlich geschafft haben, aus der Erde herauszukommen. »Genießt die Sonne«, flüstere ich ihnen zu. Dann gehe ich zurück in die Wohnung, drehe stolz mein Ärmelbrett in den Händen und packe meine Sachen für einen schönen Nachmittag auf dem Land.

Meine Mutter schreibt: »Neidisch. Dein Ärmelbrett ist schöner als meins!«

# Tag 149
## »Du bist Martha Stewart«

Mein Leben kommt mir merkwürdig vor: Ich koche jeden Abend eine warme Mahlzeit. Oft stehe ich anschließend noch etwas länger in der Küche und setze einen Brotteig an. An anderen Abenden sitze ich an der Nähmaschine, oder ich sitze auf dem Sofa mit Stricknadeln in der Hand. Meine Freizeit verbringe ich mit Gartenarbeit, unterbrochen durch Telefonate mit der Mutter des Mannes, in denen wir uns über Gartenarbeit unterhalten. Wenn trotzdem mal ein Fitzelchen Freizeit übrig bleibt, lese ich in Selbermachbüchern.

Auch diesen Tag verbringe ich wieder im Garten. Am Morgen kaufe ich in dem kleinen Supermark um die Ecke Erde, Rosmarin, Salbei, Pfefferminze und Basilikum – die ich allesamt in größere Gefäße umtopfe. Die Kopfsalat-Jungpflanzen verteilte ich in einzelne Töpfe, damit sie zu großen Köpfen heranwachsen können. Auch oben am Balkon habe ich noch Umtopfarbeiten zu tun: Die Mini-Auberginenpflanze setze ich in einen größeren Tontopf um, genauso wie die beiden Melonenpflanzen und die drei kleinen Fenchel.

So vergeht Stunde um Stunde, in der ich mit den Händen in Pflanzentöpfen stecke.

»Du bist Martha Stewart«, sagt die beste Freundin später am Telefon, als ich ihr erzähle, dass mein Leben irgendwie merkwürdig geworden ist, so häuslich.

Ihr Satz klingt mir den ganzen Abend in den Ohren. Schönen Dank auch, denke ich mir, jetzt bin ich also eine langweilige Zierkissen-aufschüttel-Mutti geworden. Da kann der Trendforscher Matthias Horx hundert Mal im Interview sagen: »In den USA zeigen Rollenmodelle wie Martha Stewart, dass ›homework‹ ein richtiger Designjob ist.« Blabla, Designjob. Ich habe doch einen richtigen Job. Gut, keinen »Designjob«, aber einen Job. Da brauche ich keinen zweiten. Trotzdem stimmt es schon: Wer im Haushalt, Garten oder in der Küche erst einmal Ehrgeiz entwickelt, der kommt nicht mehr zu allzu viel anderem.

Ich jedenfalls war seit Wochen, ach, seit Monaten, nämlich seit dem 3. Februar, nicht mehr im Kino. Ich war kaum mit Freunden aus, höchstens mal auf ein kurzes Bier, weil ich dann wieder nach Hause zum Brotteig musste.

Insofern ist dieser »Designjob«, der »Homework« sein soll, eher eine Alternative zu einem Privat- und Freizeitleben als zu einem normalen Brotjob.

Aber in der Regel macht mir jedes einzelne Projekt wirklich Spaß. Es ist eben einfach etwas anderes als Ausgehen. Produktion statt Konsum. Auch mal schön. Und überhaupt: Vielleicht ist Martha Stewart ja auch cool. Und ich sollte die Bemerkung der Freundin einfach als Kompliment auffassen. Der Name Martha Stewart sagte mir bisher nur so viel: Synonym für »kreative, perfektionistische, vor allem aber Vollzeit-Hausfrau«.

Auf ihrer Webseite sieht es jedenfalls aus, als könnte man auch den letzten und kleinsten Winkel des Lebens selbst verschönern oder gleich ganz selber machen, denke ich, als ich am Computer sitze und mir das mal anschaue: Man findet dort Tipps, wie man seinen Kleiderschrank organisiert, wie man preiswert kocht, für die schönsten Hochzeitstorten, eine Auswahl der besten Gartenhelfer, Tricks, wie man streifenfrei Fenster putzt, die harmonischsten Farben für das Schlafzimmer aussucht und die passenden Gardinen gleich dazu. Wer will, kann dann weiterklicken zur Anleitung, wie man sie ganz einfach selber näht. Eine Rubrik weiter erfährt man, wie man einen Hund adoptiert. Man kann sich per E-Mail das »Craft of the day« zuschicken lassen und lernt dann zum Beispiel, wie man ein kleines Filzetui für Taschentuchpackungen herstellt. Und eine Fantastilliarde Sachen mehr. Das alles – diese unendlich vielen Tipps und Tricks und Anleitungen und Rezepte und How-to-Listen und Produkttests und Bastelideen – ist seeehr hübsch, sehr nett, sehr pastellfarben. Alles so, wie man sich ein Magazin vorstellt, das von *Brigitte*-Redakteurinnen auf Entspannungsdrogen gemacht wurde. Wer dem nacheifert, hat tatsächlich den Fulltime-Job, von dem Trend-Horx spricht.

Aber, so unvorstellbar es klingt, »Amerikas beste Hausfrau« ist nicht wirklich eine Hausfrau, sondern eine Magnatin: Die Frau hat ein Imperium auf Haushalts- und Gestaltungstipps aufgebaut. Sie gibt zwei Zeitschriften heraus mit einer Auflage von über zwei Millionen Exemplaren. Sie hatte schon eine eigene Kabel-TV-Sendung, hat vierzig Bücher geschrieben, unter anderem übers Putzen und die richtige Haushaltsführung, sie schreibt die Zeitungskolumne »Frag Martha«, hat eine eigene Radioshow, einen lukrativen Internetshop und verkauft millionenfach ihre Produkte. Das Ganze passiert unter dem Dach der Martha Stewart Living Omnimedia, eines börsennotierten Unternehmens, dessen Aktienwert am allerersten Tag um unfassbare 98 Prozent stieg. Und jetzt kommt's: Martha Stewarts Vermögen wird auf 970 Millionen Dollar geschätzt. Eine wirklich fleißige »Hausfrau«, würde ich sagen. Vielleicht bin ich doch auf dem richtigen Weg mit meinem momentanen Küche-Garten-Handarbeit-Lebensstil.

Sommer

WASSER
+
ETWAS
SPÜLMITTEL

SPÜLI

← PUSTEN ←

STROHHALM

# Tag 157
## Schnipp, schnapp, Haare ab

»Brich dir nicht die Arme«, sagt die beste Freundin zu mir.

Ich stehe im Bad vor dem großen Spiegel, die beste Freundin sitzt auf dem Fensterbrett und schaut mir fasziniert dabei zu, wie ich mir die Haare schneide.

Sie selbst sitzt mit frisch gestutzten Spitzen da. Ich habe sie ihr vorhin geschnitten – immer mal wieder spart sie sich zwischendurch einen Friseurtermin und lässt stattdessen mich ran.

Ich schneide Haare – meine eigenen und die von anderen Menschen, seitdem ich 15 bin. Genau weiß ich nicht mehr, warum ich anfing, auf meinem eigenen Kopf herumzuschnippeln. Ich kann mich auch nicht mehr erinnern, ob der erste Haarschnitt okay oder grauenvoll aussah. Entweder war das Ergebnis meiner Friseurversuche so unspektakulär, dass ich es gleich wieder vergessen habe – oder so furchterregend, dass ich es verdrängen musste.

Ich glaube, ich wollte einfach eine andere Frisur – vielleicht weil ich in einer Zeitschrift eine gesehen hatte, die mir gefiel –, und zwar sofort und ohne Friseurtermin. Also schnitt ich mir selbst die Haare. Dabei ist es geblieben. Sowohl mit dem grundsätzlichen Selbstschneiden als auch damit, dass der Entschluss, meine Haare zu kürzen, immer noch spontan fällt und dann auch schnell umgesetzt werden muss.

Immer wenn ich Menschen erzähle, dass ich mir die Haare selber schneide, schauen sie mich an, als hätte ich ihnen gerade eröffnet, mir meine Weisheitszähne selbst entfernt zu haben. Dabei kann man das wirklich einfach lernen. Man braucht nur etwas Mut, eine Schwester, die einem völlig vertraut, und den Mumm, eine schiefe Frisur auf dem Kopf als gewollt zu verkaufen.

»Und deine Schwester hat dich einfach so ihre Haare schneiden lassen – ganz am Anfang?«, fragt die beste Freundin.

»Heute wundere ich mich über ihr Vertrauen auch«, sage ich, während ich mir die Haare kämme. »Ich vermute aber, es hatte gar nichts mit Vertrauen zu tun. Ich glaube, ich habe sie einfach erpresst, wie beim Abwasch auch. Ich habe zu ihr gesagt: ›Wenn du das nicht für mich machst, sind wir keine Freundinnen mehr.‹«

»Du bist ein Schwein«, sagt die beste Freundin.

»Ich weiß«, sage ich.

Ich ziehe mit dem Kamm eine Strähne nach der anderen senkrecht über meinen Scheitelpunkt nach oben, was etwas anstrengend ist, weil ich mich leider vor einigen Jahren für lange Haare entschieden habe und deswegen meine Arme immer ganz ausstrecken muss, um die über dem Kopf nach oben gekämmten Haarspitzen noch zu erreichen. Ich halte sie zwischen den Fingern, knicke die Arme ein, um die Hand mit den Haaren vor mein Gesicht zu halten. Die andere Hand, die mit der Schere, schneidet die Spitzen ab. Strähne für Strähne mache ich das und orientiere mich mit jeder an der ersten Strähne oben in der Mitte des Kopfes. So kriege ich automatisch rundherum durchgestufte Haare.

»Die sind aber auch lang geworden«, sagt die beste Freundin.

»Die wachsen rasend schnell, voll anstrengend«, sage ich. Außerdem ist das hier der erste Haarschnitt seit Beginn meines Selbermachjahres. Den letzten hatte ich mir im Herbst des Vorjahres verpasst, seitdem unkrauten die Haare so vor sich hin. Aber irgendwie fehlte mir das Bedürfnis, an meinen Haaren herumzuschnippeln. Das Anfallartige, mit dem ich früher zur Friseurschere griff, schiebe ich deshalb auf die jahrelange Unterbeschäftigung meiner Hände. Tatsächlich ging dem ersten Schnitt in die erste Strähne oft der Gedanke voraus: Ich muss endlich was tun! Was sich vielleicht nicht nur auf meine Frisur bezog, sondern auch auf das Arbeiten mit den Händen. Jetzt, da ich genug anderes mit ihnen mache, hatten die Haare ihre Ruhe.

Lange Haare zu schneiden ist einfach. Als ich noch kurze Haare hatte, habe ich mir sogar Fasson im Nacken geschnitten, das war um einiges anspruchsvoller. Man darf nicht allzu ungelenk sein, und beim Schneiden muss man sich vorstellen, hinter sich zu stehen. Das klingt jetzt vielleicht metaphysisch, aber mit ein bisschen Übung und Fantasie geht das gut.

Außerdem hilft es, alle paar Jahre mal zu einem Modellfriseur zu gehen, wo die Azubis jeden Schritt erklärt bekommen. Das habe ich zwei oder drei Mal gemacht, und während der Ewigkeit, die ich auf dem Friseurstuhl saß, gut zugehört, anstatt in der *Gala* zu blättern.

Ich kämme mir noch den Pony zurecht, kürze ihn nur ein kleines bisschen und ziehe dann mit den Fingern links und rechts gleichzeitig Strähnen lang, um nachzusehen, ob beide Seiten einigermaßen symmetrisch geschnitten sind.

Da fragt die beste Freundin plötzlich: »Was wünschst du dir eigentlich zum Geburtstag?«

Über meine Geburtstagswünsche habe ich auch schon nachgedacht, weil meine Mutter mich deswegen neulich anrief. Kurz überlegte ich, mir all das zu wünschen, was ich nicht unbedingt selber machen möchte, zum Beispiel die Klamotten, in die ich mich in den letzten Monaten verguckt habe und bei denen ich jedes Mal wieder enttäuscht dachte: ›Wenn du sie haben willst, musst du sie dir nähen.‹ Aber für eine solche Wunschliste würde ich mich den Rest des Jahres schämen.

Stattdessen wünsche ich mir für mein Experiment Nützliches – nicht zuletzt, um Geld zu sparen: »Eine Nudelmaschine, ein Einmach- und ein Sockenstrickbuch, und von meiner Mutter ihre Stricksachen, die sie seit Jahren nicht mehr benutzt.«

»Schön langweilig«, sagt die beste Freundin.

So ist es.

Bevor sie geht, schaut sie mich noch einmal prüfend an und sagt: »Vielleicht schenke ich dir einen Friseurbesuch.«

## Tag 161
## Selbermach-Glück

Nicht nur dass heute die Sonne schien. Ich habe an diesem schönen Juni-Tag auch für nur 33,70 Euro das Glück gekauft. Eigentlich wollte ich nur meine alte Schere zum Schleifen bringen, aber dann habe ich mir eine neue gekauft.

Und als ich da stand, mit einer neuen Schere in der Hand, und mir die Verkäuferin ein Stück Stoff hinlegte, um sie auszuprobieren, da war es, das pure Glück: Meine alte Schere ging schwer und ließ mitten im Schnitt auch mal ein paar Fäden aus. Was das Zuschneiden sehr nervig machte, weil ich wieder und wieder über eine Stelle schneiden musste. Diese Schere dagegen schnitt kraftvoll und geschmeidig, und zwar auch dann noch, wenn ich nur mit den letzten Millimetern der Scherenspitze schnitt. Es war eine Offenbarung. Eine scharfe Schere!

Zu Hause, nach dem Abendessen, setze ich mich noch mal an den Computer, Jessica aka Frau Liebe hat schon vor einer Weile geantwortet. Ich muss mir endlich die Zeit nehmen, ihre Mail in Ruhe zu lesen. Wo waren wir beim letzten Mal stehen geblieben? Ach ja, bei den Online-Freunden.

Sie schreibt: »Mit ein paar *Do-it-yourself*-Bloggerinnen schreibe ich mir hin und wieder. Dieser Austausch übers Selbermachen ist für mich eigentlich überhaupt erst mit dem Internet gekommen. Es gibt ja heute viel mehr Leute, die Sachen ›öffentlich‹ selber machen, als früher. Inzwischen habe ich auch im ›echten‹ Leben immer mehr Leute kennengelernt, die Sachen selber machen oder es zumindest gerne würden. Das hängt vielleicht auch mit meiner persönlichen Entwicklung zusammen. Mir die Zeit zu nehmen, etwas zu nähen, ist kein Luxus, den ich mir gönne, wenn ich nichts anderes zu tun habe, sondern es gehört zu meinem Tag dazu. Andere gehen ins Fitnessstudio – würde ich nie machen. Es fällt mir sehr leicht, mich dafür zu entscheiden, mich an die Nähmaschine zu setzen, in Ruhe etwas zu kochen oder etwas anderes selber zu machen. Weil ich weiß, dass es mir guttut.«

Ich freue mich, dass es Frau Liebe geht wie mir. Dass sie sich auch freiwillig gegen die »normalen« Freizeitaktivitäten unserer Altersgruppe entscheidet, um den Abend an der Nähmaschine zu verbringen. Ein bisschen schäme ich mich nämlich schon dafür, dass ich immer öfter die glücklichsten Minuten meines Tages im Garten verbringe oder beim Kochen oder nähend – auch wenn da so komische Sachen wie Stoffbinden entstehen. Es ist ein erstaunlich befriedigendes Gefühl, etwas Kraft der eigenen Hände entstehen zu sehen. Es ist genau das Gefühl, das ich vermisst hatte. Warum ich dieses Experiment durchführe.

Einen Schritt ist mir Frau Liebe aber voraus. Sie scheint schon ein gut funktionierendes soziales Netzwerk zu haben, das ihre Leidenschaft fürs Selbermachen teilt. Daran arbeite ich noch. Die beste Freundin ist zwar beim Stricken voll dabei und verkündete erst vor ein paar Tagen am Telefon, nun gemeinsam mit ihrem Sohn richtig kochen lernen zu wollen. Sie habe da einen Blog entdeckt, wo eine Mutter genau das tut: Kochen lernen in 365 Rezepten und 365 Tagen, gemeinsam mit dem Kind. Eine gute Idee, finde ich, Kinder müssen kochen lernen. Sonst muss man es immer selbst machen.

Aber es ist trotzdem nicht so, dass ich mich mit der besten Freundin für einen Ausflug auf eine Handwerks- oder Handarbeitsmesse verabreden würde. Oder dass wir uns zum gemeinsamen Stricken treffen würden, jetzt, da sie es auch alleine kann.

Die beiden Mütter sind eher Ratgeberinnen als Kompagnons. Bleibt noch der Mann. Der hat Spaß an allem, was er aufessen kann. Aber all das Stricken, Nähen, Basteln und Häkeln interessiert ihn nur mäßig. Vermutlich muss es wirklich umgekehrt passieren: Man kann nicht die Menschen um einen herum zum Selbermachen bekehren, sondern muss sich schon bekehrte Menschen suchen. Am einfachsten geht das wohl im Internet, und vielleicht trifft man sich dann auch später mal. Aber auch ohne persönliches Treffen ist so ein Online-Netzwerk, das einen anfeuert und mit dem man sich austauschen kann, eine tolle Sache. Frau Liebe schreibt mir jedenfalls noch von der schönen Idee der »Stoffrotation«: »Vor ein paar Monaten habe ich die erste Stoffrotation veranstaltet, bei der mir Leserinnen und Leser meines Blogs per Post aussortierte Stoffe geschickt haben, und ich habe ihnen dafür andere wieder zurückgeschickt. Ich habe mich gefühlt wie das Fräulein vom Amt, das die Verbindungen einstöpselt.«

Definitiv bereichert das Internet das Selbermachen. Ich brauche ein Rezept? Gibt's im Netz. Ich suche nach einem Strickmuster für eine lustige Neffenmütze? Gibt's im Netz.

Tipps, wie ich meine Ikea-Möbel umbaue? Alles im Netz. Genauso gibt es Gartenforen, Tomatendatenbanken, Näh-Communitys, Bestellseiten für Bierbrau-Startersets, Diskussionsgruppen, in denen um das beste Abbeizmittel gestritten wird.

Was es allerdings nicht gibt, jedenfalls habe ich noch nichts dergleichen gefunden, was es aber unbedingt geben sollte: Wildfrucht-Landkarten. Also Landkarten, in denen man die Standorte wild wachsender Pflanzen eintragen kann. Zum Beispiel Holunderbäume. Ich würde nämlich liebend gerne demnächst Holunderblütensirup einkochen, aber die einzigen Holunderbäume, die ich kenne, stehen direkt an der Autobahn von München nach Rosenheim. Weder kann ich dort anhalten, um Blütendolden zu pflücken, noch möchte ich Sirup aus Blüten kochen, an denen während ihrer Blütezeit Hunderttausende Autos vorbeigefahren sind.

Gäbe es nun im Netz eine Landkarte, in der eingezeichnet ist, wo es besonders viele Holunderbäume gibt, könnte ich den Mann vielleicht zu einem Ausflug ins Grüne überreden. Wir würden einen großen Topf oder Korb voll Holunderblütendolden sammeln, noch ein bisschen picknicken und am Abend zu Hause Holunderblütensirup kochen. Oder, wer jetzt nicht so auf Holunder steht, aber zum Beispiel auf Blaubeerkompott: ein Klick in die Blaubeerkarte, schauen, in welchem Wäldchen Blaubeeren wachsen, hin zum Sammeln. Auch Bärlauch-, Pilz-, Hagebutten-, Sanddorn- oder Haselnusskarten könnte es geben. Für Bayern, für Deutschland, für die ganze Welt. Sehr praktisch wäre das.

# Tag 168
## Zitronen zum Kaffee

Ich habe Geburtstag. Ich habe frei. Und backe einen Kuchen. Am Nachmittag nämlich bekomme ich Gäste. Und weil ich im Kuchenbacken schon gut Routine bekommen habe, habe ich beschlossen, einen extraordinären Kuchen zu backen: eine *Lemon Tart*. Nach einem Rezept einer berühmten Pâtissière.

Die Kuchenback-Routine habe ich mir im letzten halben Jahr antrainiert, indem ich an fast jedem Wochenende einen Kuchen gebacken habe. Als Alternative zu gekauften Süßigkeiten. Süßigkeiten sind ja Fertigessen schlechthin: Man kriegt Hunger, kauft sich einen Riegel oder eine Tüte Gummibärchen – und isst sie auf. So habe ich das früher jedenfalls an fast jedem Nachmittag gemacht, wenn mich mein Mittagstief übermannte.

Aber nun: gibt es keine Süßigkeiten mehr, sie sind ja nicht selbst gemacht.

Als ich vor ein paar Wochen meiner Mutter davon erzählte, dass ich freitagabends oder samstags nach dem Frühstück unseren »Wochenkuchen« backe, sagte sie, dass es in ihrer Kindheit ganz genauso gewesen sei: Jedes Wochenende wurde ein großer Marmor- oder ein anderer einfacher Kuchen gebacken, von dem dann im Laufe der Woche gegessen wurde. Die Reste des Kuchens wurden am Donnerstag in Milch getunkt, damit sie nicht allzu sehr staubten im Mund.

Ich versuche normalerweise, unseren Kuchen im Kühlschrank mit Frischhaltefolie über die Woche zu retten, was allerdings regelmäßig zu matschigen Früchtekuchenresten führt. Das Schöne aber: Ich backe mich endlich mal durch mein Kuchenklassiker-Buch, habe schon gefüllten Streusel gemacht, ebenso Thüringer Mohnkuchen, gedeckten Apfelkuchen, Rhabarber-, Karotten-, Käse-, Zitronenkuchen und Erdbeertorte. Normalerweise habe ich ein- oder zweimal im Jahr gebacken, zu Geburtstagen eben. Dabei ist so ein Kuchen im Kühlschrank viel toller als die größte Schokoriegel-Auswahl im Supermarkt. Finde ich jedenfalls. Und erstaunlichweise habe ich auch kaum noch Heißhunger auf gekaufte Süßigkeiten. Innerhalb kürzester Zeit habe ich mir meine nachmittäglichen Zuckeranfälle abgewöhnt – klar, ich habe ja auch die Radikalmethode gewählt: Will ich etwas Süßes, muss ich es selbst machen. Weil ich aber nachmittags schlecht zum Beispiel einen Topf Pralinenmasse anrühren kann, greife ich dann zu meinem Stück Kuchen. Und das enthält nur einen Bruchteil des Zuckers, den mein Körper eigentlich gewöhnt war. Die Folge: Ich bin meine Zuckersucht los.

Meine Geburtstagstorte allerdings, die *Lemon Tart,* lässt in Sachen Zuckergehalt jeden Schokoriegel und jede Kekspackung blass aussehen, stelle ich fest, als ich mir jetzt meine Küchenschürze umbinde und die Zutatenliste aus dem Rezept durchgehe.

Das Rezept hat mir die beste Freundin vor einer Weile mit den Worten gegeben: »Das hat mir neulich einer auf einer Party versucht zu erklären, ich hab's aber beim besten Willen nicht kapiert. Der hat geschworen, es sei die beste *Lemon Tart* der Welt, und mir das Rezept geschickt. Also probier das doch mal aus, für mich ist das nichts.«

Und so stehe ich nun mit einem Schneebesen in der Hand vor meinem Herd – einen wunderschön goldgelb gebackenen Mürbeteigboden aus Mehl, Zucker, Butter, Vanille und Pinienkernen habe ich gerade aus dem Ofen geholt – und komme mir wahnsinnig professionell vor. Kein Wunder, ich werde jetzt eine Sabayon machen! Allein das vor sich hinzusagen, fühlt sich schon an, als hätte ich bei Paul Bocuse gelernt. Außerdem halte ich mich sklavisch an das Rezept; wenn es das Rezept für die beste *Lemon Tart* der Welt ist, will ich nicht daran schuld sein, wenn das heute hier nicht die beste *Lemon Tart* der Welt wird. Gerade habe ich Eier in eine Schüssel geschlagen, die in einem Topf mit kochendem Wasser steht. Dabei mache ich nie etwas im Wasserbad, auch wenn es fünf Mal im Rezept steht, dafür bin ich einfach zu faul und habe allein schon keine Lust, anschließend zwei Töpfe abzuwaschen; also schmelze ich alles, auch Schokolade, immer direkt im Topf auf der Platte – und es ist auch immer gut gegangen.

Für die Sabayon muss ich Eier und Zucker schlagen, und zwar so lange, bis die Masse dick wird. Ich stehe also da, Minute um Minute, und schlage und schlage und schlage. Gebe nach und nach Zitronensaft hinzu und schlage weiter. Langsam wird mir der Arm lahm, aber es fühlt sich auch sehr elegant an, so als wäre *ich* die Chefin einer Patisserie. Mit jeder Minute, die ich schlage und die mein Arm mehr schmerzt, steigen meine Erwartungen an die *Lemon Tart*.

Die Masse wird dick, ich ziehe kleine Butterstückchen in die Creme und fülle sie dann in die Form mit der Pinienkernkruste. Schön sieht das aus, meine Gäste werden Augen machen.

Als ich vier Stunden später die *Lemon Tart* aus dem Kühlschrank hole, macht vor allem die beste Freundin große Augen und ruft: »Ha! Du hast sie gemacht! Geil.«

Ich schneide für jeden meiner Gäste ein Stück ab, für die beste Freundin, ihren Sohn, den Mann, für meine beiden Nachbarn – und zum Schluss lege ich mir selbst ein Stück auf den Teller.

Während ich den ersten Bissen ausgiebig kaue, macht sich Enttäuschung in mir breit. Die Tart ist vor allem eines: süß. Unfassbar süß. Irgendwie hatte ich mir mehr erhofft, wenn ich hier einen auf Haute Cuisine mache. Dass sie feiner schmeckt, nicht so fast schon ordinär sauer und süß. Ein bisschen kratzt sie im Abgang sogar im Rachen.

Ich schaue rüber zum Mann, der begeistert eine Gabel voll Kuchen in seinen Mund schiebt. Ihm schmeckt es, natürlich. Aber auch den anderen scheint es zu schmecken. Bis auf ein kleines Stück putzen sie den Kuchen weg; wir plaudern und haben einen netten Nachmittag.

Bevor ich am Abend ins Bett gehe, sitze ich noch in der Küche und schaue meine Geschenke an. Ich habe eine Nudelmaschine geschenkt bekommen, so eine klassische in einfachem Silber, mit einer glatten, einer Spaghetti- und einer Tagliatelle-Walze. Außerdem hat mir meine Mutter ihr gesamtes Strickzeug geschickt: Nadeln in verschiedenen Größen, Hilfsmittel, Wolle und ein Lehrbuch. Und ein Buch habe ich bekommen, in dem ich schon am Nachmittag begeistert geblättert habe und auch jetzt wieder ein bisschen lese: »Grow Great Grub« heißt es und ist ein Gartenbuch für Menschen, die so gut wie keinen Platz haben, also Gemüse und Kräuter auf Mini-Balkonen und Fenstersimsen oder kleinen Hinterhofecken anbauen wollen. Zum Beispiel steht dort geschrieben, dass sich Basilikum und Tomaten im Topf genauso gut vertragen wie auf dem Teller und man beides gemeinsam anbauen kann. Eine gute Idee: Immerhin ist unten um den Tomatenstrauchstiel herum eine Menge Platz.

Von der Mutter des Mannes habe ich mein Geburtstagsgeschenk schon vor gut einer Woche bekommen: Sie hat mir ein paar Gemüsepflanzen geschenkt – genauer: eine gelbe Zucchini-, eine Busch-, eine Dattel- und eine Fleischtomatenpflanze. Denn meine selbst gezogenen Tomatenpflanzen sind jämmerlich klein geblieben. An allen Geschenkpflanzen sind schon Früchte zu sehen. Ein bisschen komme ich mir deshalb vor, als würde ich betrügen. Im Gegenzug habe ich ihr einen kleinen Butternutkürbis-Zögling und ein paar Melonensamen mitgegeben. Es ist für mich eine Art Ernte-Backup, so etwas wie eine Vergleichsgruppe. Sollten Kürbis und Melone auch bei der Mutter des Mannes nichts werden, weiß ich, dass es nicht an mir allein liegt.

Heute hat mir sogar mein Garten selbst noch ein Geburtstagsgeschenk gemacht: An meinem Hokkaido, dem alten Mann unter meinen Gemüsepflanzen, hängt ein kleiner Kürbis. Hinter einer Blüte, wie eine zentimetergroße grüne Tomate, die eine noch geschlossene Blüte wie eine Papstmütze aufhat. Endlich! Nach zehn, zwölf Blüten, bei denen ich mich gefragt habe, wo denn da jetzt bitte der Kürbis sein soll: Da isser.

Ich schaute ihn bewundernd von allen Seiten an, als die ersten Regentropfen auf meinen Kopf fielen. Schnell rannte ich nach oben, holte meinen Fotoapparat und machte ein Bild vom Kürbis. Anschließend flüchtete ich mich ins Haus, bevor ich ganz durchweicht war. Es hatte angefangen zu schütten und zu stürmen, als gäbe es kein Morgen. Ich musste sogar die Pflanzen vom Balkon ins Trockene retten, denn schon nach ein paar Minuten sahen sie zerfleddert aus. Als alle in der Küche standen, war ich allerdings bis auf die Unterwäsche nass.

Ich lache noch mal über den Regenguss vom Nachmittag, da kommt der Mann in die Küche, geht an den Kühlschrank und nimmt sich das Reststück *Lemon Tart* heraus. Er setzt sich mir gegenüber, ich erzähle ihm den Trick mit dem Basilikum im Tomatentopf, aber er scheint eher an seinem Kuchen interessiert zu sein.

»Willst du noch was? Sonst esse ich das jetzt auf«, sagt er.

Ich spieße mit der Kuchengabel ein Stückchen auf, stecke es mir in den Mund – und bin überrascht. Der Bissen schmeckt mir. Ich lasse mir noch eine Gabel voll *Tart* geben, bevor der Mann sie ganz aufisst. Das mit den Erwartungen ist eine interessante Sache: Hätte ich die *Tart* in einem Café gegessen, hätte ich dem Gebäck neutral gegenübergestanden – und hätte es vielleicht gleich gemocht.

Das ist ein kleines Problem beim Selbermachen: Man

weiß, wie etwas entstanden ist, und entwickelt über die Zeit des Machens eine ganz konkrete Vorstellung vom Ergebnis. Deswegen ist die Wahrscheinlichkeit, anschließend von diesem Ergebnis enttäuscht zu sein, ziemlich hoch. Es ist eine Art Martha-Steward-Impuls, alles wirklich supertoll und wunderhübsch hinkriegen zu wollen. Dabei wäre es wichtiger, den Rock'n'Roller in sich zuzulassen. Die Haltung zu entwickeln: Scheißegal, wie etwas wird, Hauptsache, man hat etwas Neues ausprobiert.

Aber das kann ich ja noch lernen in meinem neuen Lebensjahr. Jetzt gehen wir erst mal schlafen. Draußen regnet es immer noch.

## Tag 170
# Mamma mia!

Heute wird die Nudelmaschine ausprobiert. Die erste und wichtigste Frage heißt: Wie macht man einen Nudelteig?

Wie sich herausstellt, in null Komma nichts aus Weizengrieß, Mehl, Salz und Wasser. Also schütte ich hundert Gramm Grieß, hundert Gramm Mehl, eine Prise Salz und einen achtel Liter Wasser in eine Schüssel und fange an zu kneten. Es ist eine bröckelige Angelegenheit. Mit Teig hat das nicht allzu viel zu tun. Ich schaue noch mal ins Rezept, ob ich mich verlesen habe. Aber nein, da soll wirklich nur ein achtel Liter Wasser rein. Nachdem sich die Bröckelei aber auch nach minutenlangem Kneten nicht in einen Teig verwandelt, schütte ich vorsichtig nach und nach kleine Schlucke Wasser dazu und knete weiter. Und jetzt wird es endlich etwas. Zwar ist der Teig immer noch recht trocken, aber den Rest kann die Nudelmaschine erledigen, beschließe ich.

Ein Drittel des Teiges nehme ich in die Hand und knete ihn noch ein bisschen, während der Mann die Nudelmaschine am Tisch festschraubt und die Walze auf die weiteste Stufe stellt.

»Es kann losgehen«, sagt er und streckt eine Hand aus. Ich lege den noch ein kleines bisschen wärmer und geschmeidiger gewordenen Teigklops in seine Hand, der Mann wirft ihn auf den Küchentisch, legt beide Hände darauf und drückt ihn platt. Dann steckt er ihn zwischen die zwei Walzen, und ich drehe langsam die Kurbel. Auf der anderen Seite der Walzen kommt ein unförmiger, platter Nudelteig heraus, der aussieht wie ein kleiner Kontinent. Der Mann faltet den Teig einmal in der Mitte zusammen und steckt ihn wieder oben zwischen die Walzen. Ich kurble.

Das machen wir ein paar Mal, und dann sieht der Teig langsam tatsächlich aus, als könnten daraus echte Nudeln werden. Unsere Küche füllt sich mit Euphorie. Sowieso drehe ich die ganze Zeit schon lachend die Nudelmaschinen-Kurbel – wir machen wirklich Nudeln!

Nach vielleicht zwanzig Mal Teig walzen, falten und wieder walzen ist der Mann endlich mit dem Ergebnis zufrieden. Ich streiche mit den Fingern über den Teig. Er ist ganz seidig glatt – und damit fertig für Stufe 2. Der Mann stellt die Walzen etwas enger zusammen und schiebt den Teig von oben hinein. Ich kurble, der Mann fängt den Teig auf, der unten aus den Walzen hervorkommt. Wir walzen ihn durch Stufe 3, Stufe 4, Stufe 5, Stufe 6.

»Wie lang sollen wir eigentlich weiterwalzen? Bis Stufe 8?«, frage ich den Mann.

Der zuckt mit den Schultern, schaut sich den auf einen Meter ausgewalzten Teig an und sagt dann: »Wenn wir zwei Meter lange Spaghetti wollen, könnten wir das machen.«

Wir beschließen, den Teig so zu lassen, wie er ist – er ist nämlich bereits ziemlich dünn –, und ihn  durch die Spaghettischneidewalze zu drehen. Die fertigen Spaghetti hängen wir über die Lehne eines Küchenstuhls. Toll schauen sie aus!

Mit gleichbleibender Begeisterung walzen wir auch die anderen beiden Teile des Teiges zu schönen, langen Teigplatten und dann durch die Spaghettischneide. Am Ende haben wir eine ganze Stuhllehne voll mit ein Meter langen Spaghetti.

»Die lassen die jetzt eine Stunde lang trocknen«, liest der Mann aus der Nudelmach-Anleitung vor.

»Dann waren unsere Endlosspaghetti aber vielleicht nicht die schlaueste Idee«, überlege ich. »Wenn die jetzt trocken werden, kriegen wir sie nicht mehr in einen Topf.«

»Ach, das wird schon passen. Die stellen wir ins kochende Wasser und nach ein paar Sekunden werden sie am unteren Ende weich, und wir können den Rest reinschieben.«

Als das Wasser auf dem Herd kocht, stehen wir vor einem ganz anderen Problem: Beim Abnehmen der Spaghetti von der Stuhllehne brechen die meisten einfach in der Mitte durch oder ab, weil sie wirklich sehr fein geworden sind – eher so Spaghettini. Auf unserem Boden knirscht es, als wir die Nudeln von dort aufsammeln.

Wir kochen die Nudeln wie vom Mann vorgeschlagen, stellen also die Spaghettini in den Topf und drücken mit einem Holzlöffel ein bisschen nach. Vor dem Kochen haben wir schon Bärlauchpesto gemacht: aus Bärlauch, Walnüssen, Olivenöl, Knoblauch und Parmesan. Und so gönnen wir uns zur Feier unserer ersten selbst gemachten Nudeln einen Aperitif: eine Holunderblütenschorle mit Eiswürfeln.

Einen Korb voll Holunderblütendolden hat mir die Mutter der Mannes an meinem Geburtstag aus ihrem Garten mitgebracht. Ich schüttelte noch ein paar Käfer aus den Dolden, dann quetschte ich sie in einen großen Krug, zusammen mit sehr viel Zucker, Zitronensaft und einem Dreiviertelliter kochendem Wasser. Gestern dann habe ich den Sirup abgeseit, durch ein Sieb und einen Trichter – in eine große Flasche, die seitdem im Kühlschrank steht.

Jetzt gebe ich in zwei Martinigläser jeweils einen Schluck Holunderblütensirup, der Mann wirft je zwei Eiswürfel hinein, und wir füllen die Gläser mit Leitungswasser auf. – »Prost!«

Lecker. Jetzt aber schnell die Nudeln probieren. Ich fische eine mit der Gabel aus dem Wasser. Und werde hektisch. Die Nudeln liegen zwar erst seit zwei Minuten im Wasser, aber sie sind schon sehr weich. Al Zahnfleisch anstatt al dente.

»Schreib doch bitte mal groß auf den Karton der Nudelmaschine, dass wir Spaghetti niemals dünner als durch Stufe 4 drehen!«, sage ich zum Mann, der daraufhin mit einem dicken Edding »Spaghetti: 4« auf die Packung schreibt.

Wir füllen unsere Teller mit Spaghetti, rühren das Bärlauchpesto unter und hobeln Parmesan darüber – und essen schweigend unsere sehr weichen Nudeln. Mit einer Mischung aus Stolz und Enttäuschung. Geschmacklich sind sie wirklich etwas anderes als gekaufte Nudeln, viel frischer, intensiver schmecken sie. Aber sie sind eben auch sehr weich.

Der Mann hebt sein Holunderschorlenglas und sagt: »Ich bin sehr stolz auf uns.«

»Ich auch«, antworte ich und stoße mit ihm an.

Draußen regnet es.


## Tag 173
# Kleiner Salat ganz groß

Am Dienstagabend komme ich nach der Arbeit nach Hause und knöpfe mir die beiden Schalen mit Rucola vor, die bis jetzt am Balkon standen: Zwei dichte Büschel mit 30 Zentimeter Durchmesser sind da in den letzten Wochen herangewachsen. Der Rucola wurde in dieser Zeit zu einer meiner Lieblingspflanzen, weil er einfach brav immer größer und buschiger wurde. Und jetzt mag ich ihn noch lieber, denn er wird das Allererste sein, was wir aus meinem Garten ernten und essen.

Heute gibt es Rucolasalat mit gehobeltem Parmesan und angerösteten Pinienkernen. Dazu ein einfaches Essig-Öl-Dressing und frisches Weißbrot, mehr braucht so ein Rucola nicht, um zu glänzen.

Als ich die erste Gabel mit Salat in den Mund stecke, schmecke ich ganz genau hin: Ist das gut? Besser als gekaufter Rucola? Und nach ein paar Gabeln entscheide ich: Das schmeckt sogar sehr gut. Der Rucola ist schön würzig, schmeckt sehr kräftig, und vor allem ist er extrem frisch, hat nicht erst mal zwei, drei Tage in irgendwelchen Packungen verbracht. Und er ist angenehm zart, weil ich ihn geerntet habe, bevor er sich zu langen Strunken ausgewachsen hat.

»Können wir öfter machen«, sagt der Mann.

»Das war alles, was wir an Rucola haben«, sage ich. Der Mann schaut enttäuscht.

Dass Rucola so schnell aufgegessen ist, ist der einzige Nachteil. Ansonsten finde ich, das hat sich absolut gelohnt: Einmal aussäen, täglich gießen und ein paar Wochen warten, um ein leckeres Abendessen zu haben. Das ist eine Bilanz, mit der ich absolut zufrieden bin.

# Tag 185
## Ein Samstag mit Hose und Holler

Seit sieben Wochen schiele ich immer mal wieder mit schlechtem Gewissen in die Ecke mit meiner Nähmaschine – auf der die Einzelteile für meine Stoffhose liegen. Ich muss endlich weiternähen.

Also stelle ich mir nach dem Frühstück die Nähmaschine auf den Küchentisch und lege die Hosenteile daneben. Laut Anleitung muss ich als Erstes die Hosentaschen einnähen. Ich lege jeweils ein Teil einer Tasche an die Außennaht eines Hosenteils – dort, wo die Markierung für die Tasche angezeichnet ist – und steppe sie mit der Maschine entlang der Kreidelinie fest.

Dann lege ich die Hosenbeine aufeinander, um die Seitennähte zusammenzunähen, mit Ausnahme an der Stelle, wo die Hosentaschenteile angenäht sind. Nur leider: zeigen dann die Hosentaschen in die falsche Richtung. Ich habe sie falsch herum angenäht. Dabei habe ich sie vorher extra ein paarmal hin und her gedreht und mir immer wieder versucht vorzustellen, wo die Taschen dann wie herausschauen, wenn ich die Hosenbeine zusammennähe und auf rechts krempel. So ein Mist.

Ich trenne erst einmal die Hosentaschenteile wieder heraus, lege die Hosen- und Taschenteile vor mich und dann aufeinander. Ich drehe und stürze sie, verknote mir dabei ein bisschen die Finger, lege die Taschenteile anstatt innen zwischen die Beinteile außen an, aber auch das will nicht klappen. Irgendwie verliere ich langsam den Faden: Wie müssen diese verdammten Teile denn nun liegen, damit sie später als Hosentaschen zusammengenäht im Hosenbein verschwinden?

Ich mache es jetzt einfach rückwärts: Ich lege die Teile so hin, wie sie zum Schluss sein sollen, knicke die Nähte nach innen um – und siehe da, es überrascht mich wirklich: So, wie ich alles ganz zuerst zusammengenäht hatte, war es doch richtig! Ich hatte übersehen, dass zum Schluss auch die Taschen noch mal nach innen gestülpt werden und damit alle Nähte komplett zwischen Hosen- und Hosentaschenstoff verschwinden. Zu kompliziert? Ja, genau.

Ich nähe also die Taschen endlich richtig ein und die Hosenbeine außen zusammen. Mit des Rätsels Lösung habe ich jetzt einen halben Tag verbracht, es ist schon Mittag. Dabei wollte ich doch heute endlich die Hose fertig nähen.

Der Mann und ich machen erst einmal Mittag. Wie gern würde ich jetzt in meinen Garten rausgehen, ein paar Zucchini ernten und sie zusammen mit Nudeln braten oder einen Salat daraus zubereiten. Nur leider: Es gibt im Moment nichts zu ernten. Alle kleinen Zucchinifruchtsansätze sind in der sengenden, schwülen Julihitze der letzten Tage zugrunde gegangen. Und nicht nur das: Die Blätter meiner Zucchinipflanzen haben Mehltau bekommen. Trotz Temperaturen über 30 Grad Celsius hat es draußen rund um die Uhr eine Luftfeuchtigkeit um die 80 Prozent. Das Wetter ist momentan eine sprunghafte Angelegenheit. Einen Tag brennt die Sonne vom Himmel, dann regnet es wieder tagelang. Alle drei Zucchinipflanzen, die grüne, die gelbe und die weiße, sehen deshalb schon katastrophal schlecht aus.

Jeden Abend gehe ich in den Garten, bewaffnet mit einer kleinen Sprühflasche, die mit einem Teil Milch und neun Teilen Wasser gefüllt ist, und sprühe die vom Mehltau befallenen Blätter ein. Diesen Rat habe ich in einem Gärtnerforum gefunden, und die Methode klingt logisch: Mehltau ist ein Pilz, den die Milchbakterien vernichten. Wobei es vermutlich helfen würde, die Pflanzen irgendwohin zu bringen, wo die Luftfeuchtigkeit etwas geringer ist. Ich fürchte, bei den derzeitigen klimatischen Bedingungen sind auch die Milchbakterien hilflos, zumindest sehe ich keine Veränderung, seitdem ich vor einer Woche angefangen habe zu sprühen.

Es gibt also keine Zucchini. Immerhin vier kleine Datteltomaten aus eigener Ernte essen wir zu unseren Stullen, und ich versuche mir auch über diesen minikleinen Ernteerfolg etwas Stolz abzuringen.

Nach dem Essen setze ich mich wieder an meine Hose. Als Nächstes ist der Reißverschluss dran – leider eine Aufgabe, die ich noch schlimmer finde, als Hosentaschen einnähen. Deswegen fange ich jetzt besonders sorgfältig an: Ich bügle erst einmal die Stoffkanten am Hosenstall ordentlich um. Die linke so, dass der Stoff den Reißverschluss genau bis zu den Zähnen verdecken wird. Die rechte Seite so, dass der Stoff den Reißverschluss insgesamt verdeckt. Ich lege den Reißverschluss so hinein, wie er hineingehört: ein schöner Hosenstall wird das, wenn es mir jetzt gelingt, alles gerade und faltenfrei einzunähen.

Mit dem Fingernagel streiche ich den Stoff an der Stelle, an der beide Reißverschlusshälften aufeinandertreffen, noch einmal glatt – und sehe, dass mein Nagel wieder einmal einen dicken Dreckrand hat. Ich laufe, seitdem ich einen Garten habe, ständig mit schwarzen Fingernägeln herum, was mir aber meistens erst auffällt, wenn mir Kollegen ein paar Sekunden zu lang auf die Hände starren und ich ihrem Blick hinterherschaue. Es ist nicht so, dass ich meine Hände nach der Gartenarbeit nicht waschen würde. Ich schrubbe sie sogar mit Handbürste und viel Seife. Aber trotzdem bleiben immer Trauerränder. Klar, ich müsste dann noch mal mit so einem Nagelreinigungsding nachhelfen, aber meistens bin ich einfach schon sehr zufrieden damit, dass die Finger nach dem Waschen nicht mehr dunkelbraun sind, sondern wieder schön rosa. Ich habe schon überlegt, ob vielleicht lackierte Fingernägel eine Lösung sein könnten. Den Schmutz einfach übermalen. Nur wüsste ich dann überhaupt nicht mehr, wie viel Dreck sich unter ihnen befindet – und das ekelt mich dann doch. Also halte ich meine Fingernägel weiter so kurz, wie es eben geht bei wöchentlichem Nachschnitt, und schaue, dass ich sie einigermaßen sauber bürste. Letzten Endes sage ich mir: So sehen Arbeiterinnenhände eben aus. Basta.

Und diese Hände geben sich jetzt besonders viel Mühe, die linke hält den Stoff gut fest, die rechte schiebt ein bisschen nach und dreht das Schwungrad vorsichtig eine Runde weiter, um die letzten Millimeter nicht mit Vollgas, sondern mit Gefühl festzunähen. Dann drehe ich den Stoff um und nähe auf der anderen Seite des Reißverschlusses wieder hinauf. Erneut mit so viel Gefühl und Genauigkeit wie möglich. Ich verriegle die Naht, schneide den Faden ab und schaue mir das Ergebnis an: Der Reißverschluss lässt sich öffnen und schließen, das ist schon mal sehr gut; der Stoff weist keine größeren Falten auf, ebenfalls sehr gut; und abgesehen davon, dass er ein klitzekleines bisschen schief sitzt und die Naht oben auf dem Hosenschlitz einen kleinen Wackler in der Linienführung hat, würde ich sagen – das kann sich sehen lassen. Ein solider Reißverschluss.

Trotz dieses Zwischenerfolges kann ich mich nicht motivieren, heute auch noch den Bund zu nähen. Der muss auf einen nächsten Nähtag warten. Und wenn ich an die schwüle Hitze draußen vor den Fenstern denke, dann passt diese Hose sowieso nicht dazu, dann hätte ich mir heute lieber ein kurzes Flatterröckchen oder einen Bikini nähen sollen.

Stattdessen rufe ich dem Mann zu, der es sich bei weit geöffnetem Fenster auf dem Bett bequem gemacht hat und den Spätnachmittag vertrödelt: »Hast du Lust auf einen Holundersekt?«

»Und wie!«, brüllt er quer durch die Wohnung zurück.

Ich hole den Holunderblütensirup aus dem Kühlschrank und eine Flasche Prosecco. Ich öffne den Schnappverschluss der Holundersirupflasche und erschrecke: Sie ploppt mit einem lauten Knall auf, und sofort beginnt der Sirup zu schäumen, erst kurz vor dem Flaschenhals macht er halt. Irgendwas ist da schiefgelaufen. Sirup schäumt nicht einfach so. Ich schnuppere an der Flasche, es riecht leicht vergoren.

Ich gehe zum Mann ins Schlafzimmer und halte ihm die Flasche vor die Nase: »Riech mal!«

»Hm, riecht nach Holunderblüten, ein bisschen säuerlich.«

»Es hat wie wild geschäumt und geknallt«, erkläre ich ihm.

»Dann hast du jetzt Holundersekt schon fertig in der Flasche«, sagt der Mann und zuckt mit den Schultern.

Ich rieche noch mal an der Flasche und zögere, ob ich das jetzt gut oder schlecht finden soll. Ich meine, wir wollten eh Holundersekt trinken. Aber selbst gemachten Sekt? Ich glaube, dafür bin ich noch nicht bereit.

»Das ist irgendwie eklig«, sage ich. »Das will ich eher nicht trinken. Du?«

»Nee, ich glaube auch nicht. Guck mal, da schwimmt auch so Dickes unten drin. Kipp das mal lieber weg.«

Ich gehe also zurück in die Küche und schütte eine halbe Flasche Holunderblütensirup in den Ausguss. Lebensmittel wegzuwerfen, fällt mir eh schon wahnsinnig schwer. Aber etwas Selbstgemachtes weg zuschütten – mir blutet das Herz.

Ich atme tief durch, fülle zwei Gläser mit Prosecco und lasse je zwei Eiswürfel hineinfallen. Dann gehe ich zum Mann und proste ihm zu: »Auf ein missratenes Gartenjahr!«

»Das wird schon noch«, antwortet er und lässt sein Glas an meines klirren. Wir trinken beide, genießen die Kühle im Bauch, ich angle nach meinem Buch, um es mir so gemütlich wie der Mann zu machen, da hält er mir sein Glas noch einmal hin und sagt: »Auf ein halbes Jahr Selbermachen!«

Ich stutze kurz, stelle fest, dass er recht hat, ein halbes Jahr ist jetzt schon rum, dann hebe ich auch mein Glas noch mal und sage: »Auf das nächste halbe Jahr Selbermachen!«

# Tag 190
# Eine Anschaffung fürs Leben

Ich verbringe meine Mittagspause in der Münchner Einkaufsstraße und bin schon nach wenigen Minuten gestresst. So viele Menschen auf so wenigen Quadratmetern – und das nach so langer Zeit, in der ich überhaupt nie shoppen war und nur ab und zu mal die stets angenehm leere Stoff- oder Kurzwarenabteilung eines Kaufhauses besucht habe.

Aber jetzt haben wir einen Notfall, deswegen muss ich einkaufen gehen. Gestern ist unser Pürierstab kaputtgegangen, und zwar beim Eiscrememachen. »Dafür nimmt man ja auch eine Eismaschine«, hat der Mann mich belehrt. Aber ich will keine Eismaschine. Ich mag es nicht, wenn tausend Geräte in der Küche herumstehen. Und wozu brauchen wir eine Eismaschine, wenn ich doch gerade erst *die* Entdeckung des Jahrhunderts gemacht habe: nämlich, dass man auch mit einem Pürierstab ganz einfach aus gefrorenen Früchten und Milch oder Sahne einen Topf Eiscreme machen kann!

Eigentlich wollte ich mir einen Milchshake machen und hatte einfach zu wenig Milch und zu viele Tiefkühl-Erdbeeren genommen, so bekam ich Eis statt eines Shakes. Also gibt es jetzt seit fast zwei Wochen jeden Abend einen Topf Eis, meistens Erdbeereis, in das ich gerne auch ein paar gehackte Minzeblätter aus dem Garten einrühre. Das ist einfach großartig: an einem Tag mit über 30 Grad Celsius die Arbeit beenden, sich an den Balkon setzen und eine Schale Eis essen.

Nur dass eben gestern plötzlich der Motor des Pürierstabs kapitulierte und sich auch nicht mehr starten ließ, als ich ihn aus der halb gefrorenen Pampe zog. Er hatte wohl einfach die Schnauze voll nach einem halben Jahr fast täglichem Betrieb. Ständig musste er Hummus produzieren oder Suppen pürieren, aus Walnüssen Salsa di Noci machen oder Bananenmilchshakes herstellen. Und jetzt auch noch Eiscreme! Also muss heute ein neuer Pürierstab her, einer mit viel PS, für den gefrorene Erdbeeren ein Klacks sind.

Deswegen laufe ich durch die großen Etagen der Kaufhäuser, und während mein Blick über all die glänzenden, schönen, angepriesenen, stapelweise ausgelegten Waren streift, frage ich mich: Wer braucht das alles?

Schon klar, ich brauche ja gerade in diesem Moment auch einen Pürierstab. Aber hier steht überall einfach … so … unglaublich … viel. Ich fürchte, ich habe den Draht zur Konsumgesellschaft verloren. Einerseits war ein bisschen Abstand ja einer der Gründe für mein Experiment. Andererseits fühle ich mich in diesem Moment auch irgendwie ausgeschlossen – so als sei ich nur zu Besuch im ganz normalen Alltag der anderen Menschen. Ich habe das Gefühl: Konsumieren hält alles zusammen. Es ist das, was alle Menschen tun. Sie gehen arbeiten, um Geld zu verdienen, um Dinge zu kaufen. Konsum ist Teil unseres gesellschaftlichen Kreislaufs. Ist Konsumverweigerung dann nicht zwangsläufig gesellschaftlicher Selbstmord?

Könnte mein Experiment mein Leben radikaler verändern, als ich es mir vorher vorgestellt habe? Könnte ich mich am Ende dieser zwölf Monate ins gesellschaftliche Abseits katapultiert haben?

Aber in eben jenem Abseits lerne ich auch so viele Sachen, die ich sonst nie erfahren hätte. Und zwar nicht nur, wie man Seife macht oder Krapfen backt. Vielmehr verändert sich mein Blick auf die Dinge, die ich normalerweise kaufen würde und nun selber mache. Und bei fast allem denke ich mir: ›Das wird viel zu billig verkauft.‹

Das Selbermachen hat mir jeglichen Geiz genommen. Klar, vieles von dem Schrott, der produziert wird, ist noch nicht mal das wenige Geld wert, das die Läden dafür haben wollen. Aber eine gute Hose zum Beispiel sollte auch gutes Geld kosten dürfen, wenn sie unter guten Bedingungen hergestellt wurde.

Während ich so vor mich hinsinniere, bin ich von Kaufhaus Nummer zwei zum Haushaltswarengeschäft geschlendert und schaue mich in der Ecke mit den Pürierstäben um. Sehr angenehm: Das Angebot ist hier etwas übersichtlicher. In den Kaufhäusern gab es zwanzig, dreißig verschiedene Modelle, in allen Farben, für 15 Euro genauso wie für 120. Hier im Haushaltswarengeschäft gibt es die ganz billigen Geräte gar nicht, und die, die hier stehen, sehen alle recht robust aus. Ein Pürierstab hat es mir besonders angetan: Er ist groß, etwas schwerer als mein alter, der Korpus ist massiv, der Pürieraufsatz selbst aus Edelstahl. Er sieht eher aus, als könnte man damit die Schrauben eines Jumbojets festziehen, und würde in der Abteilung für schweres Werkzeug nicht weiter auffallen. Für den dürften die Erdbeeren ein Klacks sein.

Nur der Preis ... Ich schlucke, aber ich will meinen neuen Vorsatz beherzigen und lieber etwas kaufen, das lange hält, als irgendwelchen Elektroschrott, den ich alle paar Jahre ersetzen muss, wodurch ich dann insgesamt genauso viel Geld ausgebe.

Ich rufe den Mann an, er solle sich das Teil mal kurz im Internet anschauen. Ich höre ihn tippen und klicken, und dann sagt er: »Ja, geil. Kaufen.«

Am Abend nach dem Essen gebe ich gefrorene Erdbeeren und etwas Milch in einen Topf, packe den Pürierstab und frage den Mann: »Willst du, oder soll ich?«

»Och, mach du mal. Irgendwie macht der mir Angst«, sagt er. Ich dachte, der Mann würde sich gleich auf den Pürierstab stürzen, eben weil er so ein cooles Spielzeug ist, das nach ordentlich Wumms aussieht. Aber ich bin ja auch die mit der Bohrmaschine. Für Wumms bin also ich zuständig.

Ich halte den Pürierstab in den Becher, drücke den Powerknopf und regle langsam Stufe für Stufe hoch. Nach zwanzig Sekunden steht ein Becher geschmeidig zerquetschtes Eis vor mir. Gute Anschaffung.

Wir setzen uns an den Balkon, endlich kühlt der Tag etwas ab, die letzten Sonnenstrahlen scheinen zu uns herein, und ich denke an die Zucchini und Kürbisse unten im Garten. Mein Garten macht mich momentan wehmütig: Mein Milchsprüheinsatz bringt nichts, der Mehltau breitet sich weiter aus. Und mittlerweile sind alle Früchte, die sich je an den Pflanzen gezeigt haben, weggegammelt. Sie haben vor der Hitze einfach kapituliert. Dabei hatte ich bei jeder neuen Mini-Zucchini und jedem murmelgroßen Kürbisspross innerlich gejubelt und sie angefeuert: Sie sollen schön wachsen und sich nicht von der Hitze verrückt machen lassen! Ich hatte die Pflanzen in den Schatten geschoben und abends, nach Sonnenuntergang, gegossen und eingesprüht. Half alles nichts, ich werde wohl langsam Abschied nehmen müssen von den Kürbisgewächsen. Ich bin überrascht, wie empfindlich sie sind, denn im Gegensatz zu Kürbis und Zucchini stehen die Tomaten 1 a da, und die Kartoffelpflanzen zeigen sich auch ziemlich unbeeindruckt.

Die Pflanzen oben am Balkon scheinen den Sommer sogar richtig zu genießen. Klar, hier stehen auch nur die Sonnenanbeter, immerhin werden sie ab dem frühen Nachmittag bis zum Sonnenuntergang beschienen.

Aber neben dem Topf mit dem Salbei liegen schon wieder diese komischen kleinen schwarzen Krümel. Vor ein paar Tagen tauchten sie zum ersten Mal auf, ich zeigte sie dem Mann und fragte, was das sein könnte. »Vielleicht von einer Raupe?«, vermutete er.

»Keine Ahnung. Sieht so Raupenkacke aus?«, fragte ich zurück.

Wir starrten eine Viertelstunde in den sehr grünen Salbei, bis der Mann tatsächlich eine sehr grüne Raupe entdeckte.

Ich nahm sie zwischen die Finger und schmiss sie im hohen Bogen vom Balkon.

Jetzt sind da wieder kleine schwarze Köttelchen, das heißt, da ist noch eine Raupe. Der Mann starrt wieder in den Salbei, findet eine – irgendwie fehlt mir das entsprechende Gen, das ihn die Viecher sehen lässt –, lässt sie mich vom Balkon schmeißen, starrt weiter, findet eine weitere Raupe – und nachdem er den ganzen Salbei Stängel für Stängel untersucht hat, schmeiße ich eine dritte Raupe vom Balkon.

Ich bin wütend auf den Gartengott. Reicht es denn nicht, dass er mir meine Kürbispflanzen nimmt, müssen es jetzt auch noch die Kräutertöpfe sein? Wofür nur werde ich bestraft?

## Tag 191
# Vom Fressen und Gefressenwerden

In unserer Küche ist es etwas unübersichtlich geworden. Die Rührschüssel, in der ich den Brotteig ansetze und gehen lasse, steht seit Anfang Mai eigentlich immer auf dem Tisch herum. Ein Nachteil des *no-knead bread* – bisher der einzige, den ich entdecken konnte: Entweder die Schüssel steht mit frisch angesetztem Teig herum oder mit Teigresten und wartet darauf, abgewaschen zu werden. Und wenn ich endlich dazu gekommen bin, setze ich meistens schon wieder das nächste Brot an. Daneben steht stets der Topf, in dem ich das Brot backe. Ebenfalls entweder frisch befüllt für eine letzte kurze Gehzeit oder leer im Wartemodus vor dem Abwasch. Aber auch wenn er abgewaschen ist, stelle ich ihn eigentlich nie dorthin zurück, wo er früher stand: in die hinterste Ecke im untersten

Regalboden des Küchenschranks. Dieser Topf hat nämlich überhaupt erst mit dem *no-knead bread* seine Bestimmung gefunden. Ich habe ihn von meiner Mutter bekommen, als sie ihr eigenes Geschirr aussortierte und dabei eben unter anderem dieser tolle glasierte Tontopf mit Deckel übrig blieb – stilecht 70er-Jahre mit rot-blauen Prilblumen. Den musste ich allein schon aus ästhetischen Gründen haben.

Außerdem schiebe ich die Nudelmaschine alle paar Tage von einer Ecke in die andere. Im Weg steht sie eigentlich überall. Ich stelle fest: Wir brauchen ein kleines Küchenregal. In das ich Nudelmaschine und Backtopf stellen kann. Eigentlich ist es zu warm fürs Handwerkern. Aber ich habe heute auch keine anderen Pläne, also überwinde ich mich, das Regal in Angriff zu nehmen.

Als ich den Unterbau der alten Schrankwand meiner Eltern zu einem Sideboard für meine Wohnung umfunktionierte, ist ein Brett übrig geblieben – helles Eichenholzfurnier. Dieses Brett steht seitdem auf dem Dachboden und wird jetzt von mir zum Küchenregal-Material erklärt. Es ist 90 Zentimeter lang und 35 Zentimeter breit, ließe sich also ideal in drei je 30 × 35 Zentimeter große Bretter zerschneiden, die wiederum ideal in die Lücke zwischen Kühlschrank und Küchenwand passen würden. Wo bislang einfach nur etwas versteckt der Mülleimer steht. Stauraumtechnisch aber ist alles über dem Mülleimer verschwendeter Platz.

Ich überlege, wie ich die Bretter dort in die Ecke kriege. Immerhin ist so eine Übereck-Anbringung statisch etwas knifflig: Hält das Brett die Nudelmaschine aus, wenn es nur an den zwei nebeneinanderliegenden Seiten angebracht ist? Sind in diesem Fall Winkel besser oder schmale Leisten, die ich an den Wänden befestige, um das Brett daraufzulegen und zu verschrauben?

»Auf jeden Fall Winkel!«, sagt der Mann.

»Ich würde sagen: Leisten«, antworte ich. »Mit Winkeln

hebelt sich das Brett schneller aus, weil die Last nur auf ein paar Punkten liegt.« Ich schaue nachdenklich auf die Wand, an der ich die Bretter anbringen will.

»Winkel sind aber vertrauenserweckender«, sagt der Mann.

Jetzt schaue ich ihn an und frage: »Wollen wir mal zusammen durch die Wohnung gehen und nachzählen, wie viele Winkel oder Bretter du in dieser Wohnung angebracht hast?«

Der Mann muss lachen. »Okay, dann nimm eben Leisten.«

»Hast du trotzdem Lust, in den Baumarkt zu fahren?«, frage ich.

Wir setzen uns ins Auto und legen das Brett in den Kofferraum. Im Baumarkt suche ich eine drei mal vier Zentimeter starke Leiste aus einem überwältigend vielfältigen Leistenangebot heraus und nehme sie, den Mann und das Brett mit zum Zuschnitt. Dort erkläre ich dem Baumarkt-Mitarbeiter, sechs 28 Zentimeter lange Leistenstücke und ein gedritteltes Brett haben zu wollen. In wenigen Handgriffen an seiner Riesenmaschine hat er alles zerstückelt, und wir sitzen wieder im Auto, mit den Einzelteilen unseres zukünftigen Regals.

Zu Hause trinke ich erst mal einen halben Liter Wasser auf ex und versuche, wenigstens um ein paar Grad abzukühlen. Draußen sind über dreißig Grad Celsius, und mit Brettern bepackt vom Parkplatz nach Hause zu laufen, war nicht das, was man unter diesen Umständen tun sollte.

Ich beschließe, dass wir uns erst einmal eine Pause verdient haben, püriere uns zwei große Portionen Erdbeereis zurecht und setze mich an den Balkon. Was für eine beknackte Idee, an so einem schönen Tag ein Regal bauen zu wollen. Von Löffel zu Löffel festigt sich der Gedanke, heute vielleicht doch lieber zum See zu fahren.

Als ich dann aber den letzten Löffel Eis aus der Schüssel gekratzt habe, sage ich laut »So!«, erschrecke den dösenden Mann und überliste mich selbst mit meiner vorgetäuschten

Tatkraft. Ich weiß nämlich ganz genau, wie das ist: dass eigentlich nichts dagegen spricht, jetzt mit dem Bauen anzufangen, sondern dass ich wie immer, wenn ich etwas machen will und soll, das ich vorher noch nicht oder lange nicht mehr gemacht habe, einfach eine komische Scheu vor dem ersten Schritt habe. Dabei weiß ich, etwas tiefer in mir drin, dass ich einfach Schiss habe vor dem ersten Handschlag. Und wenn ich den dann doch einmal getan habe, bin ich immer wieder überrascht, wie viel Spaß das Basteln und Bauen macht – dass ich nur eben einfach anfangen muss.

Also messe ich den Abstand der Leisten an den Wänden ab, markiere die Punkte für die Dübel, hole mir die Bohrmaschine, drücke dem Mann den Staubsauger in die Hand, um den Bohrstaub gleich aufzusaugen, bohre in wenigen Minuten die zwölf angezeichneten Löcher in die Wand, stöpsle Dübel hinein, bohre feine Löcher in die Leisten vor, treibe dort die Schrauben durch, rein in die Dübel in der Wand und rüttle zum Schluss ein bisschen an den Leisten, die aber bombenfest an der Wand hängen.

Ich markiere an den Rändern der Regalböden die Stellen, durch die gleich die schmalen Schrauben zur Verbindung von Brett und Leiste durchmüssen, bohre sie schmal vor, lege die Bretter auf die Leisten und drehe dann – ssst, ssst, ssst, ssst – die Schrauben durch die Bretter in die Leisten. Mit dem Akkuschrauber ist das eine Sache von Minuten. Ich hole nacheinander die Nudelmaschine, den Prilblumentopf und die Schüssel für den Brotteig und stelle alles jeweils auf ein Brett. Fertig. Und dann kommt das Beste: dieses Gefühl, das sich in mir breitmacht. Eine Mischung aus Stolz, dass dieses Regal hängt, und einem Siehste-es-geht-doch-Gefühl dem inneren Schweinehund gegenüber. Ich setze mich zufrieden wieder an den Balkon, drehe meinen Stuhl aber Richtung Kühlschrank und Regal und bewundere meine Arbeit.

»Schickes Regal«, sagt der Mann. »Mal sehen, ob die Leisten halten oder ob Winkel besser gewesen wären.«

Ich knuffe ihn in die Seite. Frechheit.

»Was hältst du davon, wenn ich uns frische Pasta koche? So zur Belohnung?«, fragt er.

Sehr viel natürlich. Und noch mehr halte ich von seinem Abendwerk, als ich von ihm eine Nudel aus dem Nudelwasser gefischt bekomme, zum Kosten. Der Mann hat sie diesmal nur bis auf Stufe vier ausgewalzt und sie dann auch nicht durch die Spaghettiwalze gedreht, sondern mit dem Messer in breite Streifen geschnitten. Sie schmecken großartig. Ich sage ihm: »Frechheit, dass du der bessere Nudelselbermacher bist!«

Ich zupfe am Balkon eine letzte Handvoll Salbei. Die Fressattacke der Raupen hat der Pflanze so zugesetzt, dass sie eingeht. Verdammte Raupen!, denke ich. Vor allem, weil Salbei eigentlich im Garten die Aufgabe hat, Raupen von den Pflanzen fernzuhalten, habe ich gelesen. Nun weiß ich nicht, ob das geschieht, indem die Pflanze alle Raupen auf sich zieht – verstanden hatte ich es eher so, dass sie mit ihrem intensiven Geruch Raupen aus dem Garten vertreibt. Aber das hier sind wohl hartgesottene Stadtraupen, mit einem Hang zur Drogensucht. Die haben sich mit den ätherischen Ölen meines Salbeis tagtäglich einen fetten Rausch angefuttert.

Und so traurig ich über den Verlust meines Salbeis bin, so sage ich mir doch: Nicht nur in freier Wildbahn, auch im Garten heißt es: Fressen und gefressen werden.

Deshalb fressen der Mann und ich jetzt auch die letzten, in Butter gerösteten Salbeiblätter mit den Nudeln.

# Tag 199
## Heute bleibt die Küche kalt

Eigentlich würde ich jetzt gern einen Blaubeerkuchen backen oder Hefeklöße mit heißem Blaubeerkompott machen, aber es gibt keine Blaubeeren. Also im Laden schon, ja. Der Plan war nur: selbst sammeln.

Gestern früh fragte ich den Mann, ob er mit mir in die Blaubeeren fahren wolle, und er antwortete: »Ich komme mit, allein schon, weil ich dich so gern sagen höre: Wir fahren in die Blaubeeren.« Also fuhren wir in die Berge, in die kleine Hütte seiner Eltern. Wir hatten nicht nur Sonnencreme und Badesachen dabei, sondern auch ein ganzes Bataillon Einmachgläser. Denn als wir das letzte Mal dort waren, hatten wir riesige Waldbodenareale voller Blaubeerpflanzen gesehen, an denen kleine, noch fast durchsichtige Früchte hingen. Die, wenn wir richtig gerechnet hatten, jetzt prall und dunkelblau sein müssten. Waren sie aber nicht.

Keine einzige Blaubeere war zu sehen.

Wir standen also im Wald und wunderten uns. Und wir entwickelten verschiedene Theorien: Diese Pflanzen sind gar keine Blaubeerpflanzen, sondern sehen nur so aus. Und das Weißliche, was da an ihnen dranhing, waren ihre Blüten, aus denen aber keine Beeren werden. Oder: Die Tiere dort im Wald sind extrem ordentliche Esser und haben jede einzelne Blaubeere schon aufgefressen und dabei wirklich keine einzige übersehen.

Überzeugt waren wir von keiner der beiden Theorien. Wir ertränkten unsere Enttäuschung im Bergsee und beschlossen, das Wochenende auch ohne Heidelbeerernte super zu finden.

Als ich mich jetzt telefonisch bei der Mutter des Mannes beschwere, die Blaubeerernte sei eine große Pleite gewesen, sagt sie, mindestens genauso empört wie ich: »Keine einzige Beere! Genau. Wir waren letztes Wochenende oben und waren genauso überrascht wie ihr.«

Oha, dann wären an diesem Wochenende die Blaubeeren eh schon abgeerntet gewesen, denke ich mir.

»Es ist wirklich merkwürdig«, spricht die Mutter des Mannes weiter, »in den letzten Jahren haben wir nämlich kiloweise Beeren gesammelt.«

»Was ist nur mit diesem Jahr los?«, frage ich eher mich als sie. Denn es scheint wie verhext: Kaum will ich hier mal einen auf Selbstversorger machen, stellen sämtliche Nutzpflanzen ihr Wachstum ein oder sterben plötzliche Hitze-, Regenoder Raupentode.

Wir schimpfen beide noch eine Weile am Telefon über dieses miese Gartenjahr. Denn auch der Mutter des Mannes sind im Garten fast sämtliche Zucchini eingegangen. Das bayerische Wetter meint es in diesem Jahr einfach nicht gut mit Gärtnern. Erst vier Früchte habe sie ernten können, und wenn ich an die Geschichten des Mannes denke, dass es in seiner Kindheit wochenlang nichts anderes als Zucchini gegeben hatte, dann muss diese Vier-Zucchini-Ernte seiner Mutter tatsächlich einer Katastrophe gleichkommen.

Also stecke ich meine Hände anstatt in einen Blaubeerkuchenteig nur in die Brotteigschüssel und bette den Teig in den Topf, um ihn später fertig zu backen. Wie lange habe ich mich schon auf Hefeklöße mit Blaubeerkompott gefreut oder eben auf einen warmen Blaubeerkuchen! Stattdessen wird es am Abend nur eine Brotzeit geben. Meine Laune ist wirklich mies. Ich decke den Topf mit dem Teig ab und stelle ihn an seinen Platz auf dem neu gebauten Regal.

Ich schalte den Computer ein und finde in meinem Postfach eine Mail von Frau Liebe. Ich hatte sie gefragt, ob es sie eigentlich auch mal Überwindung kostet, neue Projekte anzupacken. Wenn man sich ihren Weblog nämlich so anschaut, kann man auf die Idee kommen, diese Frau hat zehn Ausbildungen hinter sich und hat vor nichts Bammel. Sie renoviert alte Möbel genauso wie alte Klamotten, kann schneidern, basteln, kochen, stricken, häkeln und bekommt selbst dann keine Angst, wenn sie mit 25 Kilo Zement in einer Küche ohne Fußboden steht. Und tatsächlich schreibt sie: »Ich bin nicht besonders unsicher, wenn es darum geht, etwas selber zu machen. Ich denke ›Ach, wie kompliziert kann das schon sein‹ – und manchmal wird's gut, manchmal fürchterlich. Lernen lässt sich aus jedem Versuch, egal, wie das Ergebnis ist.«

Und dann antwortet sie noch auf meine Frage, warum so viele Selbermachblogs so wahnsinnig toll aussehen – mit hübschen Fotos, auf denen das Selbstgemachte immer perfekt aussieht – und ob das die Menschen, die das lesen, nicht einschüchtert, weil sie sich denken: ›So schön kriege ich das sowieso niemals hin.‹. Frau Liebe schreibt: »Wenn ich andere Blogs lese, die bis ins kleinste Detail durchgestylt sind, gibt es schon mal kurze Momente, in denen ich denke, dass es doch schön gewesen wäre, heute auch mit meinen drei perfekt gekleideten Kindern bei 23 Grad Celsius im Schatten im Wald kleine Hütten aus Stöckchen zu bauen, während mein perfekter Mann schon mal den Rotwein aufmacht. Dann fällt mir aber ziemlich schnell ein, dass auch in der perfekten Welt die Katze auf den neuen Teppich gekotzt hat, wenn die Familie vom Waldspaziergang zurückkommt. Irgendwo habe ich mal gelesen: ›When life is shit, put glitter on it.‹ Bei jedem laufen Sachen schief, manchmal nur ein bisschen und manchmal so, dass es kaum auszuhalten ist. Aber das will man nicht unbedingt gleich der ganzen Welt vor den Latz knallen. Auch mein Blog funktioniert nur als glücklicher Ort. Ich möchte nicht, dass Leute, die mit ihrem Feierabendbier in der Hand meinen Blog lesen, sich hinterher erst mal wieder davon erholen müssen, was bei mir heute schon wieder alles mies gelaufen ist.«

Frau Liebes Einstellung gefällt mir. Und ich beschließe, dass heute Abend bei der Brotzeit der *glitter* etwas Blaubeermarmelade vom letzten Jahr auf einer frisch gebackenen Stulle sein wird.

*Tag 211*
## Zonenschick, Zonenstrick, Zonenglück

Ich habe mir ein Wochenende »wie früher« gegönnt. Was heißt: Am letzten Wochenende haben der Mann und ich einfach mal gar nichts gemacht, wir haben ewig gefrühstückt, dabei Zeitungen und Zeitschriften gelesen – ich konnte mir aussuchen, ob ich welche von vor einer, von vor acht oder von vor zwölf Wochen lesen wollte, sie lagen alle ungelesen auf einem Stapel –, und irgendwann haben wir Brotzeit gemacht, sind raus an die Isar, haben dort wieder gelesen, und am Abend sind wir noch essen und ins Kino gegangen. Mit meinen Händen habe ich nichts gemacht außer Seiten umgeblättert und mir Essen in den Mund geschoben.

Doch an diesem Wochenende wird es nichts mit Faulenzen an der Isar. Es regnet.

Es soll sogar kühler werden, so die Wettervorhersage. Um wenigstens unsere Mägen zu wärmen, mache ich zum Abendessen Quarkkeulchen. Vor ein paar Tagen bin ich im Slow-Food-Magazin über das Rezept gestolpert und habe mich sofort an meine Kindheit erinnert: In der Schulspeisung, also dem Mittagessen in der Schule, hat es oft Quarkkeulchen gegeben, und auch zu Hause – ein typisches, einfaches Berliner Essen.

Ich koche Kartoffeln und zerquetsche sie zusammen mit

Quark, Rosinen, Mehl, Zucker und etwas Zitrone, dann forme ich mit den Händen kleine Keulchen, brate sie von beiden Seiten ein paar Minuten lang an und lege die fertigen Keulchen auf einen Teller im warmen Ofen.

Nebenbei höre ich im Radio etwas über Fischfang in der Nordsee. Radiohören ist für mich zu einer Art Nebenhobby geworden. Vor allem am Wochenende, wenn ich oft mehrere Stunden in der Küche verbringe, weil ich Kuchen backe und koche und dann ja auch alles wieder aufräumen muss, lerne ich erstaunliche Sachen aus den Radioreportagen. Deshalb habe ich auch bald nach Beginn meines Selbermachjahres den Sender von B5 aktuell auf Deutschlandfunk umgestellt. Früher lief sowohl im Bad als auch in der Küche B5, weil dort alle 15 Minuten Nachrichten kommen – das hieß, in der kurzen Zeit, in der wir uns im Bad oder in der Küche aufhielten, bekamen wir auf jeden Fall einmal die Nachrichten mit. Wenn man aber zwei Stunden in der Küche hantiert und dann zum achten Mal die gleichen Nachrichten vorgelesen bekommt, nervt das. Jetzt, mit den langen Interviews, Reportagen und Diskussionsrunden, fühle ich mich immer topinformiert. Auch über abseitigere Themen wie Altarmalerei oder die Umweltpolitik in Neuseeland.

Der Mann kommt in die Küche und brummt: »Mhhh, das riecht gut. Ich decke den Tisch, dann kann's gleich losgehen.«

Er schluckt beim Tischdecken immer wieder geräuschvoll. Auch mir läuft das Wasser im Mund zusammen, die letzten Keulchen nehme ich ungeduldig aus dem Fett und lege sie auf unsere Teller. »Guten Appetit«, sage ich zum Mann. »Oder wie man bei uns sagen würde: 'n juten!«

»An guadn!«, sagt er und steckt sich schon den ersten Bissen in den Mund.

Die Quarkkeulchen sind gut geworden, sie schmecken nach Berlin, und erstaunlicherweise gleichzeitig nach Sommer in Berlin und nach Winter bei Oma. Ein bisschen auch nach Ferienlager in Brandenburg. Als Kind war es mir gar nicht bewusst, dass es dieses Essen anscheinend ziemlich oft gab. Vermutlich deshalb nicht, weil es jedes Mal ein tolles Essen war, schön süß und fettig, wie sich Kinder eben eine perfekte Mahlzeit vorstellen.

Ich neige nicht zu Ostalgie, ganz im Gegenteil, aber jetzt denke ich an damals und erzähle dem Mann von Quarkkeulchen in der DDR, von meinen Sommern im Ferienlager und vom Schulessen und vom Nachmittagshort und dass wir dort eine Erzieherin hatten, die mit uns wahnsinnig viel gebastelt hat. »Ich weiß gar nicht, wo das ganze Zeug gelandet ist«, sage ich. »Vielleicht hat es meine Mutter nach und nach entsorgt? Ich meine, was will man mit so viel Schrott in der kleinen Plattenbaubude?«

Der Mann hört mir geduldig zu, holt einen neuen Schwung Quarkkeulchen aus dem Ofen und legt sie auf unsere Teller. Dann sagt er: »Ich find's gut, dass bei euch echt jeder gelernt hat, mit seinen Händen zu arbeiten.«

Ich erzähle ihm auch vom Unterrichtsfach »ESP – Einführung in die Sozialistische Produktion«, das ich glücklicherweise nicht mehr, meine ältere Schwester aber sehr wohl noch hatte, und dass sie in diesen Unterrichtsstunden in einer Fabrik Muttern auf Schrauben drehen musste. Wir lachen uns ein bisschen kaputt über diesen Irrsinn.

Aber eigentlich hat er schon recht: Im Osten konnte jeder etwas Sinnvolles mit seinen Händen anfangen. Vor allem aber hatte Selbermachen nichts mit Sinnsuche zu tun. Ganz im Gegenteil. Es war einfach notwendig.

In der Planwirtschaft gab es eine Reihe von Dingen abwechselnd im Überfluss oder gar nicht, manches war permanent Mangelware. Also halfen sich die Menschen selbst, bastelten, tauschten oder funktionierten Waren kurzerhand um. Sie bauten sich Rasenmäher und sogar Landwirtschaftsmaschinen aus Einzelteilen zusammen, und jeder konnte irgendwie mauern, löten, schweißen, nähen, backen, kochen. Wer es nicht konnte, ließ es sich vom Nachbarn oder von der Freundin zeigen, erzählte mir meine Mutter mal. Ich kannte es von zu Hause ja genau so. Und wuchs in dem Bewusstsein auf, dass man eigentlich fast alles selbst machen kann – ein Ostbewusstsein, wie ich heute glaube. Nur dass es bei mir über die Jahre hinweg ein wenig verschüttgegangen ist.

Wobei ich meine Herkunft relativ lange noch daran merkte, dass ich vieles aufhob, weil ich »daraus ja noch was machen könnte«. Als Kind und Jugendliche neigte ich gefährlich zum Messietum. Als ich auszog, schmiss ich fast alles aus meinem Kinder- und Jugendzimmer weg, auch weil ich feststellen musste, dass ich aus all den Stoffresten, Papierfetzen, Papprollen, Eisen- und Plastikteilen in den vergangenen Jahren eben doch nichts gemacht hatte und wohl auch nicht mehr machen würde.

Zum Umfunktionieren von Waren las ich einmal in einem Interview mit Dorothea Melis, der ehemaligen leitenden Moderedakteurin der Ost-Modezeitschrift *Sibylle:* »In den 80er-Jahren gab es in der DDR kaum noch Bettlaken aus Baumwolle oder gutem Leinen. Denn daraus wurden Röcke, Hemden und Blazer gemacht. Damals waren – von den Hippies inspiriert – fließende Folklorehemden angesagt. Die Stoffe wurden dann selbst gefärbt, gebatikt, bestickt und paspeliert. In der DDR hatte sich eine ganze Mode-Subkultur entwickelt, die auf Märkten verkauft wurde.«

Und bei *Spiegel Online* stand: »Die Kleidung, die in den Zeitschriften zu sehen war, diente daher vor allem einem: Die Looks so zu präsentieren, dass man sie leicht nachschneidern konnte. (…) Die Mode in der DDR war in der Regel Mode Marke Eigenbau. Frauen ohne eine eigene Nähmaschine, so der Eindruck, gab es gar nicht. (…) Die Strategie, sich mit Vintage-Stücken auszustatten, um sich dem Mode-Diktat zu entziehen, ist heute dem Drang zur Individualisierung geschuldet – in der DDR war es eine modische Überlebenstaktik.«

Überhaupt kann ich mich gut erinnern, dass wir immer viele Zeitschriften zu Hause hatten. Sie waren meistens schon ganz abgegriffen, die Schnittmuster und Bauanleitungen darin waren teilweise zerrissen, weil sie so oft mit dem Kopierrädchen traktiert worden waren, einem Zackenrädchen an einem Griff, mit dem man durch das Papier hindurch Schnittmuster als Löchlein-Linien auf das darunterliegende Zeitungspapier kopieren konnte. Meine Mutter und ihre Freundinnen tauschten die Zeitschriften untereinander. Ein Schnittmuster aus der *Sibylle* wurde teilweise bis zu eine Million Mal nachgenäht, stand in dem Interview mit Dorothea Melis.

Es gab außerdem die Zeitschrift *Guter Rat*. Die gibt es immer noch. Aber bis 1990 waren darin immer wieder Bauanleitungen zu finden, heute gibt *Guter Rat* vor allem Verbrauchertipps. Beides finde ich sehr exemplarisch für die jeweilige Warengesellschaft: selbst machen hier, kaufen da.

Es ist wohl aber noch heute so, dass in Ostdeutschland allgemein mehr gebaut und selbst gemacht wird, von der Marmelade bis zur Autoreparatur. Laut Branchenreport *b+h markt* lassen Ostdeutsche mit 331 Euro jährlich 84 Euro mehr im Baumarkt als Westdeutsche, die dort 247 Euro ausgeben.

Der Mann schaut mich etwas gequält an, wohl weil ich ihn das ganze Essen lang vollgequatscht habe. Damit, dass es in der DDR eben keine Fertigpizza und keine Dosenwaren gab und dass deswegen überall zu Hause selbst gekocht wurde. Oder dass es eben viel leichter war, an einem Trabi herumzuschrauben, in dem es keinerlei Elektronik gibt, als ein modernes Auto zu reparieren, das man ja nicht mal mehr aufgeschlossen kriegt, wenn die Elektronik versagt.

»Du bist mir unheimlich«, sagt der Mann. »Ich habe dich noch nie so von der DDR schwärmen hören.«

»Ich schwärme vom Selbermachen, das ist ein Unterschied. Auf den ich Wert lege.«

# Tag 219
## Das Leben ist so einfach

An diesem Samstagnachmittag Anfang August sitze ich um Viertel nach vier mit dem Anderlbauer im Chiemgau am Brotzeittisch, schneide ein Stückchen von seinem Ziegencamembert, dem »Ziegenbert«, ab und verstehe, warum er vor 23 Jahren unbedingt Käse machen wollte: Das will ich nämlich auch können, solchen Käse.

In den beiden letzten Stunden ist alles noch recht theoretisch geblieben – Johann Huber, der Huber Hans, wie der Anderlbauer eigentlich heißt, hat mir seinen Hof gezeigt. Den zwei mal drei Meter kleinen ehemaligen Hühnerstall, den er selbst gekachelt hat, um anfangs dort, im fensterlosen Raum unter dem Heuschuber, vier Jahre lang jede Woche 30 Kilo Käse zu rühren. Er hat mir die Schafe gezeigt. Die Salatzucht. Den Weinkeller. Die Werkstatt. Und natürlich die Käserei.

Er erzählt, wie es kam, dass er, der eigentlich gelernter Zimmermann ist, zu einem wurde, dessen Käse nicht nur im Hofladen im Chiemgau verkauft, sondern auch in feinen Küchen wie der des Hotel Adlon serviert wird: Der Schreiner Konrad und der Bauer Sepp fragten den Zimmerer Hans so lange, ob er nicht eine Käserei eröffnen wolle, bis der Ja sagte. Sie wussten damals schon, wie gut der Käse vom Huber Hans schmeckte, denn er machte ab und zu welchen. Als Hobby.

Also lieferten, nachdem Hans endlich Ja gesagt hatte, Konrad und Sepp die Milch von ihren Ziegen, Schafen und Kühen bei ihm ab, und er machte daraus und aus der Milch seiner eigenen Schafe einen – wie seine Kunden sofort fanden – hervorragenden Käse.

Zuerst nur für den Hofladen. Doch wer vom Selbermachen leben will, das lerne ich, während Johann Huber erzählt, der darf nicht nur die Hände benutzen, sondern muss auch seinen Kopf anstrengen. Sein Geschäft kam richtig in Schwung, als er Etiketten mit seinem Namen auf den Käse klebte und ihn nicht mehr »nackt« im Hofladen verkaufte. Dieses Etikett sah dann zum Beispiel der Brotzeit-Besuch des Käufers und kam beim nächsten Mal gleich selbst vorbei, um ebenfalls Hubers Käse zu kaufen.

Es sprach sich also im Laufe der Jahre herum, dass da einer was vom Käsemachen versteht. Ein Delikatessengroßhändler aus dem Chiemgau nahm Hubers Produkte mit ins Sortiment, und so landete der Anderlbauer-Käse dann auch auf den schicken Tellern des Hotel Adlon, in der Kantine des Deutschen Bundestages oder auf den Gabeln der Prominenz im Borchardt's. Manche seiner Käse reisen heute sogar bis nach Washington und Wisconsin, wo es einen Delikatess-Ladenbesitzer gibt, der ebenfalls Fan vom Anderlbauer ist.

Aber jetzt sitzen wir gemeinsam im oberbayerischen Frasdorf in der Mitarbeiterküche, und Johann Huber gießt ganz normale Milch in eine ganz normale Glasschüssel, stellt diese – »Ausnahmsweise!«, sagt Huber – in die Mikrowelle. 35 Grad Celsius warm muss die Milch sein. Er tunkt den Zeigefinger hinein, und ich frage erstaunt: »Sie können mit dem Finger die Temperatur messen?« Er grinst mich nur an. Klar, warum soll er das nicht können? 23 Jahre Berufserfahrung, da weiß auch der kleine Finger, wann die Milch 35 Grad hat.

»Haben Sie so auch angefangen? Einfach mit einem Topf in der eigenen Küche?«, frage ich ihn.

»In der Küche meiner Mutter. Mit einem 50-Liter-Topf. Meine Mutter ist fast verrückt geworden. Weil, wissen'S, da tropft auch mal was daneben. Und so eine Ziegenmilch, wenn da was liegen bleibt, das gibt einen g'scheiten Mief. Meine Mutter ist fast narrisch geworden.«

Und auch die 200 nicht gerade geruchsarmen Käse, die Johann Huber dann erst mal im Keller der Eltern lagerte, scheinen den einen oder anderen Streit zwischen Mutter und Sohn befeuert zu haben, jedenfalls deutet er das an.

Aus einem kleinen Fläschchen holt er eine Messerspitze voll mit einem körnigen weißen Pulver. Ein paar Krümel schüttet er auf meine Hand. »Kosten'S! Das ist Lab.«

Wirklich? So pur? Jetzt gleich? Lab ist ein Enzym, das aus getrockneten Milchkalb- oder Milchzicklein-Mägen gewonnen wird. Aber ich bin Vegetarierin, und die Vorstellung, zermahlenen Kalbsmagen zu essen, behagt mir nicht auf Anhieb. Neugierde und Widerwille ringen einen Moment miteinander, dann lecke ich die Krümel von meiner Handfläche.

Johann Huber schaut mich erwartungsvoll an. »Salzig und ein bisschen käsig«, sage ich. Das scheint für ihn der Startschuss zu sein, denn er schiebt den kleinen Pulverhaufen, den er aus dem Lab-Fläschchen genommen hat, mit dem Messer in die Milch. Das Lab wird jetzt die Milcheiweißketten so aufspalten, dass die Milch eindickt, aber nicht sauer wird wie beim Joghurt zum Beispiel, erklärt er mir. Am besten arbeitet das Lab bei Körpertemperatur, also 35 bis 37 Grad Celsius.

Tja, schön und gut, werfe ich ein, aber jetzt hat ja nicht jeder zu Hause ein Fläschchen mit Lab herumstehen. Auch ich nicht. Woher kriegt man das denn? »Aus der Apotheke«, sagt er. In der Apotheke bekommt man wirklich alles, denke ich mir. Chemikalien wie Natriumhydroxid genauso wie Käsezutaten, und auch Lebensmittelfarbe habe ich schon mal in der Apotheke gekauft – nachdem mir die beste Freundin den Tipp gegeben hatte. Ich wäre nicht auf die Idee gekommen, deswegen in eine Apotheke zu gehen.

Als ich später in der Apotheke nachfrage, werden sie mir mitteilen: Hundert Milliliter Lab-Ferment kosten rund zehn Euro; und auf der Packung steht, um aus einem Liter Milch Käse zu machen, braucht man 5 Tropfen davon. Eine lohnende Anschaffung.

Langsam wird die Milch vor mir auf dem Tisch dicker, sie

sieht aus wie etwas zwischen dicker Buttermilch und sehr flüssigem Kartoffelbrei. Es muss aber eher so etwas wie milchige Götterspeise daraus werden. Unser Käse braucht noch etwas Zeit.

Also frage ich Johann Huber noch ein bisschen über seine Leidenschaft für Käse und das Leben auf dem Bauernhof aus. Beides hat nämlich miteinander zu tun. Denn dass er sich für Käse entschieden hat, war nicht vorauszusehen. Klar, Johann Huber liebt Käse, am meisten Feta, und er mag alte Handwerkstraditionen, aber er hätte auch Schäfer werden können oder Zimmermann bleiben, oder er hätte sich auf Obstbrände spezialisieren können. Denn wer auf dem Bauernhof aufwächst, der lernt alles ein bisschen. In seiner Familie wurden alle Aufgaben schon immer so aufgeteilt, dass man gemeinsam über die Runden kommt. Jeder macht das, was er oder sie am besten kann. Die Schafe fressen das Gras von der Wiese, auf der Obstbäume stehen. Aus denen Huber Schnaps und Essig macht, die in dicken Plastikfässern im Keller stehen. Die Schafe geben die Milch für den Anderlbauer-Käse und die Wolle, aus denen Hubers Mutter Filz macht, allein oder zusammen mit Menschen, die das Filzen lernen wollen.

Überhaupt gibt Familie Huber das Wissen, das sie von Generation zu Generation weitervererbt haben, auch gern an Schulklassen, Stadtmenschen und alle anderen, die es wissen wollen, weiter: Sie bieten Handwerkskurse an. Filzkurse. Käserkurse. Brotbackkurse. Hubers Mutter ist außerdem Kräuterpädagogin und liefert dem Sohn nicht nur eine bunte Auswahl an Kräutern für den Käse, sondern macht auch aus Ringelblumen ein Öl, das die entzündeten Zitzen der Schafe heilt.

Johann Huber repariert sogar die Geräte seiner kleinen Käsefabrik selbst. Wenn zum Beispiel etwas an den Milchwannen kaputtgeht, »dann muss ich das schnell flicken. Ansonsten steht ja der Betrieb still!«. Und Hubers Hobby ist das

Schnitzen. Einige Intarsien an der großen Holztreppe des Hauses hat er selbst gefertigt. Und mit einer Schnitzarbeit hat auch das Käsen eigentlich angefangen: Den allerersten großen Rührlöffel, der, mit dem er auf einem alten Erinnerungsfoto in seiner zwei mal drei Meter kleinen Käseküche zu sehen ist, das jetzt über dem Eingang zum Büro hängt, den hat er auch selbst geschnitzt.

Für Johann Huber ist es also schon seit seiner Geburt normal, alle Dinge, die man so zum Leben braucht, weitestgehend selbst herzustellen. Das Käsen kannte er von seiner Mutter, die auch Butter selbst machte. Nur ein paar Dinge musste sich Huber vor dem Start seiner Käserei noch anlesen. Das für ihn wichtigste Buch: »12 Bücher über die Landwirtschaft, den Gartenbau und die Baumzucht« von Lucius Iunius Moderatus Columella. Es ist Hubers Bibel des Käsemachens. Der römische Schriftsteller Columella lebte im 1. Jahrhundert auf einem Landgut vor Rom, und Huber ist überzeugt, dass das, was der alte Römer in seinem Werk aufgeschrieben hat, auch schon alles ist, was man übers Käsemachen wissen muss. »Das Weglassen ist das Geheimnis. Je weniger Inhaltsstoffe, desto besser«, sagt er bestimmt.

»Und dann haben Sie einfach so losgelegt?«

»Freilich. Man muss es halt einfach ausprobieren.«

»Und da ist nicht erst mal die eine oder andere Ladung so richtig schiefgegangen?«

»Eigentlich nicht. Naaa, nicht, dass ich wüsst.«

Johann Huber erzählt, er habe sich halt in seiner kleinen Käseküche eingerichtet, sich den 200-Liter-Hoftank dort hineingestellt und drei übergroße Tauchsieder angeschafft, um diese Riesenmenge an Milch warm machen zu können. Er rührte mit seinem selbst geschnitzten Löffel erst die Milch, bis sie warm genug war, dann das Lab dort hinein. Und wenn es so weit war und der zukünftige Käse erst mal ein paar Stunden stehen musste, ging er tanzen. »Als ich anfing, habe ich immer samstagnachts Käse gemacht«, erzählt mir der Huber Hans lachend. »Ich habe die Milch angesetzt, und dann bin ich mit den Freunden ausgegangen, feiern. Nachts bin ich dann heimgekommen und hab Käse gemacht. Das war die schönste Zeit in meinem Leben!«

Aus den 30 Kilo Käse, die er damals pro Woche produzierte, wurden schnell 60, aus dem zwei mal drei Meter großen Raum eine kleine Halle mit drei großen Milchwannen. Gerührt wird der Käse immer noch per Hand, auch wenn es jetzt 100 000 Kilo pro Jahr sind – und 130 verschiedene Sorten.

In den Kühlräumen reifen sie heran, Johann Huber schließt einen nach dem anderen auf. Wir betreten sie mit Tüten an den Füßen, Hauben auf dem Kopf und papiernen Kitteln; in einem Raum riecht es intensiv nach Kräutern, die in einer dicken Schicht einen großen Laib Käse bedecken. In einem anderen Raum riecht es ganz frisch, dort liegt die Produktion vom Vortag, unzählige kleine weiße Käse, aus Ziegen-, Schafs- und Kuhmilch. Die drei Gitterstapel sind unterschiedlich hoch, »Schafsmilch ist ergiebiger als Kuhmilch und die ergiebiger als Ziege«, erklärt mir Johann Huber; und auf die Frage, wie viel Käse hier in diesem zwei mal drei Meter großen Kühlraum liegen, haut er mich mit der Antwort um: »Zwei Tonnen.«

In der Zwischenzeit ist aus dem dickflüssigen Brei in der Glasschale etwas geworden, das wie weißer Wackelpudding aussieht. Das Messer gleitet ganz leicht hindurch, wir schneiden die gestockte Milch in Würfel. Das, was wir jetzt in der Schüssel haben, heiße Käsebruch, erklärt Johann Huber. Und der muss noch ein paar Stunden liegen, die Molke muss austreten. Erst dann wird der Käsebruch abgegossen und in Gefäße gefüllt, die ich vor ein paar Stunden auch unten im Käsereikeller gesehen habe: Sie sehen aus wie große Plastiktrinkbecher, haben aber rundherum Löcher, aus denen die Molke abfließen kann, sodass ein immer fester werdender

Käse übrig bleibt. Erst morgen wird daraus dann ein Käse werden wie der, den ich im Kühlraum mit der Vortagesproduktion probieren durfte: frisch und noch mit einem ganz zarten Aroma, auf der Zunge wie Mozzarella.

Weil ich aber schlecht für die nächsten Tage beim Anderlbauer einziehen kann, um dabei zuzusehen, wie aus dem, was mit etwas Milch in einer Glasschüssel anfing, ein Käse wird, verschiebe ich alle weiteren Käsepläne auf ein anderes Mal. Das Käsen werde ich zu Hause auf jeden Fall in ein paar Wochen selbst ausprobieren, denn Huber hat mich mit seiner Begeisterung infiziert. Ich stecke mir noch ein Stück vom »Ziegenbert« in den Mund und verabschiede mich. »Erstaunlich, dass es – jedenfalls im Prinzip – so einfach zu sein scheint, Käse zu machen«, sage ich noch zum Anderlbauer und erzähle ihm von der Butter, die mich auch schon so in Erstaunen versetzt hat.

Der Huber Hans lacht und ruft: »Das Leben *ist* so einfach!«

# Tag 226
# Pflaumenmarmelade für ein ganzes Jahr

Beim Frühstück kratzt der Mann den letzten Rest Pflaumenmarmelade aus dem Glas, und ich habe eine Idee: »Lass uns rausfahren aufs Land zu einem Bauern, Pflaumen ernten und Marmelade kochen!«

»Och nö, lass mal. Das klingt anstrengend«, sagt der Mann.

»Isses aber angeblich gar nicht. Meine Mutter behauptet, Marmelade sei das Einfachste von allem. Ich ruf sie an, und sie erklärt uns, wie das geht, und dann kochen wir Marmelade, okay?«

Der Mann beißt in sein Pflaumenmarmeladebrot, verzieht den Mund zu einer Grimasse und nuschelt mit vollem Mund: »Mal sehen.«

Meine Mutter macht die Sache mit der Pflaumenmarmelade kurz: »Da gibt es gar nichts zu erklären.« Meine Mutter wird immer mehr wie meine Oma, ihre Mutter: Fragt man sie nach einem Rezept, antwortet meine Oma stets mit den gleichen Worten: »Dafür gibt es kein Rezept, das mach ich nach Gefühl.«

»Kannst du mir trotzdem sagen, was wir machen müssen, um aus Pflaumen Marmelade zu machen?«, bitte ich meine Mutter.

»Ganz einfach: entsteinen, klein schneiden, mit Gelierzucker aufkochen, da gibt es jetzt welchen, von dem du nur noch die Hälfte brauchst, Gewürze hinzufügen, wenn du willst, alles in Gläser füllen, abkühlen lassen und gucken, dass die Deckel auch vakuumverschlossen sind.« Okay, das war jetzt wirklich unaufregend. Anscheinend kann man in den Topf tun, was man will, und irgendwie kommt nach dem Kochen Marmelade dabei raus.

Das soll alles sein? Ich bin 32 Jahre alt und habe bis zum heutigen Tag keine Marmelade gekocht, weil ich die Vorstellung hatte, das sei irgendwie zu kompliziert und es würde darauf hinauslaufen, dass die Marmelade nicht nur schlecht schmecken, sondern auch früher oder später im Vorratsschrank vor sich hinschimmeln würde. Nun habe ich noch nicht mal einen Vorratsschrank. Aber dafür gerade von meiner Mutter gelernt – die nur wenig so wenig mag wie Kochen und Backen und trotzdem alle paar Jahre hervorragende Marmeladen einkocht, zum Beispiel Pflaumenmarmelade –, dass wir das hinkriegen werden.

Also setzen wir uns ins Auto und fahren aufs Land, zuerst zu den Eltern des Mannes, dann gemeinsam mit seiner Mutter zum »Zwetschgen-« – wie sie hier heißen – Händler ihres Vertrauens. Unsere Pflaumenmarmelade scheint ein schönes gemeinsames Großfamilienprojekt zu werden. Und vor allem viel weniger anstrengend, als der Mann befürchtet hat: Wir müssen nicht selber ernten, wir können uns auch einfach welche abwiegen lassen. Das überzeugt den Mann. Acht Kilo lassen wir uns in die mitgebrachte Kiste füllen, das sieht für uns nach einer Jahresportion Pflaumen aus.

In der Küche der Eltern des Mannes setzen wir uns an den Küchentisch, waschen Kilo um Kilo Pflaumen, pulen aus jeder einzelnen der gefühlt sieben Millionen Pflaumen den Kern heraus und schneiden sie in Stücke.

»Man, das dauert, und wir haben gerade mal die Hälfte«, nörgelt der Mann.

»Mir tun jetzt schon die Finger weh«, jammere ich zurück.

Pflaumenmarmelade zu kochen ist Strafarbeit. Zumindest wenn man sie in rauen Mengen kocht. Als wir endlich fertig sind und die eine Hälfte der Pflaumen mit Einkochzucker im größten Topf des schwiegerelterlichen Haushalts vor sich hinblubbert, stehen wir erschöpft am Herd und starren auf unsere zukünftige Marmelade. Erstaunlich schnell sieht der Haufen im Topf auch wie echte Marmelade aus. Der Mann rührt stoisch, und ich nehme die Gläser aus der Spülmaschine, die wir aus dem Keller geholt und anschließend im Heißwaschgang ausgekocht haben.

Mit spitzen Fingern und unter noch spitzeren Schmerzenslauten füllen wir sie mit der kochend heißen Marmelade, schrauben die Deckel fest zu und kippen anschließend gleich den zweiten Berg Pflaumen mit Zucker in den Topf. Rühren, blubbern, Gläser füllen, fluchen. Am Abend haben wir 32 Gläser Pflaumenmarmelade.

»Das können wir niemals essen«, stöhnt mein Co-Marmeladenkoch. Er fläzt sich auf einem Küchenstuhl und lässt seinen Blick durch die Küche wandern, wo auf jedem freien

Fleck ein Glas Marmelade steht. »Wir können ja welche verschenken. Sollen wir nachher Alex eins mitbringen?«, schlage ich vor, schmiere mir den Rest Pflaumenmarmelade aus dem Topf auf ein Stück Brot und beiße hinein. »Geil, probier mal!« Ich reiche das Brot über den Tisch und lasse den Mann abbeißen. Alex ist ein Schulfreund des Mannes, der im gemeinsamen Geburtsort wohnen geblieben ist und heute Geburtstag feiert. Leider. Denn das heißt, dass wir heute noch ausgehen müssen. Mit merkwürdig braun verfärbten Fingerkuppen vom Pflaumenkernpulen. Ich habe meine Hände schon zwei Mal mit der Bürste bearbeitet und eingecremt, aber die werden jetzt wohl ein paar Tage so aussehen.

»Boah, die schmeckt echt. Aber wir können ihm doch keine Marmelade schenken?!?« Der Mann schluckt runter und sagt: »Der hält uns doch für bekloppt. Wer verschenkt denn bitte Marmelade?«

»Natürlich können wir das. Wir bringen ihm doch keine Aldi-Marmelade mit, sondern selbst gemachte. Das ist doch was völlig anderes.«

Er wiegt den Kopf hin und her, beißt noch mal in das Marmeladenbrot und noch einmal und nickt dann doch. »Ausnahmsweise«, schmatzt er. Dann ist der letzte Rest vom Pflaumenmarmeladebrot verschwunden.

Wir nehmen also ein Glas Marmelade mit auf Alex' Party. Der Co-Marmeladenkoch steckt es ein und knallt es zur Begrüßung auf den großen Tisch des Gastgebers im Wohnzimmer. »Haben wir selbst gemacht, ihr Supermarktopfer. So was habt ihr noch nicht gegessen.«

# Tag 227
## *Landlust*

Am nächsten Morgen gehe ich in die Küche und schaue mir stolz die kleine Versammlung Marmeladengläser an. Schade, dass wir keinen Keller haben, sonst würde ich mir dort eine ganze Wand voller Regale stellen und sie mit Eingekochtem befüllen: Marmelade, saures Gemüse, Kompott.

Ich bekomme wieder einen dieser komischen Sehnsuchtsanfälle. Sehnsucht nach dem einfachen Leben, nach einem Leben ohne Supermarkt, einem Leben von Selbstgeerntetem, -gekochtem, -gemachtem. Zwar begleitet mich dieses Gefühl schon das gesamte Experiment über, es ist ein Hintergrundrauschen, ein bisschen Motivation und ein bisschen unrealistische Schwärmerei – wie die Vorstellung von einem ruhigen, ausgefüllten Leben in einem kleinen Bauernhaus, mit einem Schaf vor der Tür. Aber wenn ich konkret an einem Projekt sitze, weicht diese Schwärmerei meist einem pragmatischen Realismus: Dieses Brot muss eben jetzt gebacken werden, diese Pflanze muss in einen Topf, diese Schuhe müssen leider mit der Hand genäht werden.

Aber mit dieser merkwürdigen Sehnsucht bin ich nicht allein: Angeblich träumt jeder vierte Deutsche davon, innerhalb der nächsten zwanzig Jahre aufs Land zu ziehen und den Stress in der Stadt hinter sich zu lassen. Nur würde ich gleichzeitig genau diesen Stress vermissen. Und mich schreckt die Vorstellung ab, auf dem Land für jede Besorgung, jeden Besuch beim Arzt oder bei Freunden ein Auto benutzen zu müssen – wo ich doch jetzt in der Stadt einfach alles zu Fuß oder mit dem Fahrrad erreiche.

Aber wie auch immer man dazu steht: Der Landleben-Trend ist schon faszinierend. Zeitschriften wie *Landlust,*

*Landidee, Landpartie* bedienen genau diese Sehnsucht nach dem Einfachen, Ländlichen, Selbstgemachten: mit Eingekochtem, hübsch gepflegten Gärten vor Bauernhäusern und dicken Schafwollpullovern an den Menschen, die auf den Bildern zu sehen sind. Das Konzept funktioniert, die verkaufte Auflage beim Original und Marktführer *Landlust* steigt jedes Jahr um rund 25 Prozent und liegt im Moment bei über 700 000 Exemplaren pro Ausgabe. Fast alle großen Verlage haben ähnliche Zeitschriften auf den Markt geworfen, um auch ein Stück vom hausgemachten Biokuchen abzukriegen.

Überhaupt ist auch in der Landsehnsuchtsnische ein riesiger Markt entstanden, entdecke ich, als ich im Internet ein paar Zahlen recherchiere: Der Markt für Beet- und Balkonpflanzen, Stauden und Gehölze lag 2008 zum ersten Mal bei knapp vier Milliarden Euro und steigt jährlich zweistellig. Genauso in der Outdoor-Branche: Wandern war früher ein biederes Hobby, und eigentlich kostet es nicht viel mehr als etwas Zeit und ein paar feste Schuhe. Aber auch die Hersteller von Funktionskleidung und Zubehör freuen sich über jährlich zweistellig wachsende Umsätze. Und Warenhäuser wie Manufactum, in denen »die guten alten Dinge« verkauft werden, finden immer mehr Fans, die dort gern viel Geld für einen dem Original aus alten Bauernhäusern nachempfundenen Speicherherd ausgeben oder reihenweise Einmachgläser einkaufen – im Manufactum in Berlin angeblich momentan der Verkaufsrenner.

Der neueste und lustigste Trend der Selbermacher und Landliebhaber ist die Hühnerhaltung in der Stadt. Dafür habe ich eine nette psychologische Erklärung gelesen: Die Menschen sehen, wie Hühner in der Industrieproduktion gequält werden. Weil das nicht mit ihrem romantischen Bild vom Landleben zusammenpasse, wollten sie die Hühner retten. Dafür aufs Land ziehen, wäre aber zu viel des Guten, deshalb bauten sie sich Hühnerställe in ihren städtischen Vorgärten. Und damit das auch gut aussehe, seien es nicht selten

Design- und Luxusbehausungen, in denen die Bio-Stadthühner dann wohnen dürften.

Eine amüsante Schizophrenie entsteht da: Menschen stellen in der Stadt das nach, was sie für Landleben halten. Abseits des Gartenlebens gibt es dieses Phänomen jedes Jahr zwei Wochen lang 500 Meter Fluglinie von meiner Haustür entfernt zu besichtigen: Stadtmenschen ziehen sich zum Oktoberfest Dirndl an, weil sie »traditionell« sein wollen und es für die Kleidung der bayerischen Landbevölkerung halten. Diese schüttelt aber nur amüsiert oder verwirrt die Köpfe, denn ein Landleben im Dirndl gab es nie – dafür ist es als Kleidungsstück viel zu unpraktisch. Auch hier regiert einfach der große Mythos vom Landleben, vom einfachen Leben, von »früher«.

Realistischer war das, was Sarah Wiener und ihre Mitstreiter 2004 acht Wochen lang in der ARD-Sendung »Abenteuer 1900 – Leben im Gutshaus« gemacht haben. Sie stellten das echte – was vor allem hieß: harte – Leben auf dem Land nach: Wasser holen, Wäsche mit der Hand waschen, Brennholz hacken, Hühner schlachten, den Stall ausmisten, und das alles tagein, tagaus, von Sonnenaufgang bis Sonnenuntergang.

Wie viel weniger mühselig und anstrengend ist da das virtuelle Landleben. Mehr als 75 Millionen Menschen weltweit spielen online in »Farmville« Landwirt, können per Mausklick ihre Felder umpflügen, die Tiere füttern und den Stall ausmisten. Alles ohne ins Schwitzen zu geraten, ohne Dung-Gestank und ohne die Sorge, dass am Abend die Teller leer bleiben, weil die Saison verregnet war. Das perfekte Spiel zum Landhype und wohl auch deshalb so gut besucht. Hier wird ein Bedürfnis befriedigt: etwas zu produzieren. Auch wenn es eine Pseudoproduktivität ist. Der Vorteil: Die Spieler müssen ihr Leben nicht wirklich in Frage stellen oder sogar ändern.

Das Prinzip hinter alldem scheint immer das Gleiche zu sein. Die Sehnsucht nach etwas wird größer, je weniger wir damit zu tun haben. Je weniger wir die Natur kennen, desto größer wird unser Verlangen nach dem, von dem wir denken, dass es die Natur ist. Und: Je weniger wir mit unseren Händen selber machen, desto größer wird unsere Sehnsucht nach individuellen, selbst gemachten Dingen. Ob wir sie nun in einem kleinen Laden kaufen oder selbst am Abend häkeln. Genau das ist wohl das Geheimnis des Selbermach-Booms.

Nach dem Frühstück stapeln der Mann und ich die Pflaumenmarmelade in eine Kiste, die wir, wieder zu Hause, in die Abstellkammer unserer Wohnung stellen.

Im Briefkasten lag ein dicker Umschlag, der gestern noch gekommen sein muss: Der Anderlbauer hat mir geschrieben und mir die Rezepte für seine Käse kopiert. Ein ganzer Stapel Papier ist das, mit Rezepten für Ziegenmilchfrischkäse, Camembert und verschiedene Schnittkäse-Sorten. Jetzt muss ich mir nur noch überlegen, wie ich den Keller des Anderlbauern bei uns zu Hause simulieren kann. Denn irgendwo muss der Käse ja reifen.

## Tag 233
# Knit two, purl one, repeat

Am Vormittag verpasse ich der Pfefferminze und der Zitronenmelisse einen Kurzhaarschnitt, um Sirup zu kochen. Ich trage die beiden Schüsseln mit den abgeschnittenen Stängeln nach oben in meine Küche, stelle mir das Radio an und fange an zu zupfen. So einen Arm voll Kraut zu zupfen dauert. Und am Ende habe ich trotzdem nur je eine große Tasse Pfefferminz- und Zitronenmelisseblätter. Ich schütte die einen Blätter in eine, die anderen in eine zweite Schüssel, kippe zwei Tassen Zucker darauf und etwas Zitronensaft und jage nacheinander den neuen Super-Pürierstab in beide Schüsseln, bis ein feines Gehäcksle entstanden ist, das unsere Küche wie ein Kräuter-Versuchslabor riechen lässt. 24 Stunden müssen die Schüsseln jetzt erst einmal abgedeckt stehen bleiben, dann kann ich morgen kochendes Wasser aufschütten, die Masse 15 Minuten kochen lassen und den Sirup durch ein feines Sieb in die Einmachflaschen füllen.

Draußen scheint die Sonne. Eigentlich sollte ich raus, mich an die Isar legen, ein Buch lesen. Aber genauso eigentlich sollte ich mich heute an meine Hose setzen, sie endlich weiternähen. Aber *eigentlich* sollte ich das an jedem Wochenende tun. Und je öfter ich diesen Plan verschiebe, desto weniger Lust habe ich auf die Hose. Mein Plan für heute ist ein anderer: Ich werde mich an den Balkon setzen, um trotz Selbermachplänen ein bisschen was vom schönen Wetter abzubekommen. Und dort werde ich zum ersten Mal in meinem Leben etwas Richtiges stricken. Einen Pullover.

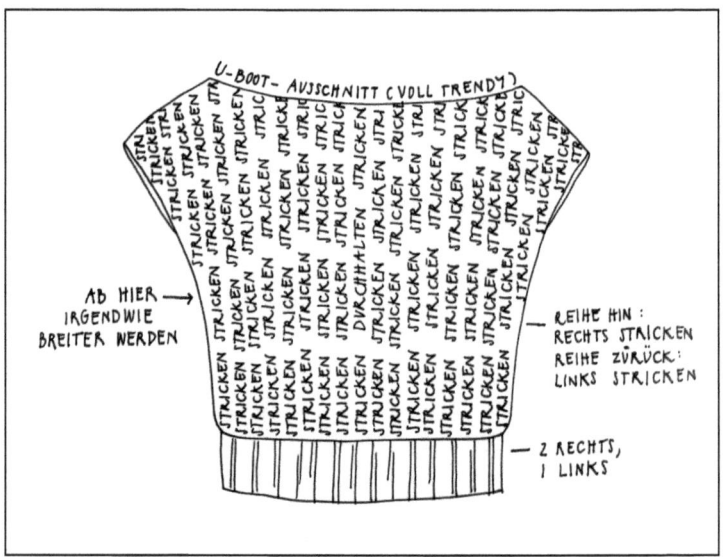

Ich habe in einem Selbermach-Blog einen Kurzarmpulli gesehen, der offenbar mehr oder weniger aus zwei Trapezen, also dem Vorder- und dem Rückenteil, besteht.

So schwer kann das doch nicht sein, denke ich mir. Und in Hinblick darauf, dass in vier Monaten Winteranfang ist, sollte ich lieber jetzt schon mal anfangen.

An den kommenden Wochenenden werde ich genug Zeit haben, denn die Gartensaison ist leider so gut wie vorbei. Jetzt schon, Ende August. Ich bin selbst ganz erstaunt. Aber alle Zucchini- und Kürbispflanzen sind eingegangen – all das Ansprühen gegen den Mehltau hat nichts genutzt. Eine Tomatenpflanze ist bei einem Regensturm abgeknickt und hat anschließend die Tomatenproduktion eingestellt. An der anderen Tomatenpflanze hängen ein paar letzte kleine Früchte. Im Garten stehen jetzt nur noch die zwei Kartoffelsäcke. Das Grün der Pflanzen ist noch kräftig; es wird noch eine Weile dauern, bis es verdorrt und die Kartoffeln ausgegraben werden können.

Oben am Balkon sieht es nicht viel anders aus: Den Salbei haben sich ja die Raupen geholt, der Fenchel ist genauso wie der Kopfsalat ins Kraut geschossen. All die langen spindeldürren und ungenießbaren Pflanzen musste ich entsorgen. Bleibt die Aubergine: Die hat zwar gerade angefangen zu blühen – und wie! Wunderschöne, zarte helllila Blüten, die ich gleich begeistert dem Mann zeigen musste, als ich sie entdeckt habe. Aber die Sonne wird nicht mehr genug scheinen, damit daraus auch Früchte werden. So eine Aubergine ist ein empfindsames Wesen, das unter 16 Grad nicht einmal darüber nachdenkt zu wachsen. Deswegen hat die Pflanze viel zu spät losgelegt und wird das nicht mehr aufholen.

Jedenfalls eröffnet mir der verblühende Garten ganz neue Möglichkeiten für meine Wochenenden, und ich fühle mich beinahe überfordert, wenn ich daran denke, was ich jetzt alles machen könnte! Mir fallen die Schnittmuster ein, die ich noch lernen wollte selbst zu machen. Dann das Stricken. Ich könnte aber auch weiter mit Seifenrezepten rumexperimentieren oder mit verschiedenen Kosmetika. Oder ich backe mich jetzt endgültig durch mein dickes Brotbackbuch hindurch und probiere doch noch mal etwas anderes als das *no-knead bread*. Aus jedem einzelnen Hobby könnte man ein eigenes Selbermachjahr machen und hätte immer genug zu tun. Genauso wie sich Julie Powell im Film »Julie & Julia« einmal quer durch Julia Childs »Mastering the Art of French Cooking« kocht – innerhalb eines Jahres.

Jedenfalls stelle ich fest: Nach diesem Jahr sollte ich mich für zwei Hobbys entscheiden. Mehr kann niemand befriedigend verfolgen. Klar, hier ein bisschen stricken, da am Fenster eine Tomate großziehen und ab und zu mal ein Täschchen für jemanden zum Geburtstag nähen, das würde schon gehen. Aber es würde mich auf Dauer nicht glücklich machen. Wenn ich mich fürs Stricken entscheide, will ich irgendwann auch richtig komplizierte Sachen stricken können. Wenn ich mich fürs Nähen entscheide, will ich endlich auch mal einen eigenen Entwurf umsetzen. Wenn ich den Garten behalten könnte, will ich, dass auch die Zucchini und Kürbisse überleben, egal, wie fies das Wetter ist.

Aber für heute habe ich mich ja sowieso fürs Stricken entschieden. Da stehe ich eh noch ganz am Anfang. Ich kann noch nicht einmal Strickanleitungen lesen. Das heißt: Ich muss eine neue Fremdsprache lernen. So kommt mir die englische Strickanleitung nämlich vor: wie eine neue Sprache. Die Anleitung für die Mütze, die ich mir im Frühjahr gestrickt habe, war in ganz normalen Sätzen erklärt. Aber jetzt steht da:

»CO 81sts.

RS K2, p1; rep to end;

WS K1, p2; rep to end;

rep for 10 rows.

k RS, p WS; rep for 44 rows.

Increasing: k RS, pWS; to 2sts bef end, m1-R, k1 …«

Und so weiter, und so fort. Ich hole mir das
»Stitch 'n' Bitch«-Buch zu Hilfe, es funktioniert wie ein
Strick-Lexikon und ich schlage eine Abkürzung nach der an-
deren nach und versuche, sie mir zu merken. Schon in der
Schule war ich total mies im Vokabellernen.

Nachdem ich einmal die gesamte Anleitung durchge-
gangen bin und sie mir halbwegs übersetzt habe, bin ich
trotzdem nicht sicher, jeden Schritt verstanden zu haben.
Ich denke mir nur: Na ja, fängste mal an, wird schon hin-
hauen.

Ich weiß jetzt immerhin halbwegs, was das Muster von
mir will: Ich soll 81 Maschen aufnehmen und dann abwechselnd zwei rechts und eine links stricken, nach zehn Reihen
auf der Vorderseite des Strickstücks nur noch rechts und auf
der Rückseite nur noch links. Ab der 45. Reihe soll ich anfangen, an den Rändern jeweils eine Masche dazuzunehmen.
Wie das genau funktioniert, was also »m1-R« bedeutet, finde
ich heraus, wenn ich mich erst einmal bis in Reihe 45 vorge-
strickt habe, beschließe ich. Wer weiß, ob ich es überhaupt
bis dahin schaffe. Durchhaltevermögen ist keine meiner ganz
großen Stärken.

»Vielleicht sollte ich mir eine Strickgruppe suchen?«, frage
ich den Mann, der sich zu mir an den Balkon gesetzt hat und
in der Wochenendzeitung blättert.

»Strickgruppe?«, fragt er.

»Na, zum Beispiel saßen im Kurzwarenladen, als ich einen
Reißverschluss für die Hose …«

»Was ist eigentlich mit der Hose?«, unterbricht mich der
Mann.

»Nichts. Also, da saßen dort in der Sitzecke drei Omis bei-
einander und haben Pullover gestrickt und geratscht.«

»Und du willst dich dazusetzen?«

»Vielleicht ja. Die könnten mir ja zum Beispiel zeigen, wie das mit dem Maschenhinzufügen geht.«

»Schon, aber du verbringst dann deine Samstagnachmittage mit Omis.«

Die Omis erscheinen mir einfach die beste Möglichkeit; immerhin können einem strickende Omas einfach alles erklären, sie stricken ja meistens schon seit vierzig, fünfzig Jahren, die kennen alle Tricks. Aber es gibt auch eine Münchner *Stitch'n'Bitch*-Gruppe. Die sich allerdings laut Webseite im Moment nicht trifft. Und es gibt die *Münchner Strickeria*: eine junge Strickgruppe, die jeden Mittwochabend in einem Café zusammenkommt. Im *Strickeria*-Blog zeigen die Strickwütigen ihre Arbeiten her oder berichten auch mal von einem Ausflug auf den Textilmarkt in Benediktbeuern. Das Ganze sieht durchaus nach einer ernsthaften Angelegenheit aus.

Die Frage ist nur: Was redet man mit Menschen, mit denen einen nichts verbindet, außer dass sie vielleicht immer stricken und ich eben im Moment auch? Und ich hege – zugegeben – auch grundsätzlich Misstrauen gegenüber Gruppen mit nur einem gemeinsamen Interesse, wie Briefmarkenklubs oder Kaninchenzüchtervereinen.

Außerdem ist Stricken bei mir extrem stimmungsabhängig. Ich bin mir nicht sicher, dass ich alle 14 Tage immer sonntagnachmittags Lust habe, die Stricknadeln zu schwingen.

Ich glaube, ich werde auch in Zukunft allein oder höchstens zusammen mit der besten Freundin stricken. Dann sitzen zwei zusammen, die beide nur rudimentär Ahnung von dem haben, was sie da tun, und können gemeinsam rumprobieren, wie es richtig geht. Und zu besprechen haben wir sowieso immer etwas.

# Tag 237
## Dresscode: Selbst genäht

Nur ein paar Minuten, nachdem ich an meinem Schreibtisch den Computer hochgefahren habe, kommt eine Mail vom Mann. Er hat mir eine Einladung zu einer Preisverleihung weitergeleitet, »Wir würden uns sehr freuen …«, blabla, »… zu diesem besonderen Anlass …« usw. Und dann steht da plötzlich »Dresscode: Smoking«.

Normalerweise meide ich alles, was überhaupt irgendeine bestimmte Kleiderordnung vorschreibt. Wer den Menschen nicht vertraut, dass sie nicht in vollgepisster Jogginghose auftauchen, der hat keine Gäste verdient. Ja, vielleicht bin ich da etwas streng, das kann schon sein. Auf jeden Fall werde ich nun eine Ausnahme machen müssen und im … ja, in was gehe ich da eigentlich hin, wenn der Mann einen Smoking tragen muss? Ich frage das Internet nach »Dresscode Smoking Frau«, und *Style.de* antwortet mir: »Für die Frauen bedeutet das: langes Abendkleid oder ein kurzer Cocktail-Dress.« Tja. Blöd für mich. Beides habe ich nicht.

Und egal, wofür ich mich entscheide, ich muss es nähen.

Deswegen schreibe ich dem Mann recht entschlossen zurück: »An diesem Tag werde ich leider irgendetwas vorhaben.« Er ruft an und überzeugt mich auf die ganz billige Tour, dass ich mitkommen *muss:* »Ich brauche dich da. Als Unterstützung. Wann krieg ich denn schon mal einen Preis? Du bist doch der wichtigste Mensch in meinem Leben.« Den will ich sehen, der bei einer solchen Bitte Nein sagt.

Ich brauche also etwas zum Anziehen. Und wäge ab: Wie hoch sind die Chancen, dass ich ein langes Abendkleid ein zweites Mal anziehe? Oder ein Cocktailkleid? Ich schätze die Chancen des Abendkleides auf vielleicht 1:7300, sprich einen

Abend in den nächsten zwanzig Jahren. Das Cocktailkleid gewinnt, das kann ich vielleicht zu meinem 40. Geburtstag noch mal rauskramen, sollte ich bis dahin bei eigenen Feierlichkeiten Wert auf schicke Kleidung legen.

Außerdem fällt mir ein, dass mir in dem *easy-fashion*-Heft mit der Hose, die immer noch unvollendet auf meiner Kommode liegt, ein Cocktailkleid ziemlich gut gefallen hatte.

Es ist also gar nicht so schlecht, dass die Einladung zu einem Abend inmitten aufgebrezelter Menschen genau jetzt kommt und mich an die Nähmaschine zwingt. Ich werde mir ein Cocktailkleid nähen, und zwar in den nächsten ... ich schaue erneut auf die Einladung ... okay, also in den nächsten ... ich schaue noch mal auf das Datum und zähle mit erhobenen Augenbrauen nach. Dreißig Tagen. Ich werde mir also in den nächsten vier Wochen ein Cocktailkleid nähen.

Am Abend mache ich mich mal wieder auf den Weg in die Stoffabteilung des örtlichen Kaufhauses. Ich streife durch die Gänge, umkreise einmal, zweimal die Tische mit den Stoffballen, befühle Dutzende von Materialien und frage mich: Was für einen Stoff zum Teufel kauft man, wenn man an einem schicken Abend nicht albern aussehen will? Und vor allem auch: Welcher Stoff lässt sich so verarbeiten, dass anschließend nicht jede schiefe Naht zu sehen ist? Auch wenn ich natürlich hoffe, dass das Kleid fantastisch aussehen wird, sollte ich besser mit genau diesen schiefen Nähten rechnen. Und egal, wie das Kleid aussehen wird: Ich muss es tragen. Und zwar inmitten eines Publikums, das das Naserümpfen vermutlich extrem gut beherrscht.

An einem Stapel mit verschiedenfarbigen Ballen Taft bleibe ich stehen. Der Stoff ist fein, aber auch etwas steif, er ist bestickt, und er glänzt matt, genau das Richtige für ein Cocktailkleid. Und das Beste: Die Stoffe gibt's zum halben Preis. Das reduziert auch den Nervenkitzel beim Nähen.

Jetzt muss ich mich nur noch entscheiden: zwischen dem

schwarzen Taft, auf den schwarze Blüten gestickt sind, und dem schokoladenbraunen mit der türkisen Stickerei und vereinzelten Pailletten in Türkis.

Der zweite Stoff würde besser zu mir passen, schwarze Sachen besitze ich eigentlich überhaupt nicht, sie sind mir zu langweilig. Der schwarze Stoff allerdings passt besser zum Smoking des Mannes. Eine Viertelstunde drehe ich mich abwechselnd mit dem einen und dem anderen Stoffballen in der Hand vor dem Spiegel und versuche, die interessierten Blicke der Verkäuferinnen zu ignorieren. Und gerade als ich beschlossen habe, den braunen Stoff zu nehmen, lege ich ihn doch zurück und schreite entschlossen mit dem schwarzen zur Kasse. Türkise Stickereien und Pailletten sind einfach zu auffällig für den Fall, dass das Kleid eine Katastrophe wird.

Als ich nach Hause komme, zeige ich dem Mann Stoff und Schnitt, er gibt mir einen Kuss, nickt anerkennend und sagt: »Viel Glück.« Witzbold.

Tag 241

## Das Kleine Schwarze

»Das sieht doch schon ziemlich gut aus«, sagt der Mann am Abend. Ich drehe mich vor ihm in einem schwarzen Kleid, das größtenteils nur von Stecknadeln oder Heftfaden zusammengehalten wird.

Am Mittwochabend hat mich der Mann zu meiner Stoffwahl beglückwünscht, am Donnerstagabend habe ich das Schnittmuster für ein Kleid im Empire-Stil – das heißt: mit einer nach oben unter den Busen verrutschten Taille – ausgeschnitten und die Nähanleitung studiert. Am Freitagabend habe ich den gekauften Stoff gebügelt, auf dem Wohnzimmerboden ausgebreitet, die Schnittmusterteile aufgepinnt, angezeichnet und mit klopfendem Herzen und meiner neuen scharfen Schneiderschere ausgeschnitten. Gestern habe ich einen kühlen, verregneten Samstag damit verbracht, alle Teile mit Zickzackstich einzufassen, noch einmal schnell zu bügeln und in der Stadt fehlendes Zubehör zu besorgen.

Weil ich mir nämlich für dieses Mal vorgenommen habe, mich sklavisch an die Anleitung zu halten, brauchte ich Bügelvlies. Das ist ein feines Material, das man in Kleidungsstücke einnäht oder -bügelt, um bestimmte Partien etwas steifer zu machen, zum Beispiel einen Hemdkragen. Oder im Falle meines Kleides: die drei Zentimeter breite Taille, damit der dünne, etwas schlüpfrige Stoff fester am Körper sitzt. Früher hätte ich diesen Punkt in der Anleitung einfach ignoriert. Weil ich keine Lust gehabt hätte, extra solches Vlies zu besorgen – und es würde ja auch so irgendwie gehen. Jetzt aber, da ich die Streberin in mir entdeckt habe, besuchte ich mal wieder den Kurzwarenladen mit den strickenden Omis auf ihren geblümten Kissen im Schaufenster, kaufte etwas Bügelvlies, eine Rolle schwarz glänzendes Nähgarn und einen »blinden« Reißverschluss. So etwas kannte ich bisher gar nicht und ließ ihn mir von der Verkäuferin empfehlen: Die Zähne des Reißverschlusses sind nicht wie üblich außen am Kleidungsstück zu sehen, sondern auf der Innenseite versteckt. Der Vorteil: Der Reißverschluss trägt nicht auf. Was gerade für elegantere Kleidung eine ziemlich gute Erfindung ist.

Außerdem musste ich noch schwarze Baumwolle kaufen. Ich hatte mich nach dem Mittagessen bei meiner Mutter telefonisch beschwert, als Nächstes würden die Besätze anstehen und dass ich Besätze hasste. Sie hörte sich meinen Gefühlsausbruch an und sagte dann nüchtern: »Lass doch die Besätze weg.«

»Wie?« Besätze sind schmale Stoffstreifen, die rechts auf rechts an die Kanten eines Kleidungsstücks genäht werden, zum Beispiel im Ausschnitt, und wenn man sie dann nach innen klappt und kräftig bügelt, hat man einen schön versäumten Ausschnitt, der auch innen, sollte man mal hineinlinsen können, gut aussieht. Allerdings, und das löst meinen Hass auf Besätze aus, ist das Einnähen von Besätzen meist eine blöde Fummelei, und am Ende werfen sie Falten oder drehen sich nach außen, weil sie ja nur schmale Stoffstreifen sind und dem eigentlichen Kleidungsstück nicht genug Kraft entgegensetzen können. Eine etwas zu enge Naht zieht sie dann einfach so nach außen, der Ausschnitt sieht gar nicht mehr schön aus, und man schämt sich oder zuppelt den ganzen Abend an sich herum.

Also wie?

»Du schneidest die oberen Teile des Kleides einfach noch mal aus schwarzer Baumwolle zu, nähst sie als eigenes Oberteil zusammen und dann in das Oberteil des Kleides ein.«

»Tolle Idee«, antworte ich. Ich habe eine schlaue Mutter! Denn so verschwinden nicht nur alle Nähte zwischen den beiden Lagen Stoff, sondern ich spare mir auch gleich noch die Frage, welche Unterwäsche ich unter dieses ziemlich weit, weil nicht rund, sondern viereckig ausgeschnittene Kleid ziehen könnte. Die Lage Baumwolle, die Nervositätsschweiß auffängt, würde dann gleich im Kleid drinstecken. Genial.

Und so kaufte ich einen Meter weiche schwarze Baumwolle und verbrachte den Samstagabend damit, sie zu bügeln und die Oberteile des Kleides noch einmal zuzuschneiden.

Heute, am Sonntag, bin ich schon reichlich erledigt. Trotzdem setze ich mich nach einem langen Frühstück wieder an die Nähmaschine. Ich zwinge mich zur Disziplin. Denn dieses Kleid muss ich in gut drei Wochen anziehen, egal, ob es fertig ist oder nicht. Da der Mann und ich zwischendurch für zwei Wochen in den Urlaub fahren, ist das nicht mehr ganz so viel Zeit.

Ich sortiere die vorbereiteten Einzelteile meines Kleides. Es ist etwas unübersichtlich geworden, aus ganzen 23 Teilen besteht dieses Kleid, stelle ich fest, als ich kleine Häufchen gemacht und durchgezählt habe. Da liegen vor mir: zwei Ärmel aus Taft, zwei Ärmel aus Baumwolle, ein vorderes und zwei rückwärtige Oberteile jeweils aus Taft und Baumwolle, je ein vorderer Taillenstreifen aus Taft, Baumwolle und Vlies, je zwei rückwärtige Taillenstreifen aus Taft, Baumwolle und Vlies, eine vordere Rockbahn, zwei rückwärtige Rockbahnen und ein Reißverschluss.

Die Ärmel, die Rockbahnen und den Reißverschluss lege ich erst einmal zur Seite. Heute ist das Oberteil dran, zuerst die Taftteile. Ich bügle das Vlies auf den Stoffstreifen, hefte grob und per Hand die Abnäher an Brust und Schulterblättern ab sowie die Oberteile aneinander und kontrolliere, ob sie einigermaßen gut sitzen. Der Mann muss am Rücken die beiden Rückenteile mit Stecknadeln zusammenpinnen, dann schaue ich mir im Spiegel an, ob das so passen könnte. Die Oberweite muss ich noch etwas enger machen, probiere das Oberteil noch einmal an, bin zufrieden und wage am frühen Nachmittag endlich den Schritt, die Nähte mit der Nähmaschine permanent zu machen. Die drei Teile des Taillenstreifens nähe ich gleich noch aneinander, bügle alle Nähte auseinander und füge Oberteil und Taille zusammen. Noch einmal Nähte bügeln und dann das ganze Prozedere mit den Baumwollteilen wiederholen. Zum Schluss nähe ich Baumwoll- und Taft-Oberteil am Dekolleté rechts auf rechts und bügle die Naht vorsichtig aus. In den Rundungen des Ausschnitts kräuselt sich der Stoff; mit kleinen Schnitten in die Nahtzugabe entspannt er sich wieder. Die Baumwolle verstärkt den Taft schön, sodass das Oberteil jetzt richtig straff und glatt am Oberkörper anliegt. Ich liebe meine Mutter für die Idee mit der Baumwolle.

Nach dem Abendessen hefte ich grob die Rockbahnen aneinander und an das Oberteil und drehe mich vor dem Mann hin und her. Er ist begeistert und sagt dann: »Wir müssen noch ein bisschen abnehmen.« Mein Lächeln verschwindet.

»Wir?«, frage ich.

»Na ja, du siehst toll aus«, beginnt er. »Aber wir haben beide ganz schön zugenommen. Ich jedenfalls muss ein paar Kilo abspecken, wenn ich in meinen Smoking passen will.«

»Und was habe ich damit zu tun?«

»Es wäre leichter für mich, wenn wir das zusammen machen. Und … äh … also … dein Bauch war schon mal ein kleines bisschen kleiner.«

»Frechheit«, sage ich. Aber er hat recht. Wir sind beide dick geworden. Kein Wunder: Immer, wenn wir ein frisch gebackenes Brot auf den Tisch stehen haben – und das haben wir mehrmals die Woche –, essen wir nicht weniger als ein halbes Brot auf. Natürlich nicht pur, sondern mit fetten Käse-Aufstrichen, in Olivenöl getunkt, mit schwerem Hummus oder süßen selbst gekochten Marmeladen. Wir sollten, wenigstens für die nächsten Wochen, den Wochenendkuchen streichen und auf die eine oder andere Stulle verzichten.

Und ich werde meine Käse-Pläne noch etwas verschieben. Eigentlich wollte ich an einem der nächsten Abende käsen, aber das sollte wohl besser bis nach dem Smoking-Abend warten – und bis dahin essen wir fettarme Produkte!

Schade, dabei habe ich bei meinem Kurzwaren-Ausflug am Vortag auch die Utensilien für meinen künstlichen Käsekeller besorgt. Über die letzten Wochen hinweg hatte ich überlegt und mich in Haushaltwarenläden inspirieren lassen, wie ich einem Käse in meiner Wohnung das Klima eines alten Klosterkellers oder eben der Kühlräume des Anderlbauern bieten könnte.

Die Lösung: eine große Plastikdose, in die ich ein Gitter lege, unter dem sich etwas Wasser sammelt. Dieses Wasser verdunstet und kondensiert und sorgt so für die benötigten 80 Prozent Luftfeuchtigkeit.

Für die 15 mal 25 Zentimeter große Plastikdose mit dem Deckel und eine Abwaschbeckeneinlage aus Plastik habe ich knapp sechs Euro bezahlt und nun deswegen vermutlich den billigsten Käsekeller der Welt zu Hause. Wenn es denn funktioniert. Und wenn wir denn wieder zu Vollfettessen wechseln.

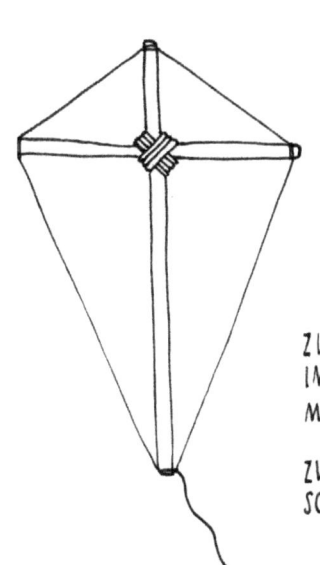

ZWEI LEICHTE LEISTEN
IM RECHTEN WINKEL
MIT SCHNUR VERBINDEN

ZWISCHEN DEN 4 ENDEN
SCHNUR SPANNEN

*Herbst*

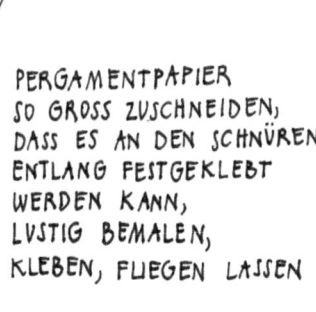

PERGAMENTPAPIER
SO GROSS ZUSCHNEIDEN,
DASS ES AN DEN SCHNÜREN
ENTLANG FESTGEKLEBT
WERDEN KANN,
LUSTIG BEMALEN,
KLEBEN, FLIEGEN LASSEN

## Tag 257
# Das einfache Leben nervt!

Seit zehn Tagen weiß ich, wie ich nicht leben will. Wir sind im Urlaub auf einer Hütte, in der es zwar ein bisschen Strom aus einer Solarzelle gibt, aber in der man für heißes Wasser genauso selbst sorgen muss wie für eine warme Wohnstube oder Mahlzeit.

Als wir unseren Urlaub planten, liebäugelte ich mit der Möglichkeit, zwei Wochen lang mal keinen Finger krumm machen zu müssen – sprich: einen Urlaub im Hotel zu buchen. So etwas habe ich noch nie gemacht, aber irgendwie schien es mir so, als hätte ich mir das in diesem Jahr verdient: morgens aufzustehen, mich an einen gedeckten Frühstückstisch zu setzen, anschließend vielleicht ein bisschen spazieren zu gehen oder auch einfach nur zu lesen, mich dann in eine schon eingeheizte Sauna zu setzen und einen Drink zu schlürfen, den jemand anderes für mich gemixt hat; so wie ich dann später auch ein Mehr-Gänge-Menü essen würde, für das ich keine Karotte schneiden, keine Kartoffel kochen, keinen Fisch anbraten müsste. Irgendwie erschien mir das wie ein Traumurlaub. Bis mich der Mann auf einen entscheidenden Punkt hinwies:

»Zwei Wochen lang so einen Urlaub zu machen, ist doch voll langweilig. Kannste allein fahren.«

Da ich aber nicht allein in den Urlaub wollte und der Mann ja auch recht hatte, redeten wir dann doch weiter über den Plan, das »einfache Leben« mal so in echt auszuprobieren. Für zwei Wochen. Auf einer Hütte in den österreichischen Bergen.

Deswegen hacken wir seit anderthalb Wochen jeden Morgen einen großen Korb voll Holz. Deswegen müssen wir für jede heiße Dusche einen Badeofen einheizen. Deswegen laufen wir alle zwei Tage zu einer Quelle, um die Wasserkanister aufzufüllen. Deswegen waschen wir unsere Wäsche mit der Hand. Deswegen habe ich im Urlaub überhaupt erst ein einziges Buch gelesen. Ein ganzer Stapel liegt auf dem Stubentisch. Aber ich habe ja den ganzen Tag anderes zu tun.

Es war eine ganz und gar dumme Idee, das einfache Leben zu erproben.

Solange dieses einfache Leben im Komfort des Alltags stattfindet und eine freiwillige Entscheidung ist, ist es schön und gut, merke ich. Wenn es aber zur Notwendigkeit und zur einzigen Option wird, ist es gar nicht mehr so romantisch, sondern Arbeit rund um die Uhr. Das war mir zwar irgendwie auch klar – immerhin ging es ja zum Beispiel den 20 Protagonisten in »Abenteuer 1900« genauso. Aber die haben zumindest eine Zeitreise gemacht. Wir dagegen sind nur 1500 Meter in die Höhe gefahren.

Idyllisch klingt so ein Leben auf der Hütte auch nur, solange die Sonne scheint. Dann muss die Stube nicht eingeheizt werden und stattdessen kann man den ganzen Tag über grüne Wiesen hüpfen, ein paar Kühe umschubsen und sich in Heuhaufen werfen. Aber das Bild sieht ganz anders aus, wenn es immer nur um die 15 Grad Celsius sind wie in den vergangenen Tagen, von denen auch nur an zweien die Sonne geschienen hat. Ansonsten war es zwar trocken, aber grau. Draußen war es eher ungemütlich. Drinnen musste eingeheizt werden.

Der Mann versucht, den Urlaub schönzureden: »Zu Hause hätten wir nie Ravioli selbst gemacht.«

»H-hm.«

»Überhaupt ist es doch sehr schön, genug Zeit für *richtiges* Kochen zu haben.«

»Ja, vielleicht.«

Wir haben die Nudelmaschine mit auf die Hütte gebracht und deswegen tatsächlich große Teigplatten ausgerollt und gefüllte Ravioli selbst gemacht. Sehr lecker. Sehr viel besser als gekaufte, da hat der Mann recht. Und: Ich habe zum ersten Mal in meinem Leben Spätzle selbst gemacht. Hier oben lag im Küchenschrank eine Spätzlereibe, also rührten wir Eier, Mehl und Wasser zusammen und kratzten den zähflüssigen Teig durch die Löcher in der Reibe, rein in kochendes Wasser. Dieses Abendessen war sehr viel leckerer als alle gekauften Spätzle, die ich bisher gegessen habe, das muss ich zugeben.

Aber an einem Tag zum Beispiel wollten wir gern Pilze kochen. Also gingen wir in den Wald und suchten nach Pilzen. Ich trug einen Korb, der Mann hatte ein Pilzbestimmungsbuch in der Hand, das wir in der Hütte gefunden hatten und das uns auf die Idee mit dem Pilzgericht gebracht hatte. So liefen wir dann, eine Stunde, zwei Stunden, bückten uns nach Pilzen und versuchten herauszukriegen, was uns da gegenüberstand. Nur dass wir einfach nie sicher waren, ob es ein essbarer Pilz war oder einer, der uns schnurstracks umbringen würde.

Also gab es am Abend keine Pilzpfanne, sondern für jeden zwei Käsebrote.

Das ist genau der Unterschied: Plötzlich, außerhalb der Wohlstandsgesellschaft, ist man von den eigenen Fähigkeiten abhängig, von der Arbeit der eigenen Hände und vom Wissen übers Selbermachen. Es ist nicht nur »Punk«, wie mal ein T-Shirt selbst zu bemalen, sondern: existenziell.

Erst am Abend kriegt unser Urlaub wieder etwas Romantisch-Idyllisches: Die Stube ist schön warm, wir haben gut gegessen, und es bleiben noch zwei, drei Stunden Abendbeschäftigung. Ich setze mich mit dem Strickzeug auf die

Ofenbank. Der Pullover nimmt langsam Gestalt an; für so ein Projekt ist ein Hüttenurlaub genau das Richtige.

In den ersten Tagen haben der Mann und ich abends noch das Scrabble-Brett ausgepackt, aber der Mann macht mich dabei wahnsinnig. Weil er sich in jeder Runde bis zu 15 Minuten Zeit nimmt, um alle sieben Steine anlegen zu können und den Bonus zu kassieren, weigere ich mich, weiter mit ihm zu spielen. »Ich sehe überhaupt nicht ein, mich hier ins Koma langweilen zu lassen, weil du so lange überlegst. Und dann auch noch zu verlieren«, beendete ich das Thema Scrabble.

Also stricke ich jetzt. Ich habe auf Brusthöhe des Pullovers angefangen, kleine Löchlein in das Muster einzustricken, jawoll! Die beste Freundin hat mich animiert oder, mehr noch, gezwungen. Vor dem Urlaub hatten wir uns zu einem Strick-Kaffeekränzchen getroffen, und da zeigte sie mir, dass sie mittlerweile nicht nur ihre Kinder mit Schals versorgt, sondern sich selbst auch eine Mütze mit Lochmuster gemacht hat. Überhaupt verblüffte sie mich mit ihrem Ehrgeiz: Sie hat nicht nur gelernt, wie man Löcher strickt, sondern hat sich auch fachmännisch beigebracht, wie man zusätzliche Maschen aufnimmt oder zwei Maschen zusammenstrickt, um ein Strickstück breiter oder schmaler werden zu lassen. Während ich an meinem Pullover arbeitete und wir quatschten und Tee tranken, flog ihr Blick immer wieder zwischen einem alten Strick-Lehrbuch – »meiner Oma abgeschwatzt« – und ihrem Strickhalstuch hin und her. Die beste Freundin brachte sich gerade selbst bei, wie man kleine Knubbel strickt. »Weil so ein knubbeliges Halstuch doch sicher lustig ist«, sagte sie. Als ich wieder nach Hause fuhr, hatte sie jedenfalls auch das Knubbelstricken drauf, und mir wurde klar, dass ich in Zukunft, wann immer ich noch etwas Neues in Sachen Stricken lernen wollte, einfach zu ihr gehen könnte.

Das Stricken versöhnt mich dann wieder mit dem Landleben. Mein neues Können macht mir so viel Freude, dass ich in meinem Kopf schon eine kleine Liste angelegt habe, was ich demnächst alles stricken werde: eine Strickjacke in Norwegermuster zum Beispiel. Oder Knubbel, die will ich auch lernen. Das dann aber gerne alles in meinem Wohnzimmer in der Stadt.

## Tag 262
## Ein »Bert« soll es sein

Der Mann und ich haben ein Date mit drei Litern Milch, einem großen Topf, einer Schöpfkelle. Und wenn diese Verabredung gut läuft, haben wir am Ende des Tages einen Käse.

Seitdem ich beim Anderlbauer gelernt habe, wie das mit dem Käsemachen funktioniert, sind schon beinahe zwei Monate vergangen. Dabei wollte ich am liebsten sofort loslegen, nachdem ich den Bauernhof verlassen hatte. Aber erst kam die Pflaumenmarmelade dazwischen, dann der Urlaub – jetzt endlich haben wir uns einen ganzen Samstag freigehalten, um bei uns zu Hause Käse zu machen.

Der Mann legt eine bisher ungekannte Begeisterung an den Tag: Nach dem Frühstück klatscht er in die Hände und ruft: »So!« Wir suchen alles zusammen, was wir brauchen werden, und das ist eine Menge. Der Platz in unserer Küche wird knapp:

Zwei große Töpfe, in die die Menge Milch passt, die verkäst werden soll. In unserem Fall: zwei Liter.

Ein Rührlöffel.

Ein Thermometer, das mindestens 20 Grad Celsius, aber auch bis zu 95 Grad anzeigen können muss. Wir haben glücklicherweise seit Jahren ein Steakthermometer in der Schublade. Das hat der Mann irgendwann mal geschenkt bekommen und dann mit in unseren gemeinsamen Haushalt eingebracht. Aber wegen meiner Weigerung, Fleisch zu essen, liegt es immer noch unbenutzt dort, wo es beim Einzug gelandet ist. Bis heute.

Die große Brotbüchse, die ich als Keller-Ersatz gekauft habe, und die Abwascheinlage.

Eine ehemalige Seifenschale aus Edelstahl mit großen Löchern im Boden, um darin die gestockte Milch zu Käse werden zu lassen.

Eine Auflaufform oder Ähnliches zum Auffangen der Molke.

Mehrere dicke Decken.

Und natürlich die Zutaten: zwei Liter frische Vollmilch, ein Liter Ziegenmilch, ein Becher Buttermilch, jodfreies Salz und Lab.

Das mit den Hauben, Kitteln und Schutzüberzügen über den Schuhen lassen der Mann und ich mal bleiben, wir waschen uns einfach nur gründlich die Hände. Bevor aber überhaupt irgendwas losgeht, müssen wir entscheiden, welchen Käse wir machen wollen. Vom Anderlbauern habe ich Rezepte für Frischkäse, Weichkäse, halbfesten Schnittkäse, Camembert und Canestrato bekommen. Für mich steht jetzt schon fest: Ich will einen Ziegenbert – den Käse, in den ich mich vor zwei Monaten spontan verliebt habe. Deswegen habe ich auch gestern einen frischen Camembert gekauft. Wegen dessen Pelz. Den wir ihm nachher wegnehmen werden, um ihn als Starter für die Pilzkultur zu benutzen.

Außerdem entscheiden wir uns dafür, Frischkäse zu machen, den wir in Kräuteröl einlegen wollen.

»Lass uns Frischkäse aus Ziegenmilch machen«, schlägt der Mann vor.

»Ich will aber Ziegenbert!«

»Aber der Camembert schmeckt aus Kuhmilch genauso gut, Ziegenfrischkäse schmeckt aber viel besser als der aus

Kuh.« Der Mann kriegt einen leicht nörgelnden Tonfall. Ich sollte ihn nicht gleich am Anfang vergraulen, allein könnte das Käsemachen langweilig werden, immerhin zieht es sich über Stunden hin. Also sage ich: »Abgemacht.«

Der Mann liest die Rezepte von Camembert und Frischkäse vor, aber in einem Tempo und mit einer Aussprache, dass ich dabei nicht mehr als »Milch«, »Grad«, »Lab«, »rühren« verstehe. »Die Milch … brmmlbrrrml … Grad erw... brdlm grmml … Lab … rühren.«

»Und das heißt in Menschensprache?«

»Wir fangen mit der Milch für den Camembert an. 34 Grad soll die warm sein.« Also legen wir los, kippen zwei Liter Frischmilch – allerdings pasteurisiert, aus dem Supermarkt eben, keine Milch direkt aus dem Euter – in den Topf und schalten den Herd an. Schon nach ein paar Minuten bewegt sich der Zeiger des Steakthermometers auf 35 Grad. Das ging schnell.

Ich probiere den Trick mit dem Fingerreinhalten – womit mich der Anderlbauer beeindruckt hatte. Und ich kapiere, dass es gar kein Trick ist, klar, Körpertemperatur erkennt man einfach so, geht mir auf: wenn sich die Milch pupswarm anfühlt. Wir rühren wie im Rezept beschrieben ein paar Esslöffel Buttermilch in die Milch, »Säure wecken« heißt das auf dem Rezeptblatt, und dann packen wir den Topf in mehrere Decken und stellen den Herdalarm auf eine Stunde ein. Anschließend wiederholen wir das Prozedere mit der Ziegenmilch: erwärmen, Säurewecker rein, Deckel drauf, Topf einpacken. Dann beginnt der langweilige Teil des Käsemachens: das Warten. Nach jedem einzelnen Produktionsschritt muss man Zeit vergehen lassen. Es ist also ratsam, sich eine Nebenbeschäftigung für den Tag des Käsemachens zu suchen. Der Mann verkrümelt sich an seinen Schreibtisch. Ich beschließe, eine Runde im Garten zu drehen.

Eigentlich muss dort gar nichts mehr gemacht werden, es hängen ja nur noch ein paar wenige Tomaten und genießen die letzte Septembersonne. Ich lockere nur die Erde um die Tomate herum und in den Kartoffelsäcken etwas auf, pflücke ein paar Stängel Pfefferminze für den Salat zum Abendessen und stecke sie in meine Schürzentasche. Eine Ackerwinde ziehe ich auch noch, die ärgert mich schon seit einiger Zeit, jetzt fliegt sie raus. Eigentlich mache ich also nur Dinge, die nicht dringend nötig sind, aber ich glaube auch daran, dass Pflanzen angefasst und betüttelt werden wollen. Auch unsere Zimmerpflanzen wische ich ab und zu zärtlich mit einem nassen Lappen ab oder stelle sie unter die Dusche. Ich finde, Pflanzen sollen es gut haben. Und bisher hat sich noch keine von ihnen beschwert. Nur der Mann lacht mich aus, wenn er mich erwischt, wie ich den Pflanzen von meinem Tag erzähle.

Um Viertel nach zwölf stehen wir beide wieder in der Küche und starren konzentriert auf das Rezept. Als Schritt Nummer zwei steht dort: »Zugabe der Camembert-Schimmelkultur und des Labs. Gut durchmischen, dann weitere 60 Minuten warm stellen.« Ich hole den frischen Camembert aus dem Kühlschrank, ein schön pelziges Ding, das ich mit dem Messerrücken nackig mache. Wie ein Nacktmull oder eine dieser komischen Sphinx-Katzen sieht der Camembert jetzt aus, und auf dem Holzbrett vor mir liegt ein kleiner Haufen Schimmelspäne, die der Mann in feine Stücke hackt.

Jetzt kommt der interessanteste Teil. Zumindest finde ich das am spannendsten: das Lab. Für mich ist es immer noch unglaublich, dass ein paar Krümel einen ganzen Topf Milch in Gallertmasse verwandeln, einfach indem da irgendwelche Eiweißketten geknackt werden. Toll. Die Schwierigkeit ist nur, das Lab auch richtig zu dosieren. Ich habe ein kleines Fläschchen mit Pulver und einen minikleinen Messlöffel – aber so ein Messlöffel voll Lab reicht für 100 Liter Milch. Wir brauchen also ein Fünfzigstel. Die Frage ist: Wie kriege ich ein Fünfzigstel von einem minikleinen Messlöffel?

Ich kippe den Inhalt des Messlöffels in einer Linie auf

dem Holzbrett aus und schiebe die Krümel wie in einem schlechten Drogenfilm mit dem Messer noch ein bisschen enger zusammen, sodass eine lange, schmale Linie weißen Pulvers entsteht. Würde jetzt ein Regisseur rufen »Cut! Das sieht viel zu klischeehaft aus!«, ich wäre sofort einverstanden. Die Linie halbiere ich mit einem vorsichtigen Messerschnitt, eine Hälfte des Labs schiebe ich beiseite, die andere ruckle ich noch mal mit dem Messer zurecht, dann teile ich sie in fünf halbwegs gleich große Abschnitte. Einen der Abschnitte schiebe ich erneut zu einer *line* zusammen und zerschneide diese wieder in fünf Teile. Übrig bleibt ein Häufchen Krümel, die etwa so groß wie grobe Sandkörner sind und die vielleicht sogar schneller per Hand abgezählt wären. Hätte da im Rezept gestanden: Auf einen Liter Milch 20 Körnchen Lab, das wäre einfacher gewesen.

Der Mann wickelt den Kuhmilchtopf aus seinem gemütlichen Sofaplatz aus, wir kontrollieren noch mal die Temperatur, erstaunlicherweise sind es immer noch 35 Grad, ich rühre die Schimmelschnipsel und das Lab gut unter, dann verstaut der Mann den Topf wieder im Deckenberg. Währenddessen halbiere ich schon mal eines der übrig gebliebenen Fünftel vom Fünftel von der Hälfte und rühre diesen minikleinen Haufen Krümel in die Ziegenmilch, dann kommt auch dieser Topf zurück unter eine dicke Decke.

Nachdem der Mann und ich Brotzeit gemacht haben, holen wir eine weitere Stunde später die beiden Töpfe in die Küche und öffnen sie neugierig.

»Hier gibt es Gelee«, sagt der Mann, der in den Topf mit der Kuhmilch schaut. Ich hebe den Deckel von meinem Topf und bin enttäuscht: »Hier gibt es dicke Milch.« Deckel wieder drauf, Topf noch mal unter die Decke. Kümmern wir uns erst mal um den Kuhmilchpudding, der muss jetzt geschnitten werden, »Bruchbereitung« hatte Johann Huber das genannt. Ganz langsam fahre ich mit einem schmalen langen Bratwender einmal mitten durch den Käsepudding. Er leistet keinen Widerstand, eigentlich sollte das hier langweiliger sein als Pizzaschneiden, weil dem Schneiden kein köstliches Essen folgt, sondern nur 15 Minuten erneutes Warten. Trotzdem ist es aufregender, denn zum ersten Mal stellt sich das Gefühl ein: Es könnte klappen.

Bis hierhin ist mir der Gedanke, wirklich selbst Käse machen zu können, nämlich extrem spinnert vorgekommen. So praktikabel, wie meine Notizblöcke aus selbst geschöpftem Papier zu binden. Aber jetzt, da es wirklich nach Plan läuft, zumindest beim Kuhtopf, da bin ich aufgeregt, ob wir es wirklich hinkriegen. Ich habe die Masse sieben Mal längs eingeschnitten, übergebe den Bratwender an den Mann, und der schneidet sieben Mal quer – mit einem freudigen Lächeln auf den Lippen. Ihm geht es wie mir, ha! Von wegen, blödes Selbermachen, das er in den letzten Monaten immer mal wieder verflucht hat.

Der Käsebruch kommt jetzt ein vorletztes Mal für eine Viertelstunde in seine Kuschelecke, dann schneiden wir ihn erneut in noch kleinere Quadrate, lassen ihm seine letzten 15 Minuten, und dann wird endlich Käse gemacht. Vorher will ich aber gleich warnen: Das Tempo nimmt jetzt keinesfalls zu. Es bleibt dabei: kurzer Handgriff, warten, Handgriff, warten. So wird Käse gemacht. Der nächste Handgriff ist allerdings der aufwendigste: Der Käsebruch wird aus dem Topf geschöpft, die Molke, die sich durch das Zerschneiden der Gallertmasse abgesetzt hat, bleibt drin.

Schon nach der ersten Schöpfkelle voll Käsebruch, der eine Konsistenz wie Seidentofu hat, nur leider noch langweiliger schmeckt, wird uns klar, dass die ehemalige Seifenschale, die wir zur Käseform ernannt haben, niemals ausreichen wird. Der Käse wird zwar im Laufe der Stunden immer weiter schrumpfen, je mehr Molke austritt nämlich. Aber er muss ja auch im Wabbelzustand erst mal irgendwo rein.

Also begeben wir uns auf die Suche nach einem passenden Abtropfgefäß. Der Mann sucht in der Abstellkammer nach etwas Brauchbarem, ich reiße alle Küchenschränke auf, krame Dosen und Schüsseln heraus, aber nichts will so richtig passen für unseren Zweck. Letztendlich lande ich im Gemüsefach und reiße die Plastikschale mit Rucola heraus, die am Vortag in der Gemüsekiste lag.

»Das ist es!«, rufe ich dem Mann zu, der sich erleichtert die wirren Haare etwas glatt streicht. »Ich geh dann mal aufräumen«, sagt er matt und trottet zurück in die Abstellkammer. Ich verfrachte den Rucola in eine Tüte und zurück ins Gemüsefach, wasche die Schale ab und fange an, mich mit einem Nagel und einem sehr dicken Kreuzschraubendreher daran zu schaffen zu machen: kleines Loch mit dem Nagel reinmachen, Loch mit dem Schraubendreher auf einen halben Zentimeter Durchmesser ausleiern. Alles von innen nach außen, damit die Lochkanten sich nach außen stülpen und überhaupt etwas abfließen kann. Viele, viele Male, bis der Boden ganz zerlöchert ist und auch an der Seite so viele Lecks sind, dass die Molke ablaufen kann.

Ich stelle die zerlöcherte Plastikschale in die Auflaufform, der Mann schöpft Käsebruch hinein, die Molke läuft außen ab, alles, wie es sein soll. Nach zwanzig Minuten haben wir den Topf leer, gießen die Molke aus Topf und Auflaufform in den Abfluss und lassen dem Käse ein paar Minuten, um noch mehr Flüssigkeit abzusondern. Denn gleich soll der Käse zum ersten Mal gewendet werden – auch das eine Maßnahme, die den Käse fester und trockener machen soll.

In der Zwischenzeit schauen wir noch mal nach der Ziegenmilch. Die schwimmt aber immer noch dickflüssig in ihrem Topf. Dabei hat sie jetzt schon fast zwei Stunden Extrazeit bekommen.

»Sollen wir noch mal ein bisschen Lab einrühren?«, frage ich den Mann.

»Keine Ahnung. Kann es dann schlecht werden?«

»Keine Ahnung.« Hier sind zwei Amateure am Werk, die eine Entscheidung treffen müssen. Da die Alternative jetzt wäre, die Ziegenmilch einfach wegzuschütten, beschließen wir, es wirklich noch mal mit etwas Lab zu probieren. Wir stellen den Topf erneut kurz auf den Herd, lassen die Milch warm werden, ich rühre Lab unter und wickle den Topf in die Decken ein. Wir haben jetzt also ein Sorgenkind.

Zurück beim Lieblingskind, das alles so macht, wie es soll, steht die Frage an, wie man so einen Käse jetzt wendet. Vor allem, wenn er wie unserer 10 mal 17 Zentimeter groß ist und noch ziemlich wackelig aussieht. Wir legen ein Brett auf die Form, der Mann hält die Kanten der Gemüseschale und das Brett fest, ich lege meine Hände auf den Boden der Schale und auf die andere Seite des Brettes.

»Eeeins, zweeei, …«

»Halt! In welche Richtung drehen wir?«, unterbreche ich den Countdown.

»Zu mir. Andersrum breche ich mir die Arme. Also, eeeins, zweeei, drei!«

Schwungvoll drehen wir Brett und Käseform herum, der Käse platscht flach auf das Brett und wir atmen erleichtert aus. Er ist noch heil. Ganz vorsichtig und mit den flachen Händen, damit kein Stück abbricht, drehe ich den Käse auf dem Brett auf die andere Seite, auch das gelingt, dann stülpe ich die Schale wieder auf den Käse, der Mann hält die Kanten fest, und wir zählen wieder einen Countdown, an dessen Ende unser Käse zurück in die Schale platscht, ein kleines bisschen schief, aber unverletzt. Wir ruckeln ihn zurecht und stellen die Schale zurück zum Abtropfen.

Das wird in den folgenden Stunden unsere Nachmittagsbeschäftigung sein: Käse wenden. Er muss zwei Mal im Dreißigminutenabstand, dann zwei Mal im Stundenabstand und dann noch zwei Mal alle zwei Stunden gewendet werden. Und dann haben wir einen Käse, der nur noch reifen muss.

»Das ist keine Geheimwissenschaft, würde ich sagen.«

»Warte erst mal ab«, bremst der Mann meinen Enthusiasmus. Aber ich finde wirklich: Beim Käsemachen muss man sich vor allem an die Anleitung halten, dann wird es auch was. Vermutlich kriegt man beim zweiten, dritten, vierten Mal sogar Routine und muss dann nicht mehr alle paar Minuten das Rezept lesen – so wie wir, weil wir immer schon wieder vergessen haben, was als Nächstes passieren soll.

Wir schauen ein letztes Mal in den Topf mit der Ziegenmilch. Aber die sieht noch genauso aus wie vorher. Ich trage den Topf ins Bad, öffne den Klodeckel, zögere noch mal kurz – schade, um die schöne Ziegenmilch! – und leere den Topf aus.

Ich wasche meine Hände gründlich. Ein letztes Mal wende ich den Käse, bevor wir ihn für die Nacht in Ruhe lassen, damit er noch weiter trocknet und schrumpft. Morgen früh werden wir ihn dann mit Salz panieren und für zwei Wochen in die Kellerbüchse sperren. Vermutlich ist genau das der Moment, in dem der junge Johann Huber mit den Kumpels feiern ging. Wir gehen schlafen.

## Tag 267
# The One-Million-Dollar-Dress

Der Mann und ich stehen in einem Hotelzimmer in einer fremden Stadt und ziehen uns um. Heute ist der große Tag. Der Smoking-Abend. Der Mann bindet sich seine Fliege um den Hals, ich ziehe mir ein paar feine schwarze Strumpfhosen an und die schwarzen Mary Janes, die ich mir extra noch zum Kleid gekauft habe.

Dann schlüpfe ich in mein Kleid und muss den Mann darum bitten, mir den Reißverschluss zuzumachen. Das kannte ich bisher nur aus Filmszenen: Die Frau geht zum Mann, hält sich die Haare hoch, er streicht letzte Strähnen aus ihrem Nacken und schließt ihr den Reißverschluss. Und genau so ist es dann auch wirklich, wenn man ein Kleid mit einem 60 Zentimeter langen Reißverschluss hat, den man selbst mit langjähriger Yoga-Erfahrung nicht allein zukriegt.

Ich zupple mich ein bisschen im Kleid zurecht, dummerweise spannen die Futterärmel immer noch. Das Kleid hat eigentlich Puffärmel, doch um den »Puff« im Ärmel nicht allzu dick ausfallen zu lassen, habe ich mich entschieden, die Baumwollärmel im Kleid schmal zuzuschneiden, ohne die vielen Falten. Gestern, nachdem das Kleid dann endlich in allen tausend Einzelheiten fertig war, habe ich sehr wohl festgestellt, dass es am Schultermuskel ein bisschen eng war. Ich habe also die Ärmel noch einmal ein paar Zentimeter gekürzt und an der Oberseite, entlang der Schulter, ein paar Zentimeter eingeschnitten und das Ganze dann einfach mit Zickzackstich eingefasst. Und das Kleid dann nicht noch einmal anprobiert. Meine Nählust war einfach aufgebraucht, nach zwölf Arbeitstagen oder -abenden und insgesamt zirka 36 Nähstunden.

»Lieber Mann, machst du mir den Reißverschluss wieder auf?«, sage ich jetzt im Hotelzimmer.

Ich besorge mir an der Hotelrezeption eine Schere. Damit schneide ich beherzt den Schlitz an der Oberseite des Futterärmels noch ein paar Zentimeter weiter auf. Der Mann kommt aus dem Bad ins Zimmer und macht ein irritiertes Gesicht und ein ungläubiges Geräusch.

»Ist nur das Futter«, beruhige ich ihn. Aber tatsächlich ist es ein merkwürdiges Gefühl, in ein Kleidungsstück, an dem man Stunde um Stunde sorgfältigst genäht hat, einfach so mal kräftig reinzuschneiden.

Der Mann macht mir den Reißverschluss noch einmal zu, wir ziehen unsere Mäntel über und machen uns auf den Weg zu unserem eleganten Abend. Auf dem Fest werde ich von einem Freund direkt mit »Tolles Kleid!« empfangen und freue mich. Als wir uns dann fest umarmen, höre ich ein leises Krachen, fühle aber zum Glück, dass es nur vom rechten Oberarm kommt – der Schnitt im Ärmel sich also einfach noch ein paar Millimeter oder Zentimeter verlängert hat – und nicht etwa von einer Naht.

Während ich mit einem Getränk in der Hand herumschlendere, schaue ich mir die Kleider der anderen Frauen an. Die meisten sehen aus wie die Kleider, die man auch auf Hochzeiten immer sieht und von denen einem die Frauen verraten, dass sie genau *ein* solches Kleid im Schrank hängen haben und es dann zu jeder Hochzeit und jedem Anlass mit Dresscode anziehen.

Und ich, ich habe jetzt auch ein »Kleines Schwarzes«, zum ersten Mal in meinem Leben. Und wenn es stimmt, dass eine Frau im Kleinen Schwarzen immer richtig angezogen ist, könnte es vielleicht doch noch ein paar Gelegenheiten geben, zu denen ich das Kleid trage. Und dann ebenfalls erzählen kann, ich hätte genau dieses *eine* festliche Kleid im Schrank und … Nur dass ich dann noch hinterherschieben werde: »… hab ich übrigens selbst gemacht.«

Je mehr Kleider ich an diesem Abend sehe, desto fröhlicher werde ich, stolz und sogar ein bisschen eingebildet. Ich finde nämlich, dass mein Kleid hier unter all den Hunderten von Kleidern das schönste ist. Sogar ein bisschen übermütig werde ich, denn ich wage den Gedanken, mir noch ein paar mehr Kleider zu nähen – jetzt, da ich das ja so gut kann.

Dafür, dass ich etwas Neues gelernt habe, sind die 36 Arbeitsstunden dann gar nicht mal *so* viel, sinniere ich und nippe an meinem Getränk. Im Prinzip ist es ja bei jedem Handwerk so: Man kann alles lernen. Man muss sich nur darauf einlassen, Geduld haben, viel Zeit investieren und etwas Begeisterung.

Ich liebe mein Kleid. Und ich werde es vermutlich immer lieben, egal, wie oft ich es nun tatsächlich anziehen werde. Normalerweise komme ich mir in so einer Klamotte einfach nur bescheuert vor. Wobei ich sagen muss: Wenn man von Elfen und Pinguinen umgeben ist, fühlt man sich auch nicht mehr komisch, so in Abendgarderobe.

Für Stoff, Reißverschluss, Vlies, Garn und Nadeln habe ich zusammen weniger als 50 Euro bezahlt, für dieses Geld würde ich nie so ein Kleid bekommen. Irgendeinen billigen Fetzen, das ja. Aber keine maßgeschneiderte Handarbeit. Jetzt weiß ich, dass es wirklich gerechtfertigt ist, wenn schöne Klamotten Hunderte Euro kosten – so lange sie nicht trotzdem in *sweat shops* genäht wurden, in denen Frauen und Kinder für ein paar Cent am Tag schuften müssen. Denn nur für einen Namen zu zahlen, finde ich dann auch wieder dumm. Aber das hier ist eine echte Klingnerin. Mehr wert als 300, 500, 700 Euro. Ich weiß nicht, was man mir bieten müsste, damit ich es weggeben würde. Es müsste sehr, sehr viel sein.

## Tag 269
# Raus aus die Kartoffeln, rin in die Kartoffeln

Ich erkläre am Morgen die Gartensaison für beendet. Es ist Ende September, draußen scheint die Sonne, ich werde zum ersten Mal in meinem Leben Kartoffeln ernten.

In den vergangenen Tagen habe ich schon damit angefangen, die letzten Pflanzen wegzuschmeißen – wie die abgeerntete Tomatenpflanze oder die eingegangene Aubergine – oder nach drinnen zu stellen, zum Beispiel die Hängeerdbeeren vom Balkon: Sie blühen plötzlich wie verrückt und bilden noch Früchte aus. Deswegen habe ich sie ans Küchenfenster gestellt. Wir werden in nächster Zeit noch eine Menge Erdbeeren essen.

Ebenfalls noch sehr aktiv ist die Kapuzinerkresse. Sie blüht ununterbrochen, und weil wir die Balkontür jetzt nicht mehr wirklich offen lassen können, ich mich aber weiter an den dunkelorangen Blüten erfreuen will, habe ich den Blumenkasten mit der Kapuzinerkresse ans Badezimmerfenster gestellt. Und am Morgen kleine schwarze Köttelchen auf dem Fensterbrett gefunden. Ich bat den Mann, auf Raupensuche zu gehen, und er fand tatsächlich ein dickes, grünes Exemplar von der Sorte, die auch im Salbei saß. Ich schmiss sie aus dem Fenster und fragte mich wieder, was mich schon seit dem Tod meines Salbeis beschäftigt: Wie bitte schön kommen Raupen in den 5. Stock eines Wohnhauses? Mir kann niemand erzählen, dass die den ganzen Weg hier hochkriechen, nur um ein bisschen an meinen Pflanzen zu knabbern.

Der Mann hat eine Theorie: »Vögel haben sie im Schnabel und verlieren sie aus Versehen, wenn sie über uns auf der Dachrinne sitzen.«

Aber dann frage ich mich: Genau in meine Pflanzen? Und: Wie doof sind die Vögel in unserem Hinterhof eigentlich, wenn sie ständig ihre Beute verlieren?

Die Raupen können mich mal, in diesem Jahr kriegen sie von mir nichts mehr zu essen vorgesetzt, der Garten wird heute winterfest gemacht, die Kartoffelsäcke werden jetzt ausgekippt.

Zuerst ziehe ich das verwelkte Kartoffelgrün, also jetzt eher Kartoffelgrau, aus den Säcken, dann kippt der Mann den ersten Sack um, und ich schneide die Folie der Länge nach auf. Schicht für Schicht, immer nur ein bisschen Erde schieben wir zur Seite und tatsächlich: Wir finden dazwischen Kartoffeln. Gleich zu Anfang fallen uns ein paar kinderfaustgroße Exemplare entgegen, dazwischen entdecken wir immer mal wieder kleine Kartoffeln, die nur so groß sind wie Kirschen. Aber nach und nach füllt sich die Schüssel, die wir mitgenommen haben.

»Cool«, sagt der Mann, und auch ich grinse übers ganze Gesicht. Denn so richtig sicher, dass das mit den Kartoffeln etwas werden würde, war ich mir nicht. Immerhin hatte ich am Anfang der Saison einfach nur zwei Kartoffeln in einen Sack mit Erde gelegt. Und außer dass ich am Anfang immer wieder Erde aufschütten musste, haben die Kartoffeln weder Aufmerksamkeit gebraucht noch groß bekommen. Es hat immer so viel geregnet, dass ich sie insgesamt vielleicht fünf Mal gegossen habe. Den Rest der Zeit waren sie sich selbst überlassen. Im Gegensatz zu den undankbaren Zucchini- und Kürbispflanzen, die ich umsorgt und sogar therapeutisch behandelt habe und die sich trotzdem dafür entschieden, einfach mal abzusterben, sind die Kartoffeln extrem dankbare Zeit- und Gartengenossen.

Nachdem wir auch den zweiten Sack umgekippt, aufgeschnitten und durchwühlt haben, liegen in unserer Schüssel so um die siebzig Kartoffeln, grob durchgezählt. Sie sind sehr dreckig, aber zwischen dem Schmutz sieht man eine schöne pinke Schale hindurchschimmern – mhhh, meine Lieblingssorte.

Der Mann fragt: »Weißt du eigentlich mittlerweile, wie das funktioniert? Ich kapier's immer noch nicht, wie aus einer Kartoffel viele werden.«

Ich habe auch nicht die geringste Ahnung, deswegen verspreche ich, am Abend mal zu recherchieren, wie die Kartoffel das macht.

Im Garten reißt der Mann noch ein paar Meter Winden

heraus, die sich schon wieder überall breitgemacht haben, und ich verteile die Erde aus den Kartoffelsäcken auf dem Gartenboden. Dann ziehe ich die letzten toten Pflanzen aus ihren Tonnen und Kisten, stecke vier letzte Datteltomaten in die Jackentasche, und der Mann schüttet auch die Erde dieser Pflanzen ins Beet. Das könnte einen guten Untergrund für einen Garten im nächsten Jahr geben, denke ich mir. Wenn ich das Stückchen auf dem Garagendach weiter benutzen darf. Ich muss unbedingt meine Vermieterin deswegen anrufen.

Zum Schluss fege ich noch das Laub zusammen, das überall im Garten verteilt ist – auf einen großen Berg. »Für die Igel«, sage ich zum Mann.

»Und wie sollen die Igel auf ein Garagendach kommen?«, fragt er mich.

Hm. Blöd, ja.

»Genauso wie die Raupen in meine Pflanzentöpfe im 5. Stock kommen. Das schaffen die schon«, antworte ich.

Wir schauen uns noch mal im aufgeräumten Garten um. Richtig winterlich sieht es jetzt schon aus, so mit der blanken Erde und den nackten Bäumen.

»Tschüs, lieber Garten«, sage ich, trage das Unkraut zum Müllcontainer und schließe dann ein letztes Mal das Gitter zur Garagendachtreppe.

Oben in der Wohnung, am Computer, suche ich nach einer Antwort auf die Kartoffelfrage. Und werde in einem Arbeitsblatt für die dritte Klasse fündig: Schritt für Schritt und mit Bildern illustriert ist dort für die Grundschulkinder erklärt, wie aus einer Kartoffel viele werden, und das geht so:

Aus den Augen der Kartoffel wachsen kleine Triebe. Die Kartoffel keimt. Die keimende Kartoffel wird als Mutterknolle in die Erde gepflanzt. Aus den Keimen, die nach unten wachsen, werden Wurzeln und Ausläufer. Die Keime, die nach oben wachsen, durchbrechen etwa nach vier Wochen

die Erde. Sie bilden einen Stängel mit Blättern. Die Kartoffelpflanze wächst. Etwa nach zehn Wochen blüht sie. Unter der
Erde schrumpft die Mutterknolle zusammen, und an den
Ausläufern bilden sich etwa zehn bis 15 neue Tochterknol-
len. Die Kartoffelpflanze verwelkt. Ihre ganze Kraft geht in
die Kartoffelknollen. Die Kartoffeln sind jetzt reif und werden geerntet.

Ich rufe nach dem Mann und lese ihm die einzelnen Ent-
wicklungsschritte vor. »Ist gar nicht so mysteriös wie gedacht«, sage ich zu ihm.

»Aber trotzdem ganz schön interessant, davon habe ich
vorher noch nie was gehört.«

Er schaut noch mal auf das Arbeitsblatt, auf die Bilder,
welche die Drittklässler den einzelnen Entwicklungsschrit-
ten zuordnen sollen. »Toll«, sagt er. »Ich habe auch was für
dich zum Angucken, komm mit.« Er zieht mich mit sich
Richtung Wohnzimmer, wo am offenen Fenster unsere Käse-
box steht, hockt sich davor und sagt: »Schau!«

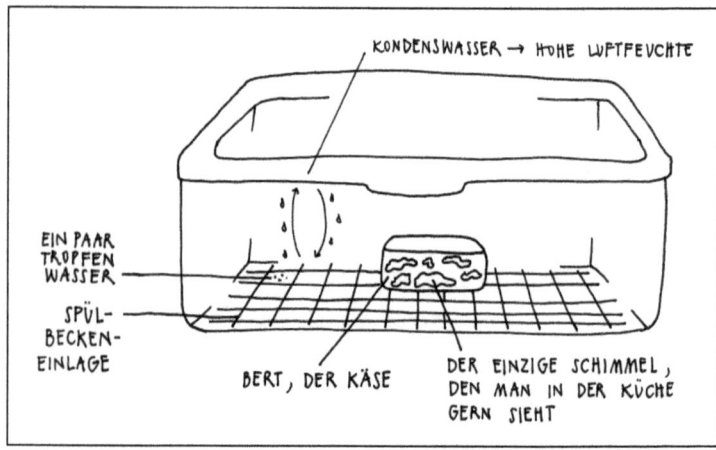

KONDENSWASSER → HOHE LUFTFEUCHTE

EIN PAAR
TROPFEN
WASSER

SPÜL-
BECKEN-
EINLAGE

BERT, DER KÄSE

DER EINZIGE SCHIMMEL,
DEN MAN IN DER KÜCHE
GERN SIEHT

Ich hocke mich neben ihn und kneife die Augen zusammen,
um durch die beschlagenen Wände der Brotbüchse etwas zu

erkennen. Und tatsächlich! Da! Der Käse bekommt einen feinen, weißen Flaum. Kuschelig schaut das aus. Wie ein kleines Babyhaustier.

## Tag 275
## Handwerkerglück

Heute spielen der Mann und ich »Wohnen nach Wunsch«.
Oder so. Jedenfalls werden wir ein bisschen renovieren – und
zwar unser sehr braunes Bad in ein möglichst weißes Bad
verwandeln.

Unsere Wohnung liegt in einem Altbau und ist deshalb
zwar ziemlich groß, aber auch ziemlich heruntergewohnt
und unsaniert. Jedes Zimmer hat einen anderen Fußboden,
manche Wände sind tapeziert, andere nur geweißelt; die
einzige Neuerung beim Einzug in diese Wohnung war, dass
der Vermieter den braunen PVC-Fußboden in der Küche
und die braunen Kacheln über der Spüle gegen hellgrauen
Bodenbelag und weiße Kacheln austauschte. Das Bad allerdings blieb Ton-in-Ton, nämlich Braun-in-Braun, und
die Hausverwaltung übergab es uns mit den Worten: »Hier
drin können Sie machen, was Sie wollen.« Noch in der ersten Woche fuhr ich mit meiner Mutter in einen Baumarkt,
kaufte ein neues Waschbecken und einen 15er-Bohrer, mit
dem wir eben jenes Waschbecken anbrachten. Seitdem haben wir ein braunes, ein Meter langes Monsterwaschbecken
auf dem Dachboden liegen, und ich habe seit sechs Jahren
keine Idee, wo man so etwas entsorgt.

Auch den viertürigen Spiegelschrank rissen wir von der
Wand, wir brachten einen weißen Duschvorhang und einen
großen alten Holzspiegel an, hängten einen kitschigen Kron-

leuchter auf, stellten eine 50er-Jahre-Kommode hinein – um dieses Bad irgendwie wohnlich zu machen. Nur die braune Badewanne und die braunen Fliesen blieben.

Immer mal wieder überfiel mich der Übermut, und ich verkündete, das Bad neu kacheln zu wollen. Und immer wieder überredete mich der Mann, das nicht zu tun. Viel Überredungskunst brauchte er nicht, immerhin ging es hier um viel Dreck, viel Arbeit und gut zwanzig Quadratmeter Wandkacheln. Plus zwölf Quadratmeter Bodenfliesen, falls wir diese auch gleich noch rausreißen wollten.

Der Plan, etwas für die Attraktivität unseres Badezimmers zu tun, verschwand also regelmäßig so schnell wieder in der Versenkung, wie er aufgetaucht war. Und dann sah ich eine dieser Renovierungsshows, die in den letzten Jahren im Fernsehen so wahnsinnig populär waren. Mittlerweile laufen sie nur noch vereinzelt, aber Anfang des Jahrtausends wurde ja auf allen Kanälen gespachtelt, verdübelt, wurden Wände versetzt und Dächer neu gedeckt. Ich kann dem Vorher-nachher-Prinzip dieser Shows mehr abgewinnen als einer Gesichts-Frisur-Klamotten-Renovierungs-Bildstrecke in Frauenzeitschriften. Das Prinzip ist ja das gleiche, faszinierende: Aus Alt mach Neu, aus Hässlich mach Schön.

Jedenfalls sah ich da in so einer Show, dass man gar nicht immer gleich neu kacheln muss, sondern es manchmal auch einfach ein paar Dosen Farblack tun.

Das ist bestimmt schon zwei Jahre her, und »Bad lackieren« steht seitdem auf meiner Allzeit-To-do-Liste. Aber jedes Wochenende waren andere Pläne wichtiger, und an das Braun hatten wir uns auch schon gewöhnt. Jetzt aber haben wir beschlossen, das Bad wirklich in Angriff zu nehmen. Wenn schon Selbermach-Jahr, dann auch richtig.

Also fahren der Mann und ich mal wieder in den Baumarkt. Wir legen zwei Lackierrollen und zwei Ausstreichwannen in unseren Einkaufswagen, und dann stehen wir

ratlos vor einem langen Regal, das mit Dutzenden von Lack-
sorten, -marken und -arten gefüllt ist.

»Was nimmt man denn da jetzt?«, fragt der Mann.

»Irgendeinen weißen Lack«, sage ich.

»Aber der muss doch speziell für Kacheln sein.«

»Ach Quatsch. Lack kann man überall draufschmieren.«

Der Mann zückt sein iPhone und fängt an, nach Informationen zu suchen. Ihn kann man nicht einfach in ein Geschäft schleppen und sagen: Wir kaufen irgendwas. Er muss
sich ganz sicher sein, dass das, was er da kauft, auch genau
das Richtige, von Experten Empfohlene ist.

Der Mann ist ein Planer. Ich dagegen bin eine Loslegerin.
Die Selbermachwelt teilt sich nämlich genau in diese zwei
Typen auf, bin ich überzeugt. Der Planer oder die Planerin
kauft sich zuallererst einmal zehn bis zwanzig Bücher zum
Thema und besorgt sich diverse Broschüren, liest das nach
Feierabend gründlich durch, macht sich Notizen und kleine
Skizzen, rechnet den Materialverbrauch aus, lässt seine Be-
rechnungen bei einem ersten Informationsausflug in den
Baumarkt vom Fachmann gegenchecken; und erst, wenn der
Planer sein Projekt noch ein paar Nächte überschlafen hat,
schreibt er wirklich eine Einkaufsliste. Materialien zweckent-
fremden oder improvisieren kommt für den Planer nicht in
Frage. Was man braucht, wird gekauft. Und zwar von dem
Hersteller, der die besten Bewertungen für sein Produkt bekommt, die der Planer natürlich auch recherchiert hat. Der
häufigste Satz des Planers ist: »Ich schau noch mal nach, was
die dazu schreiben.«

Der Losleger oder die Loslegerin ist das genaue Gegenteil. Er hat eine Idee, schaut mal auf dem Dachboden und in
der Abstellkammer nach, ob sich irgendetwas zum Umsetzen des Projektes gebrauchen lässt, schätzt Pi mal Daumen,
wie viel Material gekauft werden müsste, entscheidet sich im
Laden für das Produkt mit dem besten Preis-Leistungs-Ver-

hältnis und legt mit der Arbeit los, sobald alles eingekauft ist, manchmal auch schon vorher, mit der Absicht, den Rest »halt noch später zu besorgen«. Der häufigste Satz des Los-legers: »Ach, das wird schon gehen.«

Beides hat Vor- und Nachteile. Die Arbeit des Planers ist immer ordentlich, dauert aber von der Idee bis zum ferti-gen Projekt gerne mal Wochen oder Monate. Die Arbeit des Loslegers dagegen ist schnell fertig, oder wenigstens halb fer-tig, nur leider oft auch schlampig. Trotzdem halten beide ihre Art für die einzig gültige. Jedenfalls ist es beim Mann und mir so: Wenn er bei einem Projekt federführend ist, macht er mich wahnsinnig mit seinem Zögern und dem Wunsch, alles genau kontrollieren zu können. Umgekehrt nehme ich ihm die Lust am Selbermachen und ängstige ihn manchmal vielleicht sogar ein bisschen, weil bei mir alles meistens so-fort sein muss.

Manchmal ängstige ich mich sogar selbst. Zum Beispiel als ich unbedingt an diesem einen Nachmittag das Schlüssel-brett aufhängen musste, das wir zu Weihnachten geschenkt bekommen hatten. Dummerweise konnte man es nicht ein-fach an zwei Nägel hängen, sondern es mussten Haken sein, und dafür mussten zwei Löcher in die Wand gebohrt werden. Also nahm ich die Bohrmaschine und bohrte.

Ich hörte ein »Klack«, als ich gerade das zweite Loch bohrte, und die Bohrmaschine verstummte im selben Au-genblick. Ich zog den Stecker, stöpselte ihn in der nächsten Steckdose ein, freute mich, dass die Bohrmaschine nicht ka-putt war und bohrte Loch Nummer zwei zu Ende. Ich steckte Dübel in die Löcher und machte mich dann auf die Suche nach dem Strom-Problem. Probehalber steckte ich den Ste-cker einer Lampe in die Steckdose, die ich zuerst benutzt hatte: Sie leuchtete nicht. Also lag es an der Steckdose. Ich öffnete den Sicherungskasten – und richtig: Das »Klack« war von dort hergekommen, als eine Sicherung rausgeflogen war.

Die für den Strom im Flur. Ich kippte den Sicherungsschalter wieder um, die Lampe brannte, und ich drückte auf den Lichtschalter, der in Bauchhöhe über der Steckdose ist, um auch die Deckenlampen zu prüfen.

In dem Moment, als ich auf den Schalter drückte, knallte es wieder, diesmal richtig laut, und ein Dübel flog mir entgegen; nur zwei Millimeter neben meinem rechten Auge schlug er in meinem Gesicht ein. Mein Herz raste, und mir wurde klar: Dieser Dübel hatte in einer Stromleitung gesteckt. Die ich angebohrt hatte.

Mein zweiter Gedanke war: Hätte ich mir ein paar Minuten Zeit genommen und mal die Umgebung in Augenschein genommen, in der ich das Schlüsselbrett aufhängen wollte, wäre mir sicher aufgefallen, dass Loch Nummer zwei direkt in einer Linie über Steckdose und Lichtschalter lag. Und dass es durchaus sein könnte, dass die Stromader sich über die gesamte Höhe der Wand nach oben zieht. Auf jeden Fall hätte ich das Schlüsselbrett wohl einfach einen Zentimeter nach links oder rechts verschoben und wäre damit auf der sicheren Seite gewesen.

Stattdessen musste ich jetzt den Mann anrufen und ihm meine Schande gestehen. Es war mir so unendlich peinlich, und vor allem war mir klar, dass wir einen Handwerker anrufen mussten, der sich beim Flicken der Stromleitung vermutlich nicht würde zurückhalten können, blöde Witze über Frauen und Bohrmaschinen zu reißen. Der Sexismus bayerischer Handwerker kennt nur wenige Grenzen.

Der Mann lachte sich kaputt, als ich ihm erklärte, was passiert war, und war nur ein bisschen besorgt, dass ich einen Stromschlag abbekommen hätte. Dafür war er so nett, am nächsten Morgen auf den Handwerker zu warten, während ich mich zur Arbeit verkrümelte. Später erzählte er mir, der Handwerker sei sehr cool gewesen und hätte erzählt, selbst schon aus Versehen Stromleitungen angebohrt zu haben.

Seitdem haben wir am Eingang unserer Wohnung auf Sichthöhe ein ovales, verputztes Stück Wand, das mich daran erinnert, dass ein kleines bisschen Planung auch der enthusiastischsten Loslegerin nicht schaden kann.

Deswegen lasse ich auch jetzt im Baumarkt dem Mann alle Zeit der Welt, um sich über Lacke zu informieren. Wir schwanken zwischen Speziallack und normalem Allzwecklack, der in billigen 5-Liter-Dosen angeboten wird. Ich bin mir eigentlich sicher, dass er sagen wird, ohne Speziallack könne ich das Bad allein renovieren, er wolle nicht für den anschließenden Pfusch mitverantwortlich sein. Sein Urteil nach ausgiebiger Suche lautet aber: »Wir nehmen den billigen.«

Ich schaue ihn überrascht an: »Echt jetzt?«

»Ja, in den Handwerkerforen sagen alle, dass es der normale Lack auch tut und man lieber zwei Mal übereinanderstreicht, als den fünffachen Preis zu bezahlen.«

So verlassen wir den Baumarkt nach fast einer Stunde endlich wieder, fahren nach Hause und ziehen uns alte Klamotten an. Hängen den Spiegel ab, rücken die Kommode beiseite, kleben Zeitungspapier auf dem Fußboden fest, kippen vorsichtig etwas von dem weißen Lack in unsere Ausstreichwannen und rollen die Lackierrollen darin ebenso vorsichtig hin und her. Noch ein bisschen vorsichtiger rollen wir die Farbe an der Wand ab. Beim zweiten Mal sind wir schon forscher, und dann wird das Lackieren ganz einfach, und es fühlt sich eigentlich nicht mehr anders an, als eine beliebige Wand mit Dispersionsfarbe zu streichen. Nur dass es natürlich penetrant stinkt. Das Fenster steht weit offen, aber wir versuchen trotzdem, flach zu atmen.

Wir haben an unterschiedlichen Ecken angefangen, und als wir uns in der Mitte der Wand treffen, schauen wir uns sehr zufrieden unsere Arbeit an: »Toll schaut das aus«, sagt der Mann und fügt ein bisschen geflasht hinzu: »Wahnsinn, dass wir einfach so die Kacheln lackieren.« Ich teile seinen

Enthusiasmus, denn das Ergebnis gefällt mir. Es ist zwar etwas ungleichmäßig, aber gerade das macht es besonders schön. Das Improvisierte passt zum Rest der Wohnung.

Gut drei Stunden stehen wir im Bad, tauchen die Malerrollen immer wieder in den Lack, streichen Farbe an die Wände, bessern kleine Ecken mit einem Pinsel aus – und haben am Nachmittag ein neues Bad, über das wir uns freuen, als hätte uns jemand die Schlüssel für ein Haus am See überreicht.

Während wir das Bad und uns selbst putzen, backt im Ofen ein Brot, das ich zur Brotzeit raushole und auf den Küchentisch stelle, daneben einen Teller, auf den ich einen unserer beiden selbst gemachten Camemberts lege. Zur Feier des Tages beziehungsweise des Bades wird er jetzt angeschnitten. Er fühlte sich am Morgen beim Wenden schon ganz weich an, und der Schimmel ist seit ein paar Tagen dick und gleichmäßig über den gesamten Käse verteilt. Der Mann gießt uns dazu ein Glas Wein ein.

Wir schneiden den Käse an, ganz vorsichtig lasse ich das Messer durch die Rinde des Camemberts gleiten und schaue gespannt ins Innere. Cremig schaut er aus. Ich schneide zwei Ecken ab, der Mann und ich stecken sie uns in den Mund. Er fühlt sich auf der Zunge genauso cremig an, wie er aussieht. Salzig ist der Käse. Lecker.

»Mhhh«, mache ich.

»Mhhh«, macht auch der Mann. Er hebt sein Weinglas, prostet mir zu und sagt: »Dein Selbermachjahr gefällt mir immer besser.«

Dann schneidet er dicke Scheiben vom frischen Schwarzbrot ab, und von da an können wir nicht mehr aufhören zu essen, bis wir ein halbes Brot und fast das ganze Stück Käse aufgegessen haben.

›Wie toll ist das denn – ein selbst gemachter Käse?‹, denke ich die ganze Zeit.

Eigentlich ist es natürlich total irrsinnig, seinen Käse selbst zu machen. Im größeren Stil wäre das für uns nichts – bei den Käsemengen, die wir in der Woche so essen. Aber dieses eine Mal hier, das ist ein Erlebnis und definitiv die Mühe wert. Allein wegen der Faszination, dass aus einem Liter Milch tatsächlich ein Stück Käse werden kann.

Ich bin, ja: glücklich. Was für ein guter Tag: Endlich das Bad gestrichen und dann dieser wunderbare Käse, der so fantastisch reif ist.

»Vielleicht sogar ein bisschen überreif«, sagt der Mann und kratzt in der kleinen Lache herum, die sich auf dem Käseteller gebildet hat. Am Rand des Käses zwischen Rinde und dem weichen Innenleben hat sich eine ziemlich flüssige Schicht gebildet, was vielleicht wirklich ein Zeichen dafür sein könnte, dass er eigentlich schon vor ein paar Tagen verzehrfertig gewesen wäre. Oder dass wir ein bisschen zu viel Salz genommen haben, um den Käse einzureiben. Denn er schmeckt salziger als normaler Camembert, und vielleicht zieht das Salz ja auch im Inneren das Wasser aus dem Käse?

Sollten wir irgendwann noch einmal Käse machen, werden wir ihn sparsamer salzen und früher probieren, dann löst sich das Rätsel vielleicht. Im Moment ist es mir aber ziemlich egal. Ich bin satt. Bis oben hin voll mit selbst gemachtem Brot und selbst gemachtem Käse.

# Handtellergroßer Wahnsinn

Mir ist schlecht. Ich habe die großartigsten Cookies aller Zeiten gebacken.

Das ist nicht etwa ein Gegensatz, sondern eine zwangsläufige Folge. Diese Cookies schmecken wie der Wahnsinn höchstpersönlich. Deswegen habe ich viel zu viele gegessen. Noch dazu sind die Cookies bauarbeiterhandtellergroß, und so sind »ein paar Kekse« schnell so mächtig wie zwei Portionen Schweinebraten mit Klößen. Glücklicherweise hat mir der Mann beim Essen geholfen und so verhindert, dass ich mich ins Koma esse.

Stattdessen sitzen wir jetzt beide mit prallen Bäuchen auf dem Sofa und können nicht mehr denken, geschweige denn uns bewegen. Und das, obwohl ich das Rezept sogar ein bisschen verändert, weniger Zucker und Butter genommen habe, um die Gefahr eines Herzinfarktes wenigstens teilweise zu reduzieren. Ich merkte nämlich schon beim Lesen des Rezeptes, wie sich meine Herzkammern ein kleines bisschen zusammenkrampften. Und meine Mutter hat mir beigebracht: Bei Kuchenrezepten aus Büchern kann man immer die Zucker- und die Butterangaben um ein Fünftel reduzieren.

Das Rezept stand auf der »Dining & Wine«-Seite der *New York Times*. Ich liebe diese Seite und wünschte, eine der großen deutschen Zeitungen würde ebenfalls eine solche Seite pflegen. Ich würde mich sofort als Redakteurin bewerben. Denn was bitte gibt es Besseres, als für den Job auf die Suche nach dem besten Cookie-Rezept aller Zeiten zu gehen und dafür die fünf besten Bäckereien New Yorks zu besuchen und sie nach ihren Backgeheimnissen auszufragen, wie es der Reporter in Sachen Cookie getan hat. Ich stelle mir das als Traumjob vor: interessante Recherchen, viele Menschen kennenlernen, Geschichten übers Essen schreiben und ganz nebenbei noch die besten Rezepte verraten bekommen, die man dann nachkocht oder -backt.

Und dieses Rezept sollte unbedingt nachgebacken werden:

## Der New York Times Chocolate Chip Cookie

400 Gramm Weizenmehl, 1 ½ TL Backpulver, 1 ¼ TL Natron und 1 TL grobes Salz in einer Schüssel vermischen. In einer anderen Schüssel 250 Gramm Butter mit 500 Gramm Zucker fünf Minuten lang auf höchster Stufe sehr cremig schlagen. Nacheinander 2 große Eier dazugeben und dazwischen jeweils gründlich schlagen, 2 TL Vanilleextrakt oder ½ Röhrchen Vanillearoma dazu. Nach und nach die Mehl-Mischung einarbeiten. 550 Gramm Schokolade mit mindestens 60 Prozent Kakaogehalt in sehr grobe Stücke hacken und mit einem Teiglöffel oder -schaber vorsichtig, aber gründlich unter den Teig mischen. Den Teig mit Frischhaltefolie abdecken und für 24 bis 36 Stunden in den Kühlschrank stellen.

Vom ziemlich fest gewordenen Teig golfballgroße Stücke nehmen und auf einem Blech (gefettet oder mit Backpapier ausgelegt) platt drücken, herausschauende Schokoladenstücke herausschauen lassen, das macht hübsche Schokoladenflecken auf den Keksen. Auf ein Blech passen sechs Kekse, sie gehen im Ofen noch mächtig auf. Kleine Fleur-de-sel-Inseln auf die Kekse streuseln und dann für 18 Minuten bei 175 Grad Celsius (Umluft 160 Grad Celsius) in den Ofen. Sie sind dann genau richtig, wenn sie eine ganz leichte hellbraune Färbung kriegen, aber noch weich sind, wenn man mit dem Finger leicht reindrückt.

# Zwei Mal Küchenputz

Ich habe früh Feierabend gemacht, um endlich mal meine Gartensachen aufzuräumen. Es ist schon Mitte Oktober, seit Wochen ist die Saison vorbei, aber in unserer Küche sieht es eher so aus, als würde ich gleich morgen all die leeren Tontöpfe bepflanzen und die Samentütchen in die Erde entleeren.

Also klopfe ich Erdreste aus den Tontöpfen und bringe sie auf den Dachboden; ich wasche die Plastikkärtchen, die in der Erde steckten, um darüber zu informieren, was sich im Topf befindet, gründlich ab. Ich verschließe die Tütchen mit den Zucchini-, Bohnen- und Auberginen-Samen sorgfältig und lege sie in eine alte Metall-Knäckebrotdose, damit sie trocken und dunkel lagern.

Außerdem habe ich ein paar eigene Samen getrocknet: Zum Beispiel vom Butternutkürbis – eine Kürbissorte, die mich beim ersten Mal fast umgehauen hat mit ihrem fruchtigen Geruch. Butternutkürbisse riechen eher nach Melone als nach Kürbis und sind in einem Risotto der absolute Knaller. Ich habe am Wochenende beim Kochen den Schlonz aus dem Kürbisinneren nicht einfach wie sonst mit leicht angeekeltem Gesichtsausdruck ausgekratzt und weggeworfen, sondern einen Löffel voll in ein Sieb getan und so lange abgespült und abgekratzt, bis die Samen sauber waren. Jetzt, nach ein paar Tagen auf einem Handtuch, sind sie trocken und kommen ebenfalls in die Knäckebrotdose. So wie auch die Samen der Kapuzinerkresse, die in den letzten Wochen nach und nach aus den Blüten entstanden sind. Man kann sie frisch essen, dann sind sie scharf, oder man kann sie wie Kapern sauer einlegen. Oder aber man trocknet die Samen und zieht im nächsten Jahr neue Kapuzinerkresse.

Alles stünde also bereit für ein weiteres Gartenjahr. Nur: Ich habe von meiner Vermieterin noch nichts gehört. Gäbe es aber ein nächstes Jahr da draußen auf dem Garagendach, würde ich auf jeden Fall früher anfangen. Ich würde mir ein kleines Frühbeet bauen oder am Küchenfenster eine Frühzucht anlegen. Dort könnten dann die Tomaten-, Kürbis- und Auberginenpflanzen schon austreiben und kräftig werden, bevor sie raus in den Garten kommen. Vielleicht sind sie dann auch widerstandsfähiger, und ihnen macht so ein verregneter Sommer wie der in diesem Jahr nichts aus.

Alle Geräte, die Handschuhe und meine Gartenschürze stecke ich in einen Baumwollsack, den ich ebenfalls auf den Dachboden bringe. Und dann sieht die Küche plötzlich aus, als wären hier niemals große Gartenschlachten geschlagen worden. Nichts weist mehr darauf hin, dass ich mich wegen des Wetters gegrämt und wegen der Raupen geärgert habe, dass ich Erdsack um Erdsack in Tontöpfe gefüllt und mich über die ersten beiden Blätter der Hokkaido-Pflanze wie ein kleines Kind gefreut habe. Dass ich zu Tränen gerührt war, als der erste murmelgroße Kürbis erschien oder sich die erste blasslila Blüte der Aubergine geöffnet hat. Das hier ist jetzt wieder eine normale Küche eines normalen Menschen, der kein Nervenflattern wegen einer ungünstigen Wetterlage bekommt.

Stattdessen wird hier wieder mehr gebacken werden, wie es sich im Winter gehört, und damit geht es an diesem Abend auch gleich los, ich habe nämlich vor, ein neues Brotrezept auszuprobieren. Im Brotbackbuch, das ich zum Geburtstag geschenkt bekommen habe, gibt es ein weiteres Rezept für »Brot ohne Kneten«, das ich zwar gesehen, aber bislang ignoriert habe, weil ich mit meinem bisherigen Rezept so zufrieden war. Trotzdem bin ich neugierig, ob es wohl anders, vielleicht sogar noch besser schmeckt als mein Alltagsbrot.

Für dieses Brot wird frische Hefe verwendet, was zwar leckerer ist, aber für die Alltagstauglichkeit schon mal einen Minuspunkt gibt, weil ich meistens keine Frischhefe im Haus habe.

Ich rühre einen Vorteig aus Wasser, einer Prise Zucker, der Hefe und etwas Mehl zusammen und lasse das Gemisch kurz stehen. Es soll Blasen werfen – und tut das auch innerhalb von nur einer halben Stunde.

Im Rezept steht, dass der Teig für eine 900-Gramm-Kastenform reicht. Ich hole meine Kastenform aus dem Schrank und schaue sie kritisch an. Woher soll ich wissen, wie groß ein 900-Gramm-Brot ist? Oder ob das wohl in meine Backform passen wird? Ich schaue in mein Kuchenbackbuch, wie viel Gramm an Zutaten dort für den Zitronenrührkuchen benutzt werden, den ich stets in der Kastenform backe, und ich beschließe: Das wird schon passen.

Nachdem ich den Vorteig mit dem restlichen Mehl vermischt habe, fülle ich den Teig in die Form und stelle sie auf die Heizung, damit er ein kleines bisschen schneller aufgeht; es soll das Brot nämlich noch heute Abend geben, zusammen mit der anderen Hälfte des Butternutkürbisses, die nicht im Risotto gelandet ist, sondern zur Kürbissuppe wurde und schon fertig im Kühlschrank auf ihren Einsatz wartet, was für mich heißt: Ich kann mich ein bisschen aufs Sofa setzen und die Wochenzeitung lesen.

Schön ist es hier, auf meinem Sofaplatz, mit der Zeitung in der Hand. Im nächsten Jahr werde ich definitiv wieder mehr lesen. Es ist friedlich. So ruhig. Nur ab und zu höre ich in der Wohnung etwas knacken, kann das Geräusch aber nicht zuordnen.

Als ich nach einer Stunde in die Küche gehe, um das Brot in den Ofen zu schieben, sehe ich sehr genau, woher das Knacken kommt: In kleinen Bröckchen tropft Brotteig aus der Form und an der Form hinunter auf die Heizung und daran hinunter, auf den Fußboden, wie eine zähe Masse Lava nach einem Vulkanausbruch. Der Teig ist bombastisch aufgegangen und offensichtlich passt kein 900-Gramm-Brot in meine Kastenform. Meine innere Ruhe ist dahin. Im Gegenteil: Ich habe einen Kloß im Hals, würde am liebsten heulen angesichts der Sauerei auf meiner Heizung. Wenn der Teig einfach nur auf dem Boden gelandet wäre! Aber er ist auch in die Heizungsrillen gekleckert, klebt an der Wand hinter dem Heizkörper und am Heizkörper selbst.

Es hilft nichts. Ich hole tief Luft und kratze Brotteig von der Heizung, aus den Heizungsrillen, versuche, ihn hinter der Heizung hervorzubekommen, schlucke ein paar aufsteigende Wutträmen hinunter, schrubbe die Wand und wische den Fußboden.

Dann schiebe ich die Kastenform in den Ofen und wasche mir die Hände. Beim Blick in den Spiegel überm Waschbecken schüttle ich den Kopf und schimpfe mit mir selbst: »Haste denn in diesem Jahr noch überhaupt nix gelernt? Kannste vielleicht endlich ma aufhören mit diesem dämlichen ›Wird schon passen‹?«

## Tag 290
## Der Geschmack von Backtriebmittel

Ich habe mich lange genug drum herumgedrückt und putze mir auch nach neuneinhalb Monaten Selbermachen die Zähne mit gekaufter Zahnpasta. Das wird jetzt anders.

»Ich mache heute Zahnpasta selbst. Oder eher: Zahnputzpulver«, sage ich zum Mann.

Er sagt: »Ich werde das auf keinen Fall benutzen, nur dass das vorher schon klar ist.«

»Musst du ja auch nicht«, sage ich. Ich kann ihn gut verstehen.

Alles, was ich an Rezepten gefunden habe, klingt zweifelhaft. Die Mischungen bestehen aus feinem Heilschlammpulver mit Meersalz vermischt oder aus getrockneten und zerstoßenen Salbei- und Pfefferminzblättern, ebenfalls mit Meersalz vermischt – geschmacklich vielleicht okay, aber ich gehe davon aus, dass einem nach dem Putzen eine Menge Kräuterfetzen in den Zahnzwischenräumen hängen. In einem Forum bin ich sogar auf einen ausgesprochen widerlichen Eintrag gestoßen: »Ich habe mal irgendwo gelesen, dass das Lutschen von Nacktschnecken die Zahncreme zeitweise ersetzen kann, weil es eine desinfizierende Wirkung hat. Hab's allerdings noch nicht versucht.«

Ich habe mich für eine Mischung entschieden, die im »Big-Ass Book of Crafts« als »simple« und »economic«, also einfach und billig gepriesen wird.

Sie ist tatsächlich simpel: Backpulver wird mit getrocknetem Zitronenschalenabrieb und ein paar Tropfen Pfefferminzöl vermischt – fertig.

Eine unbehandelte Zitrone habe ich schon gestern Abend abgerieben und die Krümel fast 24 Stunden trocknen lassen. Jetzt gebe ich sie zusätzlich in den Mörser, um sie noch feiner zu zerkleinern. Zirka einen Esslöffel Zitronenkrümel habe ich für mein Zahnpulver, und eigentlich soll ich jetzt 120 Gramm Backpulver dazugeben. Allerdings will ich es mal nicht übertreiben und auch keine Vorräte für die nächsten Monate anlegen, deswegen belasse ich es bei fünf Päckchen, etwa 75 Gramm. Ich schütte sie in ein kleines Marmeladenglas, kippe die Zitronenschnipsel dazu und zwölf Tropfen von dem Pfefferminzöl, das seit meinem Versuch mit dem selbst gemachten Fußbalsam im Badschränkchen herumsteht. Dann drehe ich den Deckel fest auf das Glas und schüttle alles ausgiebig durcheinander.

Es ist ziemlich unspektakulär: Da entsteht nicht etwa etwas völlig Neues, mit anderer Konsistenz oder Farbe, nein, ich habe jetzt einfach nach Pfefferminze riechendes Backpulver mit Zitronenkrümeln in einem Glas.

Vor dem Schlafengehen tunke ich meine Zahnbürste vorsichtig in das Pulver. Der Mann schaut mir interessiert von der Seite zu. »Viel Spaß!«, sagt er.

Er schiebt sich seine Zahnbürste mit Zahnpasta darauf in den Mund, ich zögere noch. Dann schließe ich die Augen, atme tief ein, öffne den Mund und fange an zu schrubben. Es schmeckt scheußlich.

Der Mann lacht über mein verkniffenes Gesicht: »Na, schmeckt's?«

Ich brumme nur als Antwort und putze einmal rund herum alle Zähne. Dann spucke ich aus und spüle kräftig nach. Normalerweise putze ich ziemlich ausgiebig, drei Minuten Schrubberei sind für mich keine Herausforderung. Dieses Mal habe ich nicht einmal eine Minute lang Zähne geputzt.

»Muss man wirklich wollen«, sage ich zum Mann und hoffe inständig, mich in den nächsten Tagen an den Geschmack zu gewöhnen. Denn ich habe mir fest vorgenommen, das Glas aufzubrauchen. Und immerhin: Meine Zähne fühlen sich nach dem Putzen einwandfrei sauber an.

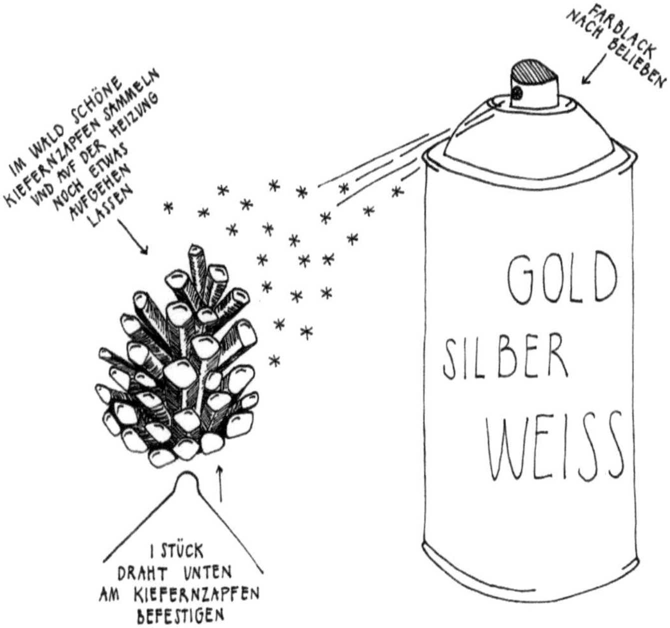
IM WALD SCHÖNE KIEFERNZAPFEN SAMMELN UND AUF DER HEIZUNG NOCH ETWAS AUFGEHEN LASSEN
FARBLACK NACH BELIEBEN
GOLD
SILBER
WEISS
1 STÜCK DRAHT UNTEN AM KIEFERNZAPFEN BEFESTIGEN

Weihnachten

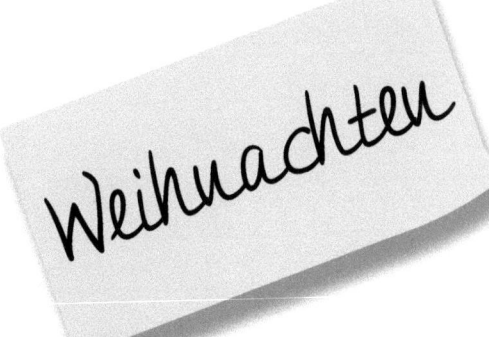

# Tag 303
# Oh, du Fröhliche!

Meine Mutter ruft an und fragt, ob ich Weihnachten nach Hause komme oder mit dem Mann feiere.

»Oh verdammt!«, entweicht es mir.

»Du musst nicht kommen, weißt du«, sagt meine Mutter etwas beleidigt.

»Doch, doch. Nein. Wirklich gern. Ich hatte nur Weihnachten noch gar nicht auf dem Zettel.« Es ist der 30. Oktober.

Tatsächlich war das, was ich meine Mutter sagen hörte, nämlich nicht nur »Weihnachten«, sondern vor allem »Weihnachtsgeschenke«. Mir fiel in dem Moment, als sie ihre Frage stellte, ein, dass ich nicht einfach nur viele Weihnachtsgeschenke brauche. Sondern vor allem selbst gemachte.

Glück: Ich habe gerade meinen Pullover fertig gestrickt. Ewigkeiten hat das gedauert, an die 50 Stunden habe ich gebraucht, bis ich endlich den letzten Faden abschneiden konnte. Ich bin also wieder frei für neue Projekte.

Unglück: Es werden sehr viele Projekte werden. Meine eigene Familie ist extrem übersichtlich. Für sie Geschenke zu machen, wäre kein Problem in den nächsten … den nächsten 53 Tagen, die es noch bis Weihnachten sind: eine Mutter, eine Schwester, ein Schwager, ein Neffe. Wir sind zu fünft.

Aber die Familie des Mannes ist ausufernd groß: der Mann,

eine Mutter, ein Vater, zwei Schwestern, zwei Schwiegerbrüder, drei Neffen, eine Nichte, ein Onkel, eine Tante, eine Cousine. Vierzehn Leute feiern jedes Jahr bei der Familie des Mannes zusammen Weihnachten. Das Haus seiner Eltern ist dann in jeder Ecke mit Menschen vollgesteckt, gegessen wird an zwei langen zusammengestellten Tischen bei der Lautstärke eines Popkonzerts. Und zwar das eines Teeniestars.

»Was wünschst du dir zu Weihnachten?«, frage ich meine Mutter. »Irgendetwas, das ich selber machen könnte?«

Sie überlegt ein bisschen und sagt dann, sie gebe mir Bescheid, wenn ihr was einfalle, freue sich aber über alles.

Als ich aufgelegt habe, gehe ich zum Mann in die Küche und frage auch ihn: »Was wünschst du dir zu Weihnachten, das ich dir selber machen könnte?«

Er grinst mich an und sagt: »Du musst mir nichts selber machen, du kannst mir auch einfach was kaufen.«

Er will mich ärgern – oder hat vielleicht wirklich Angst, irgendwelchen Blödsinn geschenkt zu kriegen. Ich sollte ihm allein schon deshalb etwas auf dem Niveau eines selbst gemalten Bildes schenken. Aber worüber er lacht, wird für mich zu einem wirklichen Problem, stelle ich fest: Da ich mir fest vorgenommen habe, alles, was ich selbst machen könnte, auch selbst zu machen, muss ich jetzt viele, viele Weihnachtsgeschenke selbst machen. Ich brauche Ideen. Und zwar gute. Ideen für Geschenke, die anderen Menschen gefallen werden. In einem meiner Selbermachbücher stand irgendwas in Richtung, man solle nie jemandem etwas Handgemachtes schenken, der nicht selbst handarbeitet. Weil derjenige die Arbeit, die darinsteckt, niemals zu würdigen wisse. Und ich frage mich: Gilt das für alle selbst gemachten Geschenke? Wird die Verwandschaft um den Weihnachtsbaum herumsitzen und mich mit traurig-enttäuschtem Blick anschauen? Weil die Geschenke gut gemeint, aber deswegen noch lange nicht auch gut gemacht sind? Sollte ich vorsichtshalber jedem eine Art Back-up-Geschenk, ein Buch oder eine CD, dazukaufen?

Ich brauche insgesamt zwanzig Weihnachtsgeschenke. Ich lege alle meine Selbermach-Bücher auf einen Stapel, einen Block und einen Stift daneben und beginne, eine Liste zu machen. Später hole ich mir noch den Computer dazu und klicke gut zwei Stunden durch Selbermachblogs, um mich inspirieren zu lassen. Zwischendurch frage ich den Mann, was er von diesem oder jenem hält, aber er ist keine große Hilfe. Kommentare wie »Joa, nett« oder »Kann man machen« helfen mir wenig weiter. Und dass er zwischendurch immer wieder betont, ich könne ihm wirklich auch einfach etwas kaufen, bringt mich fast dazu, ihn ganz von meiner Geschenkeliste zu streichen.

Am Abend habe ich dann eine Liste vor mir liegen, mit der ich ziemlich zufrieden bin und von der ich glaube, dass ich sie bewältigen kann – vorausgesetzt, ich widme mich ab jetzt in jeder freien Minute der Geschenkeproduktion:

Mama: ein Brillenetui fürs Auto, damit sie nicht länger wild die Spuren wechselt, während sie ihre Sonnenbrille im Handschuhfach sucht
Schwester & Schwager: ein Platzdeckchenset für die neue Wohnung
Neffe: ein Piratenbeutel, denn er hat jetzt im Hort Sport, und momentan muss alles im Piratenstyle sein
beste Freundin: Muffs für ihre henkellosen Tassen, an denen man sich bei Heißgetränken immer die Finger verbrennt
Mann: ein Fotoalbum mit Bildern aus den letzten Jahren, denn ich fotografiere zwar in unseren Urlauben und bei Ausflügen ziemlich viel, aber alle Bilder liegen nur digital auf meinem Rechner; außerdem Wadlwärmer, sprich: Stulpen, denn der Mann friert oft

Mutter des Mannes: eine Clutch für die Oper oder fürs Theater oder Ausstellungen alles besucht sie leidenschaftlich gern
Vater des Mannes: eine Kochschürze für seinen Plan, der größte Koch in Oberbayern zu werden
kleine Schwiegerschwester: Handstulpen für den kalten Berliner Winter
ihr Freund: ein gehäkeltes Etui für sein iPhone
große Schwiegerschwester und -bruder: ein Sitzmöbel-Wohnzimmertischkasten-Ding, das sie anstelle des kleinen Beistelltisches aus Studentenzeiten vor ihr Sofa stellen können
kleine Nichte: ein gestrickter Ball, damit sie mit ihren drei großen Brüdern und deren Fußballambitionen mithalten kann
kleiner Neffe: ein Wolljäckchen; jetzt, wo ich Schrägen stricken kann, für mich ein Klacks
zwei große Neffen: kriegen vom Mann und mir gemeinsam einen Stadionbesuch geschenkt
Onkel / Tante / Cousine: überlasse ich dem Mann
alle: Lavendel-Olivenöl-Seifen

Ich durchwühle meine Kisten mit dem Handarbeitszeug, suche Wollknäuel und Stoffreste heraus und lege sie in einen leeren Karton. Zum Schluss schreibe ich eine Einkaufsliste für all die Dinge, die ich besorgen muss.

Während ich vor einem Korb mit Stoffen sitze und ein schönes Stück Wildseide in der Hand halte, das perfekt für die Clutch für die Mutter des Mannes wäre, fällt mein Blick auf die Nähmaschine in ihrer Ecke. Obenauf: die graue Hose. Die unvollendete.

Die nun wohl unvollendet bleiben wird, weil ich anderthalb Monate Weihnachtswahnsinn vor mir habe.

## Tag 311
# Auf dem Weg zum Messie

Meine Liste mit den Notizen, wer von mir was zu Weihnachten geschenkt bekommen soll, ist in den letzten Tagen zu einem regelrechten Kunstwerk geworden. Links und rechts habe ich zwei weitere Zettel angeklebt – weswegen es jetzt nicht mehr nur ein Zettel, sondern eine Art Ausklappschriftstück ist – und kleine Skizzen angefertigt, wie ich mir die einzelnen Geschenke vorstelle, zum Beispiel, wie die Clutch für die Mutter des Mannes aussehen soll oder was auf den Etiketten für die Seifenstücke stehen soll.

Das Wetter ist jetzt so richtig schön schlecht geworden, perfekt für mein Arbeitspensum. In den nächsten Wochen werde ich an den Abenden und Wochenenden sowieso das Haus kaum noch verlassen. Ich muss stricken, nähen, basteln, häkeln, werkeln.

Ich gehe mit dem Mann auf den Dachboden, um dort die Holzteile für das Geschenk für seine Schwester und ihre Familie zu holen: eine ein mal ein Meter große Pressspanplatte, vier ein Meter mal 40 Zentimeter große Pressspan-Seitenteile, ein ein Quadratmeter dicker Schaumstoff und vier Füße. Zusammengebaut ergeben die Teile einen Wohnzimmertisch/-hocker. Man kann sich draufsetzen, wenn alle Plätze auf Sofa und in Sesseln belegt sind, oder man kann ein Tablett darauf abstellen und darauf wiederum alles, was man so zum Sofasitzen braucht: ein Getränk, was zum Naschen. Der Schaumstoff ist gerade so dick, dass er bequem zum Sitzen ist, aber auch fest genug, um etwas abzustellen. Wir selbst haben ein solches Teil im Wohnzimmer stehen, ursprünglich standen beide in meiner Wohnung, bis der Platz knapp wurde und einer der beiden Kästen auseinandergebaut auf dem Dachboden verschwand. Wir hatten das Geschenk also quasi schon vorrätig. Aber einen Bezug muss ich noch nähen, und das allein ist ein Haufen Arbeit, wie ich vom Bezugnähen für unseren eigenen Wohnzimmerkasten weiß. Ich habe festen, gut waschbaren, rot-weiß gemusterten Stoff gekauft, damit der Bezug die vier Kinder der Schwester des Mannes und kleinere bis mittlere Katastrophen aushält.

Insgesamt ist es ziemlich eng geworden in unserem Dachbodenabteil. Früher gab es hier nur einen alten Küchenschrank, in dem ein paar Skischuhe und ein kleiner Fernseher standen. Jetzt gibt es auch die Holzecke, in der sich neben den Einzelteilen des alten Ikea-Betts auch einzelne Regalbretter oder Bretter, die mal Regalbretter werden sollten, angesammelt haben. Wenigstens habe ich in den letzten Monaten ein paar der Holzlatten verbraucht – beim Bau des Seifenkastens und des Bügelbretts zum Beispiel.

Auf der anderen Seite des Abteils steht eine Mauer aus Kartons, in denen Krimskram, Zeitschriften, bunte Kartonbögen, Schrauben, Winkel und sonstiges Kleinklein gelagert sind. Daneben die ziemlich große Ansammlung von Pflanzgefäßen, Tontöpfen, einem Sack Kieselsteinchen, einer Gießkanne – die Gartenecke. Die mich im Moment etwas ratlos macht, denn meine Vermieterin hat entschieden, den Garten in professionelle Hände zu geben. Sie will ihn auf Vordermann bringen lassen, und da stören meine Gemüsetöpfe. Es wird also kein weiteres Gartenjahr in meinem Hinterhof geben, und die Topfsammlung vor meinen Füßen erinnert mich an diese traurige Neuigkeit. Ich werde alles zurück zur Mutter des Mannes bringen. Und ich werde trotzdem im Frühjahr ein paar Butternut-, Chili-, Tomaten- und Auberginenpflanzen ziehen, an meinem Küchenfenster, und dann werde ich sie im Garten der Mutter des Mannes einpflanzen.

Jetzt, da ich fast täglich neue Ideen habe, was ich alles selber machen könnte – auch wenn ich nur einen Promillesatz davon wirklich umsetze –, kann ich einfach nichts mehr wegschmeißen. Die Polsterfüllung aus einem alten Kissen? Könnte ich noch mal gebrauchen. Wenn ich mal neue Kissen nähe. Oder für die Nichten und Neffen Kuscheltiere basteln will. Also ab damit in eine Tüte und auf den Dachboden. Die hübschen Schraubdeckelgläser? Habe ich früher in die Altglassammlung gegeben, kann ich doch aber nun schon mal fürs nächste Einkochen sammeln. So hat sich auf dem alten Küchenschrank eine gut 40-teilige Sammlung aus zukünftigen Marmeladengläsern angehäuft. Und wir haben noch 19 Gläser Pflaumenmarmelade im Schrank!

Ich werde wieder zu dem Messie, der ich als Kind und Jugendliche war. Ich hebe wieder jeden Stofffetzen auf, jeden Schnipsel, Zeitschriften, in denen ich was gesehen habe, das *man* mal nachbauen könnte. Wofür *ich* aber vermutlich sowieso nicht die Zeit finden werde.

Doch jetzt bräuchte ich schon eine Gehirnwäsche, um von diesem Sammelfimmel wieder loszukommen. Mein Blick hat sich verändert, ich sehe in jedem Schrott irgendein zukünftiges Projekt. Im Moment bin ich nicht in der Lage zu sagen: »Das mache ich sowieso niemals, also weg damit.«

Ich belasse es also dabei, in die Dachbodensammlung so viel Ordnung wie gerade möglich zu bringen. Ich schiebe die Gläser ein bisschen enger zusammen, staple die Holzteile neu und stelle die Tontöpfe und Pflanzkübel ineinander. Der Mann und ich suchen die Einzelteile für den Wohnzimmerkasten heraus und tragen sie nach unten in die Wohnung. Es ist der offizielle Startschuss, sie in eine Geschenkemanufaktur zu verwandeln.

Projekt Nummer eins soll schon heute Abend fertig sein: Bechermuffs für die beste Freundin. Sie hat die gleichen Tassen wie wir: hohe Porzellanbecher ohne Henkel. Also häkle ich ihr eine Art Wollmanschette, die sie bis auf halbe Höhe über den Becher ziehen kann, um ohne schmerzende, weil:

verbrannte Finger zu trinken. Zwei Stück bekommt sie, damit auch ihr Tee- und Kaffeebesuch kühle Finger behält.

Ich koche mir selbst einen Tee und setze mich mit Wolle und Häkelnadel aufs Sofa. Ich produziere eine Wollkette aus 45 Luftmaschen, weil das beim Umlegen um den Becher nach einer guten Größe aussieht, füge die Maschenreihe zu einem Kreis zusammen und häkle die zweite Reihe. Bei der zweiten Anprobe stellt sich heraus: 45 Maschen sind zu viel, sie haben sich beim Häkeln der zweiten Reihe ein bisschen in die Breite gestreckt.

Also ribbel ich das bisher Gehäkelte wieder auf. Aufribbeln ist etwas, das ich seit meinem 6. Lebensjahr hasse, seitdem ich das erste Mal eine Häkelnadel in der Hand hatte. Auch wenn es jetzt nur 90 Maschen sind, die ich umsonst gehäkelt habe: Es nimmt mir einfach den Arbeitseifer, meinen Produktionsenthusiasmus, wenn ich noch einmal von vorne anfangen muss.

Beim zweiten Anlauf nehme ich nur 40 Maschen auf. Genau die richtige Größe für die Becher, auch nach Reihe zwei, vier und sieben. 15 Runden häkle ich insgesamt, Runde acht und neun nicht in cremeweiß wie die restlichen Runden, sondern in einem warmen Grün. Nach gut einer Stunde habe ich meinen Tee getrunken und den ersten Bechermuff produziert. Es kam mir viel länger vor, und mein Enthusiasmus kehrt zurück. So macht Geschenkeproduktion Spaß, im Stundentakt. Ich häkle den zweiten Muff, dann hole ich mir einen weißen Kartonbogen, schneide kleine Schildchen aus, schreibe auf das eine in Schönschrift »Hot Coffee, Cool Fingers«. An dem Titel kann man arbeiten, ich weiß, aber er passt halt. Auf das zweite Schildchen male ich einen Becher, einen Muff und dazwischen einen Pfeil – quasi eine Gebrauchsanweisung, wofür die beste Freundin diesen komischen Wollring benutzen kann und soll. Beide Schildchen befestige ich mit einer Sicherheitsnadel an einer Ecke der übereinandergelegten Muffs und lege dann mein allererstes selbst gemachtes Weihnachtsgeschenk in einen noch leeren Karton.

Noch 46 Tage bis Weihnachten.

## Tag 326
## Geschenkegeschichten

Die Weihnachtsproduktion läuft auf Hochtouren. Am Wochenende konnte ich zwei Geschenke in meine Geschenkekiste legen: Die Kochschürze für den Schwiegervater habe ich am Samstag und das Platzdeckchenset für die Schwester und ihre Familie am Sonntag genäht. Unter der Woche habe ich an den Abenden vor allem eines gemacht: Ich habe um die 80 Fotos vom Mann und mir – es gibt etwa 2000 solcher Fotos – aus den letzten Jahren ausgesucht, auf denen wir mit Freunden zu sehen sind, vor irgendwelchen Sehenswürdigkeiten stehen oder einfach nur doof in die Kamera grinsen, sie auf weißen Fotokarton geklebt und die Ränder mit der Fotoschere versäubert. Das ging schleppend langsam voran, und an den Abenden, an denen der Mann nicht Fußball spielte oder sich mit Freunden traf, konnte ich gar nicht am Fotoalbum arbeiten. Dann setzte ich mich mit dem Piratenbeutel für meinen Neffen neben ihn aufs Sofa und stickte zum Beispiel mit schwarzer Wolle eine Augenklappe auf das Gesicht des Piraten.

Ich bin also nicht so richtig schnell vorangekommen, aber mit dem Ergebnis meiner Arbeit zufrieden: Das Platzdeckchenset für die Schwesterfamilie wird allerlei Kleckereien verzeihen und den Esstisch bunter machen. Und die Kochschürze passt gut zum Vater des Mannes: Sie ist aus robustem dunkelgrauen Stoff mit ein paar weißen Punkten am unteren Saum, der Bindegürtel ist extra lang, damit der Vater des Mannes ihn einmal um den Bauch herum und dann vorn zusammenbinden kann. Und an der Seite habe ich wie an meiner Gartenschürze eine Schlaufe eingenäht, in die er ein Küchentuch hängen kann, um sich beim Kochen die Hände abzuwischen. Wie bei den Schürzen der Profis.

Doch in den letzten Tagen habe ich etwas entdeckt: Das Schönste an der Vorweihnachtszeit in diesem Jahr ist die Gedankenwelle, die mich in der Zeit, in der ich an einem Geschenk sitze, erfasst. Sie trägt mich immer wieder zum Beschenkten hin, zu gemeinsam Erlebtem oder zu Eigenarten des Geschenkeempfängers. Und so verbringe ich, wenn ich einen Samstag an der Schürze für den Vater des Mannes nähe, auch einen Samstag mit ihm. Weil ich ihn vor mir sehe, wie er zu seiner Pensionierung laut verkündet, er lerne jetzt kochen und dann werde er uns ein Festmahl servieren! Ich sitze dann an der Nähmaschine und lache vor mich hin. Denn der Vater des Mannes hat in gleicher Lautstärke und Überzeugung verkündet, er werde jetzt im Gartenhäuschen eine Sauna einbauen, er werde sich einen Hund kaufen und nicht zuletzt habe er vor, ein Buch zu schreiben, er wisse nur noch nicht, worüber. Seine gesamte Familie hat untereinander schon Wetten abgeschlossen, wann es bei alldem so weit sein wird. Und ob überhaupt.

Bei den Bechermuffs für die beste Freundin ging es mir ähnlich: Ich dachte daran, wie wir gemeinsam über die Auer Dult schlenderten, einen Kunsthandwerks- und Haushaltsmarkt in der Münchner Au. Wir schauten uns nämlich allerlei Porzellanzeug an, denn die beste Freundin suchte eine Butterdose. Sie fand auch eine, vor allem aber fanden wir einen Stand, an dem Weihnachtsplätzchen-Ausstechformen verkauft wurden. Bestimmt eine ganze Stunde verbrachten wir dort und konnten uns einfach nicht entscheiden, welche wir nehmen sollten, so lustige und ungewöhnliche Formen hingen dort in langen Reihen. Am Ende ging sie mit einem kleinen Elefanten nach Hause, und ich hatte mir eine Katzenausstechform gekauft. Mit deren Hilfe wir letztes Jahr an Weihnachten Discokatzen-Plätzchen backten: helle Katzenkekse, auf die wir als Fell silberne Streusel klebten und die als Augen große orangefarbene Zuckerperlen bekamen.

Solche Geschichten fallen mir ein, wenn ich an den Geschenken bastle. Ich fühle mich dann mit meiner Familie, der Familie des Mannes und der besten Freundin verbunden. Richtig schön kitschig – wie Weihnachten sein muss.

## Tag 333
# Advent, Advent, die Hütte brennt

Noch 25 Tage bis Weihnachten. Ich habe mir diesen Montag freigenommen, um nicht durchzudrehen. Denn gestern Abend ist mir klar geworden: Ich schaffe das alles überhaupt nicht.

Zu allem Übel ist mir auch noch aufgefallen, dass in zwei Tagen der Dezember beginnt, und das heißt: Es muss ein Adventskalender her! Den hatte ich total vergessen. Weit hinten im Kopf war er abgelegt unter: Da kauf ich ein paar lustige kleine Sachen zusammen, wie der Mann und ich es jedes Jahr füreinander machen. Und dann ging mir auf: Nix kaufen. Selber machen.

Ich hyperventilierte kurz und beschloss, diesen Montag freizunehmen. Denn: Mir war auch klar geworden, dass ich am Wochenende nicht am Adventskalender für den Mann basteln könnte. Er stünde ja immer direkt daneben, und die Überraschung wäre keine Überraschung.

Dafür konnte ich am Wochenende schon überlegen, was ich bitte in 24 kleine Päckchen stecken soll. 24 Sachen stricken, basteln, hämmern, das fiel aus, weil es viel zu aufwendig wäre. Da würde ich vermutlich im April fertig werden und könnte dem Mann die 24 Päckchen als Osterkalender schenken. Es blieb also nur Backen übrig: Pralinen, Küchlein, Kekse. Und damit der Mann nicht enttäuscht ist, an 24 Tagen 24 Mal die gleiche Süßigkeit in seinem Kalender vorzufinden, habe ich zwei verschiedene Rezepte herausgesucht: eines für kleine Baumküchlein und eines für Zitronenplätzchen. Zitrone mag der Mann. Schokolade mag der Mann. Und so bleibt wenigstens jeden Morgen die – zugegeben recht kleine – Überraschung, ob es hinter dem Kalendertürchen wohl zitronig oder schokoladig sein wird. Nur wäre ein Mehr an Überraschung auch ein Mehr an Arbeit, zu viel Arbeit. Nicht zu schaffen.

Der Mann fährt zur Arbeit, ich setze erst einmal einen neuen Brotteig an. Einen nach dem alten Rezept, denn das Brot, das mich vor sechs Wochen ins Schwitzen gebracht hat, indem es sich auf den Weg durch unsere Küche machte, schmeckte noch nicht einmal gut. Die Kruste, die das andere *no-knead bread* so lecker macht, war bei diesem Brot dünn und viel zu soft. Aber auch diesen Teig stelle ich auf die Heizung, ich will es heute Abend noch backen. Ich *muss* es heute Abend noch backen, um den Küchleingeruch zu übertünchen. In der großen Rührschüssel hat der Teig wenigstens genug Platz, um aufzugehen, es besteht nicht die Gefahr einer erneuten Aktion »Heizung im Teigmantel«.

Nachdem ich alle Zutaten für die Baumküchlein und die Zitronenplätzchen eingekauft habe, bereite ich den Plätzchenteig vor, der anschließend für eine Stunde in den Kühlschrank muss. Also rühre ich gleich danach auch den Baumkuchenteig an und muss dafür einen Kochtopf nehmen, denn meine beiden Rührschüsseln sind schon besetzt.

In der Anleitung steht, ich solle den Baumkuchenteig in hauchdünnen Schichten auf ein Blech schmieren und nacheinander bei niedriger Temperatur goldgelb backen. »Acht bis zehn Schichten« steht da, aber ich kriege gerade mal sechs Schichten hin. Trotzdem komme ich ganz schön ins Schwitzen. Eine Sekunde mal nicht ins Ofenfenster geschaut, und schon ist der Teig zu dunkel. Vor allem die Ränder werden schnell holzbraun anstatt goldgelb – während der Teig in der Mitte des Bleches aber die ganze Zeit ziemlich hell bleibt. Eine Menge Verschnitt.

Ich hole den fertigen Teig aus dem Ofen und schneide ihn in langen Bahnen und Reihen in vier mal vier Zentimeter große Stücke, dann stelle ich das Blech beiseite und hole den Zitronenplätzchenteig aus dem Kühlschrank, der da schon länger gestanden hat, als er musste. Aber eines nach dem anderen, ich fühle mich schon jetzt gestresst.

Ich rolle den Plätzchenteig aus. In dicke Lagen, einen knappen Zentimeter dick soll er ausgewalzt werden, macht mir aber noch nicht einmal das leicht. Normalerweise bringt einen Teig ins Rotieren, der superdünn sein soll und deswegen immer wieder reißt. Dieser Teig jedoch hat eine andere Waffe, um die gute Hausfrau zum Weinen zu bringen: Er klebt. Immer wieder streue ich etwas Mehl aufs Nudelholz und schaffe es so wenigstens, tellergroße Teigplatten zu produzieren, aus denen ich nacheinander Sterne aussteche, die ich auf ein Blech lege.

Ich will nachschauen, mit welcher Temperatur die Plätzchen gebacken werden, da lese ich im Rezept, dass sie über Nacht antrocknen sollen und erst morgen gebacken werden. Toll. Wo soll ich bitte in unserer Wohnung ein Blech mit Plätzchen verstecken?

Ich laufe durch die Wohnung, schaue auf Schränke und in dunkle Ecken. Auf den Kleiderschränken im Schlafzimmer wäre Platz für ein Blech, aber ich befürchte, der Mann könnte die Plätzchen erschnuppern. Erst nach einer Ewigkeit Durch-die-Wohnung-Tigern fällt mir ein: Ich kann das Blech auf den Dachboden bringen. Ich decke es mit einem Handtuch ab und stelle es im Dachbodenabteil zu den Marmeladengläsern auf den alten Küchenschrank.

Mittlerweile ist es nachmittags, und ich bette das Brot um in den Backtopf. Außerdem müssen jetzt endlich die Baumküchlein mit Schokolade überzogen werden, damit ich vor dem Abend noch genug Zeit habe, den Schokoladengeruch aus der Küche hinauszulüften. Also setze ich einen kleinen Topf mit Schokolade auf den Herd, sie schmilzt und schaut mich dann fragend an: Wie macht man jetzt so etwas? Tauche ich die Kuchenstücke in die Schokolade, schwimmen dort in kürzester Zeit Tausende Krümel. Also muss ich die Schokolade irgendwie über die Teilchen kippen. Ich lege je ein nacktes Baumküchlein auf eine Gabel und schmiere es rundum mit einem Löffel voll Schokolade ein. Das klappt ganz gut, auch wenn die Hälfte der Baumkuchenteilchen trotzdem von der Gabel fällt und in die Schokolade platscht. Aber ich bin sehr stolz auf meine Idee, Frischhaltefolie über ein Holzbrett zu spannen und die Teilchen dort abzulegen und trocknen zu lassen. Denn ein großer Teil der Schokolade läuft vom Küchlein direkt wieder runter.

Sie sehen hübsch aus. Über 40 Stück habe ich gemacht, das reicht für mehr als nur den Adventskalender. Dort werde ich in zwölf der Päckchen jeweils zwei Küchlein legen, den Rest binde ich in kleinen Päckchen an die Geschenke für meine Familie.

Draußen ist es bereits seit Stunden dunkel, der Mann kommt bald nach Hause. Das heißt: Ich muss schleunigst lüften und aufräumen. In der Küche sieht es nach meiner

Adventskalenderaktion aus wie nach einem Bombenangriff der Kuchenkrieger: Auf dem Tisch stehen die Schüsseln, daneben liegen Mehl und Zutatenreste verstreut herum. Auf der Arbeitsplatte steht das Schokobrett, auf der Heizung das Brot. Ich reiße als Erstes die Balkontür auf, stelle die Schokoladenküchlein raus und das Brot in den Ofen.

Ich bin ein bisschen traurig, den wunderbar süß-würzigen Backgeruch aus der Küche zu lüften, denn: Eigentlich ist doch das Beste am Backen, dass die Wohnung immer so verdammt gut riecht.

Nach einer halben Stunde hyperaktivem Putzen setze ich mich auf den Schaukelstuhl, strecke meinen Rücken durch und lese erst mal die SMS, die schon vor einer Weile auf meinem Handy eingetrudelt ist. Und stelle fest: dass der Mann gar nicht nach Hause kommt, sondern in den nächsten Stunden einem Fußball hinterherrennt. Ich habe also noch einen langen Abend vor mir, an dem ich 24 kleine Schachteln basteln kann.

## Tag 336
## Zwei Stollen für ein Halleluja

Es ist der 2. Dezember. Schon seit ein paar Tagen ermahnen der Mann und ich uns gegenseitig, dass es Zeit wird, einen Stollen zu backen. Weil der noch bis Weihnachten liegen und mürbe werden muss. Genau dafür hätte unser Stollen nun nur noch drei Wochen. Höchste Zeit.

Stollen haben etwas Magisches: Vielleicht, weil es sie nur einmal im Jahr gibt. Oder weil viele Menschen Sätze sagen wie: »Wir kaufen immer nur den Stollen von XY, das ist der beste.« Und sehr viel Geld für einen guten Stollen ausgeben: Zum Beispiel wird der Dresdner Stollen für bis zu 15 Euro pro Kilo verkauft!

Für mich war das Magischste an diesem Gebäck immer das Liegenlassen. Das Zimmer, in dem sie liegen, riecht schon Wochen vor Heiligabend nach Weihnachten. Und ich fand immer: Eine Stollenbäckerin muss sehr selbstbewusst sein, wenn sie etwas backt, von dem sie dann wochenlang nicht weiß, ob es sich beim Weihnachtskaffee vielleicht als Katastrophe entpuppen wird.

Für mich ist der Weihnachtsstollen außerdem etwas, das es ohne meine Oma nicht gibt. Früher fuhren meine Familie und ich jedes Weihnachten zu meiner Oma. Und dort lagen, oben auf den Schränken im Schlafzimmer, weil das der kühlste Raum der Wohnung war, mehrere Riesenstollen. Vielleicht kämen sie mir heute, wo ich selbst größer bin, gar nicht mehr so riesig vor – aber sie müssen schon ziemlich groß gewesen sein, denn auf einen Teller passte immer nur eine halbe Scheibe Stollen. Das ist für mich bis heute die natürliche Zerteilungsart eines Stollens: halbe Scheiben.

Diese Stollen backte meine Oma jedes Jahr Mitte November, beziehungsweise stand sie ein paar Stunden in der Küche, um den schweren Hefeteig zu kneten, ihn in beachtliche Stücke zu zerteilen und zu Stollen zu formen. Dann kamen die rohen Stollen auf ein großes Brett und wurden auf dem Handwagen zum Dorfbäcker gezogen. Von meiner Mutter. Daher kenne ich die Geschichte und sehe es wie in einem kitschigen Heimatfilm vor mir: wie dieses blondzopfige Mädchen, das ich von den Kinderbildern meiner Mutter kenne, mit dem Bollerwagen und ein paar Stollen darauf gen Bäcker zieht. Warum meine Oma die Stollen nicht in ihrem eigenen Ofen gebacken hat, weiß ich nicht. Es hat mich auch nie gewundert, stelle ich jetzt fest. Ich schreibe meiner Mutter eine

SMS: »Mama, warum hat Oma ihren Stollen nicht zu Hause gebacken?«

»Ofen nicht heiß genug«, schreibt sie zurück.

Wie heiß muss denn bitte so ein Ofen sein, um einen Stollen zu backen? Das Backbuch sagt 200 Grad. Gut. Ich werde mir also keinen Bollerwagen besorgen und die Hofpfisterei um die Ecke nicht überreden müssen, unseren Stollen zu backen. Der Stollen, der unter dem Rezept im Backbuch abgebildet ist, sieht allerdings sehr unattraktiv aus. Trocken. Zu wenige Rosinen. Und das Zitronat schaut in großen Klumpen aus der Schnittfläche heraus. Zitronat: ein schwieriges Thema. Ich kann's nicht leiden. Es erinnert mich ans Plätzchenbacken zu Hause.

Jedes Jahr rührte meine Mutter einen großen Topf Plätzchenteig zusammen, dessen Extravaganz darin bestand, besonders viel Zitronat zu enthalten. Beim Ausstechen der Plätzchen waren die Zitronatklumpen immer im Weg, und die Erinnerung an das Gefühl, mit dem Ausstechförmchen durch einen solchen Klumpen durchzustechen, verursacht bei mir noch heute schmale Lippen. Dieser langweilige Teig, seine unvermeidliche Wiederkehr und vor allem auch die Eintönigkeit in unseren Plätzchendosen waren einer Mischung aus DDR-Mangelwirtschaft, dem Zeitmangel meiner Mutter und ihrer Bocklosigkeit in der Küche geschuldet. Bei uns gab es genau zwei Sorten Plätzchen: Solche, deren Zitronatbutterteig mit einer halben abgezogenen Mandel belegt war, und solche, auf denen sich stattdessen eine Rosine aufplusterte. So langweilig wie das Design dieser Plätzchen war auch ihr Geschmack.

Ich beschließe, im Internet nach einem besseren Stollenrezept zu suchen. Wie finde ich ein richtig gutes? Ich google die Begriffe »Stollen«, »Rezept« und »beste«. Ich schäme mich schon beim Eintippen für meine Naivität. Aber gleich der allererste Eintrag liest sich recht vielversprechend. Der Autor berichtet, das Rezept vor dreißig Jahren vom Chef einer kleinen Landbäckerei bekommen zu haben. Kann gelogen sein, weckt aber sofort meine Neugier. Es ist ein Quarkstollen mit vielen Extras darin, die ich mag: Rum, Vanille, Zitrone. Auch das Zitronat steht mit auf der Zutatenliste, aber mit dem Hinweis »klein gehackt«. Also werden wir dieses Rezept ausprobieren.

Als der Mann und ich am Samstagmorgen einkaufen gehen, erzähle ich ihm, dass ich das Rezept ergoogelt habe. Er verzieht den Mund und sagt: »Iiih. Echt jetzt?« Tatsächlich finde ich auch: unsinnlicher geht es kaum. Ich beruhige ihn etwas mit dem Hinweis auf die Landbäckerei-Geschichte und hoffe, dass der Stollen nicht die totale Katastrophe wird.

Das Backen selbst ist nicht kompliziert. Ich weiß auch nicht, was so geheimnisvoll am Stollenbacken sein soll – ich habe es mir eben einfach geheimnisvoll vorgestellt.

Wir sieben jetzt also Mehl, verquirlen Eier, Milch und Vanillepuddingpulver, reiben eine Zitrone ab, hacken Zitronat – und dann kommt das Beste: ein Päckchen Quark und ein ganzes Stück Butter müssen zermatscht werden. Es ist kühl, als meine Finger die Butter umfassen und dabei in den Quark langen. Ich muss meine Hände ganz schön zusammenkrallen, um die Butter zerdrücken zu können. Dazwischen quetscht sich der Quark durch die Fingerritzen. Es macht komische Geräusche – es ist einfach eine großartige Angelegenheit, etwas fies und deshalb umso toller. Wie als Kind im Matsch zu spielen.

Als alles vermengt ist, formen wir daraus zwei kleine Stollen. Und formen heißt wirklich formen. Das hier ist kein fester Teig, sondern eher so was wie sehr weiche Tonmasse. Vielleicht ließen sich auch kleine Stollenaschenbecher daraus brennen. Aber erst mal versuchen wir, eine klassische Stollenform zu imitieren, mit nassen Händen geht das ganz gut. Der Mann schiebt die Stollen in den Ofen und sich selbst einen Stuhl vor das Ofenfenster.

»Das dauert jetzt aber 80 Minuten«, sage ich.

»Mh-hm.« Gut, soll der Mann da sitzen, ich muss stricken. Nur noch 22 Tage bis Weihnachten.

Aus der Küche höre ich den Mann immer wieder rufen: »Geil, Stollen!«, »Wir haben Stollen gebacken!«, und einmal ruft er auch: »Die sehen aus wie richtige Stollen!«

Dann sagt der Mann eine Weile nichts mehr. Ich schaue nach, ob die Stollen vielleicht jetzt nicht mehr so super sind oder nur noch ein Häufchen Kohle, und ob der Mann leise weinend vorm Ofenfenster sitzt. Alles falsch. Er steht am Herd, die beiden fertigen Stollen vor sich, in der einen Hand einen Backpinsel, in der anderen eine Schüssel mit flüssiger Butter. Viel flüssiger Butter. Er tunkt bedächtig den Pinsel in die Butter und streicht, nein: streichelt die Stollen damit ein. Er habe, erklärt er mir, recherchiert, was in dieser geilen Kruste drin sei: »Zucker und Fett, und zwar abwechselnd. I like.« Auf die butterdurchtränkten Stollen schüttet er großzügig weißen Kristallzucker, dann pinselt er sie wieder mit viel, sehr viel Butter ein und siebt zum Schluss eine dicke Schicht Puderzucker darauf. Er tritt ein Stück zurück, schaut die Stollen an, schaut mich an, kräuselt wohlig die Nase und brummt: »Mhhhh.«

Der Mann ist in zwei große Batzen Weihnachtsgebäck verliebt.

# Tag 338
# Der beste Stollen der Welt

Mein Telefon weckt mich. Eine SMS. Ich blinzle aus meinem linken Auge auf das Display, meine Mutter schreibt. »Quarkstollen hält 1 Woche. Quark gammelt.« Ich muss über diese Nachricht erst einmal nachdenken, aber als ich sie kapiere, bin ich plötzlich sehr wach. Wenn meine Mutter recht hat, haben wir unsere Stollen nicht zum Mürbewerden in die Abstellkammer gelegt, sondern zum Vergammeln.

In diesem Moment bin ich froh, so eine unangenehme Angeberin zu sein. Gestern nämlich habe ich meiner Mutter in einer SMS stolz verkündet: »Bringe zu Weihnachten Quarkstollen mit, den wir gestern gebacken haben.« Angeberei kann Stollen retten.

Ich hole die beiden Stollen aus der Kammer, lege einen, so wie er ist – eingewickelt in Alufolie und Plastik –, in den Tiefkühlschrank, den anderen wickle ich aus und schneide zum Frühstück ein paar Scheiben ab. Wenn er schmeckt, beschließen der Mann und ich noch beim Käsebrot, backen wir einfach kurz vor Weihnachten noch mal neue Stollen – immerhin hat auch der Mann gestern seiner Familie verkündet, in diesem Jahr für den Weihnachtsstollen sorgen zu wollen. Wenn er nicht schmeckt, na ja, »dann suchen wir ein Hefestollenrezept raus, backen heute Abend wieder, und dann kann er immerhin noch zweieinhalb Wochen liegen«, spricht der Mann mir gut zu.

Yay, schon wieder backen. Meine Lust hält sich in Grenzen. Für den Abend hatte ich mich eigentlich mit meiner Nähmaschine verabredet, ich bin mit meinem 5-Wochen-Plan immer noch im Geschenkesoll.

Aber was soll's. Wenn der Mann schon mal begeistert ist, sollte ich besser mitmachen.

Und dann kosten wir unseren Stollen. Nach dem ersten Kauen schauen wir uns über den Tisch hinweg mit großen Augen an. Aus unseren Gesichtern weicht jegliche Anspannung, wir schließen kurz die Augen und stöhnen beide genüsslich »Mhhh.« Das klingt vielleicht übertrieben, aber genau. So. Ist. Es.

Der Stollen ist der Wahnsinn. Er ist buttrig. Er ist zitronig. Er ist mandelig. Darunter ein leichtes Rum-Aroma. Und dann sage ich zum Mann mit vollem Mund: »Fie blöd ift daf denn: Fir ham den geilften Ftollen der Felt gebacken mitm Refept aufm Internet.«

## Der Internet-Stollen

500 Gramm Mehl und 1 Päckchen Backpulver in einer großen Schüssel vermischen. 1 Ei und 1 Päckchen Vanillesoßenpulver in 4 Esslöffeln Milch verquirlen, in die Mitte des Mehls gießen und mit 200 Gramm Zucker, dem Saft und der abgeriebenen Schale einer halben Zitrone (oder 1 Teelöffel Zitronensäure), einem Schuss Backrum (oder ½ Röhrchen Rumaroma), 125 Gramm gehackten Mandeln, etwas Bittermandelaroma, 30 Gramm fein gehacktem Zitronat und einem Teil des Mehls vermischen. 250 Gramm Quark und 250 Gramm weiche Butter dazugeben und alles kräftig zu einem klebrigen Teig vermengen. Zum Schluss 250 Gramm Sultaninen einarbeiten.

Die Hände gut anfeuchten und aus dem Teig einen oder zwei Stollen formen, auf ein gefettetes Backblech legen (lieber etwas höher als breiter – der Stollen geht beim Backen noch in die Breite). Den Ofen auf 180 Grad Celsius einstellen (Umluft 160 Grad Celsius) und den oder die Stollen 80 Minuten backen.

Zehn Minuten vor Ablauf der Backzeit eine Schüssel mit 150 Gramm Butter mit in den Ofen stellen, Butter schmelzen lassen. Die noch warmen Stollen mit Butter einpinseln, anschließend kräftig mit Zucker bestreuen, noch einmal buttern und anschließend reichlich mit Puderzucker bestäuben.

## Tag 345
## Einatmen. Ausatmen. Weitermachen

Ich hasse diese Welt. Ich hasse Weihnachten. Ich hasse das Selbermachen. Heute habe ich aus lauter Hass sogar geweint. Na ja, vielleicht war das auch kein Hassweinen, sondern ein Verzweiflungsweinen.

Mir sitzen die Abgabetermine für zwei große Artikel im Nacken.

Es sind immer noch acht Geschenke to do.

Und nur noch vierzehn Tage bis Weihnachten.

Jeder Abend zählt, sowohl für Schreibüberstunden als auch für die Geschenke. Außerdem häufen sich soziale Verpflichtungen. Hier bittet noch jemand zu einem Essen, dort gibt es eine Weihnachtsfeiereinladung, Freunde schlagen reihenweise Glühwein in der Stadt vor – und ich dürfte die Stricknadeln eigentlich gar nicht mehr aus der Hand legen, wenn ich noch fertig werden will.

Als wären das nicht genug Gründe für Nervenflattern, macht mich der Mann mittlerweile wirklich kirre mit seinem dauernden »Kauf mir doch einfach ein Geschenk«.

Er findet das lustig. Er hat einen miesen Humor.

Ich kann leider nicht lachen, ich habe eher das Bedürfnis, ihm das verdammte Fotoalbum um die Ohren zu hauen, an dem ich in jeder Minute, die ich allein zu Hause bin, sitze. Den Adventskalender würde ich ihm gleich noch um dieselben Ohren hauen, denn er sagte gestern doch tatsächlich: »Sind da jetzt bis Weihnachten immer nur Zitronenplätzchen und Baumküchlein drin?« Ich bin aus dem Zimmer gegangen, um nicht zu schreien.

Und dann habe ich auch noch Nikolaus vergessen! Der Mann strahlte mich am Montagmorgen an und sagte mit gespielt geheimnisvoller Stimme: »Ich glaube, der Nikolaus war da.« Ich zog die Bettdecke über den Kopf und konnte nicht fassen, dass es völlig an mir vorbeigegangen war, dass es ja auch noch diesen verdammten 6. Dezember gibt, an dem man verdammte Süßigkeiten in verdammte Stiefel stopft und sie vor die verdammte Wohnungstür stellt. Ich schämte mich den ganzen Tag hindurch. Aber ich freute mich, dass der Mann daran gedacht hatte. Seine Liebenswürdigkeit bewahrte ihn auch vor der Umdieohrenhauerei.

Es ist Samstag. Geschenkecountdown. Aber ich muss schreiben. Ich muss diesen Text am Montag abgeben. Trotzdem hämmert in meinem Hinterkopf weiter: Ich muss stricken! Ich muss häkeln! Ich muss nähen, nähen, nähen! Rund um die Uhr geht das so. Ich schlafe mit diesen Gedanken ein. Wenn ich überhaupt einschlafe und nicht alle paar Minuten das Licht anmache, um noch einen Erinnerungszettel zu schreiben. Ich wache mit diesen Gedanken auf. Mit Herzklopfen. Ich habe seit ein paar Tagen hektische rote Flecken im Gesicht, die ich immer dann kriege, wenn mein Adrenalinspiegel dauerhaft über Normalmaß liegt.

Diese Adrenalinschübe waren vielleicht Anfang des Jahres ganz nett, aber jetzt HASSE ich sie. Sie ruinieren meine Gesundheit, ich fühle mich fiebrig. Ich möchte schlafen. Meine Ruhe. Dass mir jemand über den Kopf streichelt. Ich will in einen verdammten Buchladen gehen und dort in einer Stunde alle Geschenke kaufen – wie es der Mann seit Jahren tut –, anschließend will ich mir im Kino drei Filme hintereinander ansehen, um meine Zeit zu vertrödeln. Einfach so. Ohne schlechtes Gewissen.

Heute Morgen wachte ich auf und schaute in das amüsierte Gesicht des Mannes. Er sagte: »Guten Morgen, liebe Katzenfrau.«

Ich krächzte: »Bitte was?«

»Du siehst aus wie die verrückte Katzenfrau.«

Ich sah ihn weiter blöde an.

»Bei den Simpsons.«

Ich ging ins Bad, und tatsächlich schaute mich aus dem Spiegel eine zerknitterte alte Frau mit wirr vom Kopf abstehenden Haaren an. Matt Groenings Katzenlady.

Ich muss schreiben. Es hilft ja nichts. Der Textentwurf liegt schon eine ganze Weile herum – als ich ihn noch mal lese, bin ich ziemlich enttäuscht: Er ist nicht so gut, wie ich ihn in Erinnerung hatte; er braucht noch viel Zuwendung.

Die gebe ich ihm in den nächsten zwei Stunden. Ich ändere Textpassagen, streiche Floskeln und suche ein paar Zahlen, die meine These belegen. Am Ende der zwei Stunden ist aus dem Text etwas geworden, das nur noch einen letzten Schliff braucht.

Dann stürzt Word ab.

Ich versuche, ruhig zu bleiben. Mein Herz klopft trotzdem schnell und empört. Normalerweise werde ich beim Neustart des Programms gefragt, ob ich den zuletzt verwendeten Text wiederherstellen will. Also: Word öffnen. Und: Nichts. Da ist kein Text. Ich werde auch nichts gefragt. Da ist einfach gar nichts.

Ich öffne den Text aus dem Ordner und bekomme die zwei Stunden alte Version angezeigt. Und plötzlich laufen die Tränen. Ich heule, als wäre ich sechs Jahre alt und mein Hamster gerade gestorben. Mein Leben ist zu Ende, das war's. Ich kann nicht mehr. Ich werde diesen Text nie fertig bekommen. Und ich werde auch mit den Weihnachtsgeschenken nicht fertig werden. Alle werden mich hassen, der Redakteur, dem ich den Text versprochen habe, genauso wie die Familie und die Freunde, die von mir nichts geschenkt bekommen werden, weil ich die letzten vierzehn Tage vor Weihnachten in einer katatonischen Starre auf dem Zimmerfußboden saß und geweint habe.

Als meine Wangen schon ganz nass sind und mir eine Trä-nen-Rotz-Soße in den Ausschnitt läuft, kommt der Mann in mein Zimmer und schaut mich mit großen Augen und krauser Stirn an. »Was ist denn mit dir los?«

»I-hich … Mei-hein Text. Abgestürzt …« Ich schluchze ihm eine Erklärung der Ereignisse vor.

»Oh scheiße«, sagt der Mann, kniet sich zu mir und legt einen Arm um mich. »Aber schnauf mal tief durch und dann setzt du dich da wieder ran. Das kriegst du hin.«

Jetzt würde ich ihm wirklich gern eine knallen für seinen verdammten Optimismus – dieses ständige innere Bedürfnis nach Ohrfeigenverteilen ist doch nicht mehr normal, denke ich im selben Moment. Aber der Mann verdrückt sich sowieso ins Wohnzimmer, und ich setze mich zurück an den Computer und an meinen Text und rede mir gut zu wie einer Wahnsinnigen: »Ich fühl mich gut, ich fühl mich toll, ich fühl mich wun-der-voll.«

## Tag 347
# Ja, die hab ich selbst gemacht!

Ich schaue mit einem breiten Grinsen in meine Geschenke-kiste. Eigentlich ist sie ja nur ein großer Schuhkarton, aber er ist für mich zur Quelle guter Laune geworden. Ja, gute Laune ist seit diesem Morgen wieder möglich in meinem Leben: Den Text habe ich noch am Samstagabend weggeschickt, und den Sonntag durchgenäht und hinter dem Bezug für den Wohnzimmerkasten ein Häkchen gemacht.

Den fertigen Bezug habe ich in die Geschenkekiste gelegt

und gehe nun extra oft an ihr vorbei. Dann schaue ich kurz hinein, sehe die neun bereits fertigen Geschenke und inhaliere etwas von dem Stolz, der aus dieser Kiste strömt. Diese ganzen schönen Sachen hab ich selbst gemacht!

Die beste Freundin schmeißt eine kleine Jahresendfeier für ihre Freunde und wird von mir deswegen schon heute ihr Weihnachtsgeschenk bekommen. Ich nehme die Bechermuffs aus der Geschenkekiste. Das allererste Geschenk. Das auch als Erstes drin lag.

Ich halte die Muffs in meiner Hand und bin hin- und hergerissen: Einerseits ist da eben dieser Stolz und die Vorfreude, was die beste Freundin wohl von meinem Geschenk halten wird. Andererseits bin ich übermannt von dem Widerwillen, die Bechermuffs wirklich weggeben zu müssen. Ich will all die schönen Geschenke nämlich eigentlich behalten, und die Kiste will ich da auf ihrer Kommode stehen lassen, damit sie mir auf alle Ewigkeit Selbstbewusstsein spendet.

In diesem Gefühlsmischmasch steckt außerdem noch eine Prise Furcht, ob der Freundin wohl gefallen wird, was ich ihr da gehäkelt habe. Wenigstens wird sie die Mühe zu schätzen wissen. Denn die beste Freundin als Strick-Maniac weiß, wie viel »wertvoller« ein selbst gemachtes Handarbeitsstück gegenüber einem gekauften ist – einfach weil so viel Zeit darin steckt. Etwas, von dem ja die meisten Leute denken, es sich nicht leisten zu können.

Debbie Stoller schreibt in »Stitch 'n' Bitch« über »The Fine Art of Knitting for Others«, also über »Die hohe Kunst des Strickens für andere Menschen«: »Remember how you never appreciated those lime-green-and-orange-striped sweaters your grandmother made you? Well, you'll be reminded of that when you start knitting presents für your friends and relatives (…) So do yourself a favour: Stick to small items.« Heißt: So wie man selbst als Kind Omas kratzige Pullover nie zu schätzen wusste, werden auch Freunde nicht immer von

Selbstgestricktem begeistert sein. Also, wenn schon Selbstgemachtes verschenken, dann lieber Kleinigkeiten.

Dann ist die Enttäuschung auch kleiner, sollte die Freude beim Gegenüber ausbleiben, denke ich und hoffe, dass auch die Kleinigkeiten gut ankommen, wickle die Bechermuffs in buntes Papier und mache mich auf den Weg zur Jahresabschlussparty.

Die beste Freundin packt mein Geschenk aus, grinst, drückt mich fest an sich und drückt mir genauso fest einen Kuss auf die Wange. Gut, hier freut sich also tatsächlich jemand. Und wie! Sie stellt einen ihrer Porzellanbecher mit Bechermuff auf den Küchentisch und legt den zweiten Muff mit den Etiketten fein säuberlich drapiert daneben. Und wird im Verlauf des Abends jedem einzelnen Gast die Bechermuffs vorführen. Ich bin gerührt und werde jedes Mal ein bisschen rot, wenn wieder jemand erstaunt fragt: Die hast du selbst gemacht?

Und ich sage: »Ja. Hab ich selbst gemacht.«

Tag 352
# Martha Stewart, go home!

Es ist das letzte Wochenende vor Weihnachten, und ich bin froh, endlich Urlaub zu haben. Denn ansonsten hätte ich ein massives Problem. Noch fünf Tage bis Weihnachten. Nur noch drei Tage, bis ich in den Zug nach Hause steige. Seit Tagen rotieren meine Arme in Lichtgeschwindigkeit, ich jongliere zwischen meinem Job, dem Haushalt und der Geschenkeproduktion, und am Abend tun mir zwar die Arme weh, aber ich habe trotzdem nicht das Gefühl, jemals fertig zu werden.

Auch dieser Tag fliegt einfach vorbei: Zwei Stunden verbringe ich an der Nähmaschine und anschließend drei Stunden mit Stricknadeln in der Hand. Zwischendurch fluche ich. Stricken und Nähen haben rein gar nichts Kontemplatives, wenn man es unter extremem Zeitdruck tut.

»Du musst mal durchatmen«, sagt der Mann am frühen Nachmittag und gießt mir einen Tee ein.

»Aber dann schaffe ich das alles nicht«, antworte ich.

»Und wenn du nicht atmest, wirst du einfach umfallen. So: bumm.«

Also zwingt er mich, mit ihm Brotzeit zu machen, nach dem ersten Tee auch noch einen zweiten zu trinken und so zu tun, als bestünde nicht die Gefahr, an Weihnachten mit leeren Händen dazustehen.

Ich dagegen sehe sie real vor mir und fühle jetzt schon die Hitze auf meinen Wangen – wie ich mich schämen werde, dass ich nicht einfach Geschenke gekauft habe. Nur weil ich dieses komische Experiment mit dem Selbermachen durchziehen musste.

Na ja, wenn schon keine Geschenke, so werde ich aber auf jeden Fall den leckersten Stollen der Welt mitbringen, versuche ich mich zu beruhigen. Denn der Mann und ich backen wieder, und zwar die doppelte Menge. Anstatt zwei kleinen Stollen werden wir einen großen und einen Monsterstollen backen. Ich werde den großen Stollen mit zu meiner Familie nehmen, der Mann bringt in seine Runde den Monsterstollen mit.

Der Stollenteig ist schnell geknetet, die Küche wird warm und fängt an zu duften, deswegen richten wir es uns dort gemütlich ein. 160 Minuten lang werden die beiden Stollen backen, nacheinander, und mir wird ganz weihnachtlich vom Geruch und der angenehmen Ofenwärme. Ich bastle und bemale Anhänger für die Geschenke, nähe die Stulpen für die kleine Schwiegerschwester zusammen und verpasse ihnen ebenfalls einen Anhänger, fertig, dann nähe ich einen kleinen Apfelknopf an die selbst gehäkelte Handy-Hülle für den Schwiegerbruder. Auch die Hülle bekommt einen Anhänger angepinnt und landet in der Geschenkekiste mit einem triumphierenden »Fertig!«.

Zwischendurch holen wir die Stollen aus dem Ofen, der Mann buttert und zuckert sie, und schon ein paar Minuten später sitze ich wieder an den Geschenken – das geht heute alles wie am Schnürchen hier, vielleicht hatte der Mann recht, dass Durchatmen und Pausemachen manchmal helfen. Martha Stewart würde jetzt, nach fast zwölf Monaten Training, gegen mich abstinken!

Am Abend bekommen wir Hunger. Ich habe aber vergessen, einen Brotteig anzusetzen.

»Egal«, sagt der Mann, »ich kaufe schnell ein Pfisterbrot«, zieht sich an und ist verschwunden. Ich decke den Tisch. Viel haben wir nicht da, denn eingekauft haben wir gestern auch nicht. »Bring Sahne und ein Bund Schnittlauch mit«, schreibe ich dem Mann schnell per SMS. Als er wieder da ist, schüttle ich die Sahne so lange, bis sie Butter ist, und er schneidet den Schnittlauch klein. Mehr braucht ein gutes Abendbrot eh nicht. Aber wie gut es wirklich ist, schmecke ich erst beim ersten Bissen in mein Schnittlauchbrot.

»Oh Gott, schmeckt das gut«, sage ich zum Mann. »Endlich wieder Pfisterbrot!«

Der Mann kaut vor sich hin und sagt dann: »Also so viel besser als dein Brot schmeckt es auch wieder nicht.«

Ich verschlucke mich fast an einem Schnittlauchschnipsel. Hat er das gerade wirklich gesagt? Ich schaue den Mann fragend an.

Er schaut zurück und grinst. »Echt jetzt«, sagt er.

# Tag 358
## Schöne Bescherung

Es ist Heiligabend, früher Abend, um den Tisch sitzen meine Mutter, meine Oma, die Schwester, ihr Mann, ihr kleiner Sohn und ich, auf dem Tisch stehen Klöße, Rotkraut, eine kleine Weihnachtsgans und eine Schüssel mit Gemüsebratlingen. Wegen der mich meine Familie wie in jedem Jahr auslacht.

Nach dem Essen fragt meine Oma, ob sie noch ein Stück Stollen bekommen könne. Schon vorhin, beim Kaffeetrinken, ist sie ganz aus dem Häuschen geraten wegen des Stollens. Und ich habe in mich hineingelächelt, froh, Pluspunkte gesammelt zu haben, die ich nachher bei der Bescherung vielleicht brauchen könnte.

Meine Mutter schneidet ihr ein Stück Stollen ab, und meine Oma sagt: »Der schmeckt besser als der Dresdner Stollen.«

Dazu muss man wissen, dass meine Oma aus Sachsen kommt und dass für sie nichts, also wirklich NICHTS, über Dresdner Stollen geht, seitdem sie nicht mehr selbst backt. Sie wohnt mittlerweile in Thüringen, lässt sich aber jedes Jahr von ihrem jüngsten Sohn, der in Sachsen geblieben ist, einen kleinen Dresdner Stollen schicken. Das heißt: Meine Oma hat dem Mann und mir gerade ein Mordskompliment gemacht. Bei der Bescherung kann also nichts mehr schiefgehen, ich könnte meiner Oma jetzt einen Sack Brennholz schenken, wir würden trotzdem im Guten auseinandergehen.

Als wäre das für dieses Weihnachten nicht schon genug Lob, kommt noch während des Nachtischs eine SMS vom Mann: »Hier sind zwei Räume voll mit Bewunderung für deine Geschenke. Das hättest du sehen sollen. Die werden dich übermorgen vergöttern.«

Ich klicke die SMS weg und grinse vor mich hin.

»Was ist los?«, fragt meine Mutter.

»Meine Geschenke sind in Oberbayern gut angekommen«, sage ich. Und füge im Stillen hinzu: Hoffentlich wird es hier auch so sein.

Der entscheidende Unterschied zwischen der Familie des Mannes und meiner Familie macht sich an Weihnachten besonders bemerkbar: In seiner Verwandschaft kann man Bewunderung und Erstaunen damit auslösen, eine Nähmaschine bedienen oder ein paar Stricknadeln benutzen zu können. In seiner Familie geht niemand irgendeiner Handarbeit nach. Dagegen ist meine Familie eine Selbermachfamilie, von der ich kein »Ah« oder »Oh« ernte, wenn ich etwas Selbstgenähtes zeige, sondern gute Ratschläge, wie ich dieses oder jenes noch besser machen könnte.

Viel Zeit, mir weitere Gedanken über die eventuellen Reaktionen meiner Familie zu machen, habe ich aber nicht. Der Neffe brüllt: »Es klopft! Es klopft!«, und rennt zur Wohnungstür. Ein Nachbar hat unseren Geschenkesack vor die Tür gestellt und den Job des Weihnachtsmannes übernommen – nämlich laut an die Tür zu hämmern und sich dann aus dem Staub zu machen. Der kleine Neffe zerrt am ihn überragenden Geschenkesack und fragt enttäuscht, wieso denn der Weihnachtsmann nicht gewartet habe.

»Viele andere Kinder und so«, erklären wir ihm mittelmäßig glaubwürdig.

Die nächste Stunde sitzen wir auf dem Fußboden und dem Sofa und öffnen unsere Geschenke. Der Neffe findet seinen Piratenbeutel super, die Schwester probiert aus, wie die Platzdeckchen auf dem Esstisch aussehen, meine Mutter freut sich über das Brillenetui aus Filz, das sie mit einem kleinen Klett-Plättchen am Armaturenbrett ihres Auto befestigen kann.

Meine Oma sagt zu dem Kissen, für das ich ihr einen Bezug gestrickt habe: »Das wäre doch nicht nötig gewesen! Ihr sollt mir doch nichts schenken.«

Das ist ein leichter Schlag in die Magengrube, den ich ihr aber vor allem wegen ihrer Begeisterung für den Stollen sofort verzeihen kann. Denn eigentlich ist dieses Kissen daran schuld, dass ich auch noch auf der Zugfahrt hierher ziemlich gestresst war. Erst am Abend vor meiner Abreise hatte meine Oma beschlossen, mit uns anstatt mit meinem Onkel zu feiern. Bloß hatte ich noch gar kein Geschenk für sie. Aber dafür ein kleines Kissen und eine Menge dicker weißer Wolle im Schrank. Also nähte ich noch schnell vor dem Schlafengehen einen Bezug aus weißer Baumwolle für das Kissen und steckte Wolle, Stricknadeln, Schere, Nähgarn und -nadel in mein Reisegepäck. Im Zug strickte ich dann fast die gesamten sechs Stunden durch. Ich strickte zehn Maschen links und zehn Maschen rechts und wechselte nach zehn Reihen. So entsteht optisch ein Schachbrettmuster mit Kästchen aus linken und rechten Maschen. Erst kurz nach Leipzig war ich endlich fertig und begann, das gestrickte Quadrat auf eine Seite des Baumwollbezugs aufzunähen. Als ich in Berlin ankam, hatte ich ein weiteres Weihnachtsgeschenk im Gepäck. Zu dem meine Oma jetzt also sagt, das sei nicht nötig gewesen. Aber gut, so was sagen Omas vermutlich sowieso immer. Wenn man ihnen etwas kauft, hätte man sich das Geld ihrer Meinung nach sparen sollen, wenn man etwas bastelt, hätte man sich »die Mühe nicht machen müssen«. Das gehört zu einer echten Oma wohl dazu.

Ich denke schnell wieder an das Stollen-Kompliment und konzentriere mich darauf, dass alle anderen Geschenke gut angekommen sind. Glück gehabt. Keine enttäuschten Gesichter bei der Familie. Keine schamglühenden Wangen bei mir. Dass es so gut laufen könnte – daran hatte ich in den letzten Wochen nicht immer geglaubt.

# Tag 361
## Laaaangweilig!

Und jetzt ist Weihnachten einfach so vorbei. Zwei Tage habe ich noch bei der Familie des Mannes verbracht, habe Komplimente für die Geschenke bekommen und Komplimente für die beeindruckende Plätzchen-Auswahl der Mutter des Mannes zurückgegeben.

Am Morgen haben der Mann und ich unsere Sachen und Geschenke ins Auto geladen und sind zurück in die Stadt gefahren. Ich gehe ins Wohnzimmer, wo noch ein paar Rollen Geschenkpapier liegen, neben der Schere, dem Klebstoff und etwas Geschenkband. Reflexartig denke ich, ich müsste mich sofort wieder an ein Geschenk setzen, anstatt hier herumzustehen. Aber ich brauche keine Geschenke mehr.

Ich fühle mich leer.

Vermisse ich den Geschenkestress? Wirklich?

Wenn ich nicht will, brauche ich jetzt erst einmal gar nichts mehr zu machen. Das Jahr ist so gut wie rum. Ich kann mein Leben so weiterleben wie vor meinem Selbermach-Jahr.

Dieser Gedanke macht mich irgendwie traurig.

»Ich werde einen Brotteig ansetzen«, sage ich zum Mann.

Er schaut von seinem Bücherstapel auf, den er zu Weihnachten geschenkt bekommen hat. »Das wird dein letztes Brot sein, oder?«, fragt er.

Er hat recht. Das könnte mein letztes Brot sein. Plötzlich ist mir ganz feierlich zumute, als ich die Mehltüten aus der Schublade nehme. Ist es Zufall oder ein Wink des Selbermach-Gottes, dass gerade noch so viel Mehl in der Dinkel- und in der Roggenmehltüte ist, dass es genau für ein Brot reicht? Ich schmeiße die Packungen weg und schaue auf die Lücke, die die Tüten in der Schublade mit den Vorräten hinterlassen haben.

Der Mann kommt in die Küche. »Wieso starrst du in eine Schublade?«

»Ich frage mich nur gerade, ob ich auch im neuen Jahr noch Brot backen werde.«

»Je nach Bock, oder?«, sagt der Mann.

»Wünschst du dir etwas Besonderes für das letzte Brot?«, frage ich ihn.

»Was denn zum Beispiel?«

»Ich könnte mal wieder Hasel- oder Walnüsse reinmachen. Und ein bisschen Muskat und Zimt.«

»Klingt super. Mach mal«, sagt der Mann und verschwindet wieder zu seinen Büchern. Ich werfe eine Handvoll Haselnüsse in die Mehlmischung und streue ein kleines bisschen Muskat und Zimt mit hinein. Nur ganz wenig, sodass man beim Essen gar nicht gleich darauf kommt, dass beides drin ist. Dann rühre ich warmes Wasser unter, decke die Schüssel ab und stelle den Teig in eine ruhige Ecke. Das letzte Brot.

Im Wohnzimmer setze ich mich auf den Boden und versammle meine Geschenke um mich herum. Der Mann legt die Wadlwärmer dazu. Ich schaue ihn fragend an.

»Ich glaube, die ziehe ich nicht an«, sagt er.

»Aber dir ist immer kalt, wenn wir hier sitzen und lesen oder fernsehen.«

»Aber nicht an den Waden.«

Hm.

Ich wusste, dass es ein Risiko-Geschenk ist, und ich hatte trotzdem gehofft, dass er die Stulpen mögen würde, allein aus praktischen Gründen. Aber gut, ich kann niemanden zu warmen Wadln zwingen.

»Das heißt, ich darf sie anziehen?«, frage ich den Mann.

»Klar, gerne.«

»Gefällt dir denn wenigstens das Fotoalbum?«, frage ich, unsicher, ob ich mit den Geschenken für den Mann total ins Klo gegriffen habe.

»Das Fotoalbum ist großartig!«, sagt er, beugt sich zu mir rüber und gibt mir einen Kuss.

»Was sollen wir heute noch machen?«, frage ich den Mann.

»Lesen«, sagt er und verschwindet wieder hinter seinem Buch.

Mir ist aber nicht nach Lesen. Irgendwie fühle ich mich zu zappelig, um ein paar Stunden ruhig auf dem Sofa zu sitzen.

Die beste Freundin ruft an und unterbricht meinen Langeweileanfall. Sie habe etwas ganz Tolles gefunden, brüllt sie mir ins Ohr. »Es gibt eine Webseite, auf der sind Streuobstwiesen und wilde Obstbüsche eingetragen. Was du dir immer gewünscht hast«, sagt sie. »Dann können wir, auch wenn du keinen Garten mehr hast, Sachen ernten und einkochen!«

*Mundraub.org*, diese Webseite, klingt genau so, wie ich mir das vorgestellt habe. Die beste Freundin und ich vereinbaren, im nächsten Sommer und Herbst Kompott und Marmelade einzukochen. Zucchini, Bohnen und Kartoffeln werde ich eben weiter über die Biokiste bestellen, und eine Tomatenpflanze muss mit unserem »Balkon« vorliebnehmen.

Als ich aufgelegt habe, klingelt gleich wieder das Telefon. Meine Mutter ist dran. »Stell dir vor«, sagt sie, »deine Oma weigert sich, den Dresdner Stollen zu essen, den ihr dein Onkel geschickt hat. Sie sagt, der schmecke ihr jetzt nicht mehr, er sei zu trocken, langweilig und doof.« Oh Gott, jetzt habe ich ein schlechtes Gewissen. Ich wollte doch meiner Oma nicht ihren Dresdner Stollen verleiden. Andererseits muss ich gestehen, dass ich mich diebisch freue.

Dann werde ich ihr nächstes Jahr einen selbst gebackenen Stollen schicken. Pünktlich zum 1. Advent.

Und dieser Plan bringt gleich eine neue Idee mit sich: Weil ich mir das nämlich aufschreiben muss, um es nicht zu vergessen, brauche ich einen Kalender fürs neue Jahr. Da habe ich doch etwas, das ich selber machen kann, jetzt auf der

Stelle! Ich rufe dem Mann ein »Bis gleich!« zu, laufe runter in den Schreibwarenladen in meiner Straße, kaufe ein A6-Büchlein und krame, zurück in der Wohnung, das Stempelkissen und den alten Bürostempel mit beweglichen Datumslettern hervor. Ich blättere die erste Seite auf und stemple: »1. Januar«, ich drehe am Zahlenrädchen und stemple »2. Januar«, und immer so weiter, immer sieben Tage auf eine Doppelseite. Am 18. August muss ich eine Pause einlegen, mir tut die Hand weh und ich habe Hunger, aber nach dem Essen stemple ich weiter, komme zum 1. Advent und trage ein: Oma einen Stollen schicken.

## Tag 365
## Sag zum Abschied leise ...
## Fondue

Es ist Silvester. Der letzte Tag des Jahres. Meines Selbermachjahres.

Einfach weil es vorbei sein wird, habe ich heute noch einmal ein paar Stunden in der Küche verbracht. Um das französische Baguette aus meinem Rund-um-die-Welt-Brotbuch zu backen. Jedes normale Brot ist eine Fast-Food-Angelegenheit im Vergleich zu Baguette: Erst wird ein Vorteig mit frischer Hefe angesetzt, dann wird der eigentliche Hefeteig zurechtgeknetet, man lässt ihn gehen, um anschließend den Teig in zwei Portionen zu teilen, die als kleine Hefeteigbälle abgedeckt in der Nähe der Heizung stehen bleiben und wieder gehen sollen. Und dann überraschte mich die Anleitung: Vor dem nochmaligen Gehenlassen und dem eigentlichen Backen wird der Teig ausgewalzt und anschließend so zusammengerollt, dass eine Wurst entsteht, die in der Mitte etwas dicker ist als an den Enden. Und diese Enden werden eingeschlagen.

Als das Ergebnis vor mir lag, dachte ich: Klar, so sieht Baguette aus. Am letzten Tag noch was gelernt.

Das frisch gebackene Baguette nehmen der Mann und ich am frühen Abend mit zur besten Freundin. Sie hat uns zum Käsefondue eingeladen.

Wir raspeln gemeinsam verschiedene Schweizer Käsesorten und lassen sie in einem Topf langsam zu einem ansehnlichen Käse-See zerschmelzen; im Topf nebenan kochen kleine Kartoffeln, und der Mann schneidet etwas Gemüse in handliche Stückchen, die sich gut ins Fondue tunken lassen.

Die beste Freundin fragt mich, wie ich es finde, dass mein Selbermach-Jahr nun vorbei ist. »Ich habe keine Ahnung«, sage ich, »ich vermute, ich werde es vermissen.« Gleichzeitig werde ich froh sein, nicht mehr dauernd nähen, stricken, hämmern, backen oder in den Garten zu müssen. Ich werde wohl wieder mehr Geld ausgeben und Dinge einfach kaufen. Aber ich glaube auch, dass ich einiges weiterhin selbst machen werde. Kleinigkeiten stricken, am Wochenende Brot backen, Geschenke basteln. So was.

Eine richtige Meinung zum Ende meines Selbermachjahres werde ich vermutlich erst in ein paar Wochen haben. Weil ich erst dann Ordnung in meine Gedanken gebracht habe und einschätzen kann, inwieweit sich mein Leben nun verändert hat oder nicht – und ob ich das gut finde oder nicht.

Die beste Freundin, der Mann und ich heben unsere Sektgläser, der Sohn der besten Freundin hebt sein Glas mit Apfelsaft: »Auf einen schönen Abend.« – »Auf einen schönen Abend!«

Der Mann bricht als Erster ein Stück vom selbst gemachten Baguette ab, steckt es auf einen Spieß und tunkt es ins Käsefondue. Ich tue es ihm gleich und überziehe ein Stück Brot mit einer Käsehaut. Während ich noch im Fondue rühre, kaut der Mann bereits, schließt kurz die Augen, brummt und sagt dann:

»Das Baguette ist genial. Der Selbermachquatsch hat schon auch sein Gutes.«

# Epilog

Das Selbermachjahr ist erst seit gut zehn Wochen vorbei und mein Alltag ähnelt schon wieder sehr dem des vorletzten Jahres: Zum Beispiel kaufe ich alle paar Tage ein Brot beim Bäcker. Selbst gebackenes Brot gab es seit dem Jahreswechsel erst zwei Mal – als wir Gäste hatten. So ein frisches, selbst gebackenes Weißbrot mit einem kleinen Teller gutem Olivenöl als Vorspeise kann nämlich erstaunlich viel Eindruck schinden. Und offenbar ist es mir die Mühe des Backens nur noch wert, wenn ich anschließend einen Haufen Komplimente bekomme. Eigentlich jämmerlich.

Ansonsten, was habe ich seither noch selbst gemacht? Zwei Bechermuffs wie die, die ich der besten Freundin geschenkt habe, habe ich auch für unsere henkellosen Kaffeebecher gehäkelt. Denn auch wir haben unseren Kaffee und Tee bisher mit spitzen Fingern getrunken. Jetzt: entspanntes Schlürfen dank wolliger Muffs.

Und ich habe gleich zu Beginn des Jahres einen kleinen Strickanfall bekommen. Der Mann und ich werden Eltern, und ganz plötzlich musste ich zwanghaft stricken. Und habe festgestellt: wenn schon Klamotten stricken, dann für Babys. Die Sachen sind so schön klein, dass man an einem Kleidungsstück gerade mal ein Wochenende lang strickt. Und so sind seitdem zwei Strickjacken und zwei Mützen entstanden – ruck, zuck. Und was mir am Selberstricken für das

Baby noch gefällt: Ich muss dem Kind weder Rosa noch Hellblau antun. Bei einer Runde durch die Babyabteilungen der Kaufhäuser wird mir nämlich schlecht – mein Magen verträgt diese geballte Puderfarbigkeit einfach nicht gut. Stattdessen: Kaufte ich mir ein paar Knäuel türkise, orange, gelbe und grüne Wolle. Das Kind bekommt schöne Retroklamotten, in leuchtenden Farben – geringelt.

Beim Stricken hatte ich dann auch einen erhellenden Moment: Ich strickte unter anderem während einer Zugfahrt; endlich wollte ich wissen, ob es sich nun tatsächlich revolutionär anfühlt, in ungewohnter Umgebung zu handarbeiten – wie mir letztes Jahr die Kulturwissenschaftlerin Elke Gaugele gesagt hatte. Nun ja, es fühlte sich vor allem *komisch* an. Ich musste mich erst einmal überwinden, das Strickzeug aus der Tasche zu nehmen und mich daran gewöhnen, dass mir Leute bei meinem Hobby zusehen konnten. Hobbys waren für mich bis dahin etwas Privates – weil ich weder angle noch Fußball spiele, Kart fahre oder Ähnliches, was man draußen verrichtet. Noch komischer fühlte ich mich, als ich bemerkte, dass mich während der gesamten Fahrt eine ältere Dame von schräg gegenüber beobachtete. Sie las nicht, sie schlief nicht, sie schaute die ganze Zeit nur abwechselnd aus dem Fenster oder mir auf die Stricknadeln und sah irgendwie zerknirscht aus. Was mich nervös machte.

Bis sie am Ende ihrer Fahrt ihre Sachen packte und im Vorbeigehen sagte: »Mensch, ich habe mich jetzt die ganze Fahrt geärgert, dass ich mein Strickzeug zu Hause vergessen habe.« Ich lächelte sie an und dachte bei mir: ›Also, Stricken im Zug – völlig unrevolutionär.‹

Während ich so strickte und draußen vor dem Zugfenster Stunde um Stunde die Landschaft vorbeizog, dachte ich darüber nach, was ich am Anfang meines Selbermachjahres alles hatte herausfinden wollen: warum Menschen das Arbeiten mit den eigenen Händen wiederentdecken, ob es tatsächlich

Selbstgemachtes gibt, das glücklich macht, und überhaupt: was alles möglich ist. Fast alles, weiß ich nach dem Jahr. Auch wenn ich noch lange nicht alles ausprobiert habe. Aber wenn man sich in den Kopf setzt, etwas mit den eigenen Händen herzustellen anstatt es zu kaufen, dann geht das auch. Meistens jedenfalls. Mit etwas Hilfe, mit Geduld und vor allem der Lust, etwas Neues anzupacken – und es dann auch zu Ende zu bringen. Vor allem an Letzterem scheitern wohl die meisten Projekte, ich sehe es ja an meiner Hose, die immer noch unfertig auf der Nähmaschine liegt. Und vorerst auch nicht fertig werden muss – ich passe mit dem Babybauch sowieso nicht hinein.

Wenn ich mir jetzt das Protokoll ansehe, das ich am ersten Tag meines Selbermachjahres geführt habe, stelle ich stolz fest: Ich käme mit ausschließlich selbst gemachten Dingen durch den Tag, ohne frieren oder hungern zu müssen.

Aber es ist gut, auch in diesem Jahr noch Selbermach-Ziele zu haben. Ganz oben steht weiterhin: einen Kleiderschnitt selber machen. Dieses Jahr wirklich! Und gleich dahinter: lernen, Socken zu stricken. Denn obwohl ich mittlerweile sogar ein Sockenstrickbuch besitze und sowohl meine Mutter als auch meine Oma behaupten, Socken zu stricken sei das Einfachste überhaupt, habe ich dieses Projekt im vergangenen Jahr einfach nicht angepackt. Vor allem aus Scheu davor, mit einem »Nadelspiel« zu stricken, also immer im Kreis von Masche zu Masche, die auf vier Nadeln verteilt sind. Das sieht kompliziert aus, sehr viel komplizierter als das einfache Stricken von links nach rechts. Aber vor ein paar Tagen hat mir die beste Freundin einen Zeitungsartikel gegeben, in dem sechs Omas aus dem Schwarzwald vorgestellt werden. Das Besondere an diesen Omas ist, dass man bei ihnen Ferien machen und dabei das Sockenstricken lernen kann. Ob ich es bei ihnen lernen werde oder zu Hause auf dem Sofa mithilfe von *Youtube*-Videos: Für nächstes Weihnachten kann sich die Verwandtschaft schon mal auf selbst gestrickte Socken einstellen.

Was mir immer noch im Kopf herumschwirrt: die Eier aus eigener Hühnerhaltung. So ein Huhn, das wäre schon was. Da ich in diesem Jahr aber nicht einmal mehr den kleinen Garten haben werde, ist auch ein Hühnerstall undenkbar.

Einen konkreten Plan gibt es in Sachen Seife: mit der Mutter des Mannes verabredet, um neue Rezepte auszuprobieren. Zu Weihnachten waren unsere Seifenstücke der Geschenkeknaller schlechthin, die Beschenkten lasen das Etikett und vor allem den Hinweis »handgemacht« und bekamen große Augen. Und wie beim Brot war es auch hier: Selbermachen ist fast immer dann am tollsten, wenn man anderen Menschen eine Freude macht.

Und: Die Kiste mit den Käseutensilien hat mich am Wochenende so nett angelächelt, dass ich den Mann überredet habe, demnächst noch einen Tag mit Milch, Lab und Steakthermometer zu verbringen. Das Selbermachen wird also auf jeden Fall Teil meines Lebens bleiben, wenn auch nicht an jedem Wochenende und jedem Feierabend. Dafür sitze ich zu gern mit einem Stapel Bücher auf dem Sofa oder an der Isar. Wobei ich gemerkt habe, dass es mir nach diesem Jahr viel schwerer fällt, mich auf längere Texte zu konzentrieren, einfach dazusitzen und zu lesen, anstatt etwas mit den Händen anzustellen.

Was nun die Frage des Glücks angeht: Ja, es gibt Selbstgemachtes, das glücklich machen kann. Ein Garten zum Beispiel. Mit einem halben Jahr Abstand zu meinem katastrophalen Gartenjahr denke ich vor allem an das tolle Gefühl, eine ganze Schüssel voll Kartoffeln aus der Erde zu holen – und natürlich sie später auch zu essen und bei jedem Bissen zu denken: Die hab ich selbst angebaut. Oder wenn ich in das Regal in der Abstellkammer schaue, in dem die beiden Flaschen Sirup und immer noch 14 Gläser Pflaumenmarmelade stehen: Jedes einzelne Mal denke ich stolz: Die hab ich selbst gemacht! Wenn ich mein schönes Cocktailkleid im Schrank hängen sehe, denke ich an den Abend mit dem Mann im Smoking an meiner Seite zurück und kann nicht aufhören, glücklich darüber zu grinsen, dass ich mir tatsächlich ein kleines Schwarzes selbst genäht habe. Und auch die vielen Veränderungen in unserer Wohnung machen mich immer wieder stolz: Wenn ich das Regal in der Küche sehe oder das Ärmelbrett in der Abstellkammer oder wenn ich in der Badewanne liege und unsere weiß lackierten Badwände anschaue – dann denke ich: Es war eine gute Idee, dieses Selbermachjahr. »Ich würde es wieder machen«, habe ich zum Mann gesagt, und er wirkte überrascht: »Echt? Zwischendurch warst du ja schon auch ganz schön genervt.« Damit hat er zweifellos recht. Und trotzdem. Auch wenn viel zu oft die Zeit fehlt oder ich nach der Arbeit einfach zu kaputt bin, um mich noch zu einem Brot durchzuringen – wenn ich dann eines gebacken habe oder wenn ich anstatt der Fernbedienung die Stricknadeln in die Hand genommen habe, dann überkommen mich immer wieder die beiden gleichen Gefühle: Stolz und Glück. Genau diese beiden Gefühle sind wohl auch die schlichte und einfache Antwort auf die dritte Frage: warum viele Menschen das Arbeiten mit den eigenen Händen wiederentdecken. All die komplexen Gründe, die Konsumkritik, die Selbstverwirklichung, Entschleunigung und ein neues Lebensgefühl sind sicherlich wichtig. Auch für mich. Aber entscheidend bleibt am Ende wohl trotzdem: weil Selbermachen glücklich macht. Weil es in unserer heutigen Zeit für viele Menschen, mich eingeschlossen, überraschend und beeindruckend ist, was sie mit ihren Händen so alles können – sie wachsen beim Selbermachen über sich selbst hinaus.

Und wer liebt dieses Gefühl nicht?

Eben.

# Weiterführendes. Nützliche Tipps. Links. Bücher

## Backen

▶ Ein Brotbackbuch, das mir gut gefällt, ist »Brot backen« von Linda Collister. »Die besten und beliebtesten Rezepte aus aller Welt« lautet der Untertitel, und genau das bietet das Buch auch: Rezepte für italienische Ciabatta genauso wie für türkische Pide oder mexikanische Tortillas. 2005 erschienen bei Moewig, 144 Seiten, EUR 10. (Tag 2 & 365)

▶ Das Rezept für die »Good Morning Muffins« stammt aus dem Buch »Leon. Ingredients & Recipes«, Conran Octopus Ltd., 312 Seiten, £ 20. leonrestaurants.co.uk. (Tag 64)

▶ *Freitag*-Redakteur Jörn Kabisch schreibt in seiner Kolumne über die Entdeckung des knetfreien Brots. Den Text kann man im Internet nachlesen: freitag.de/alltag/0922-koch-oder-gaertner-rezept. (Tag 128 & 129)

▶ Das Rezept für die salzigen Cookies aus der *New York Times* findet man auch im Internet, und zwar unter: alturl.com/cavrg*. Die Geschichte zum Rezept, also über die Suche danach, kann man ebenfalls nachlesen: alturl.com/99grg. (Tag 283)

▶ Das Quarkstollenrezept findet man online unter: alturl.com/d7nwn. (Tag 336 & 338)

* Längere Links sind durch Kurz-URL ersetzt

*Gärtnern*

- ► Das Gartenbuch »Alys im Gartenland. Garten ist, was du draus machst« von Alys Fowler ist 2009 bei Kosmos erschienen, 192 Seiten, EUR 19,95. (Tag 11 & 121)
- ► Überall entstehen Stadtgärten, einige von ihnen findet man auch im Internet, zum Beispiel hier: cityfarmer.info, rooftopfarms.org, mauerblumen.blogspot.com oder prinzessinnengarten.net. (Tag 11)
- ► *Die Zeit* beschrieb in einer Reportage aus Brooklyn, was in so einem City-Garten alles möglich ist: alturl.com/vcnjp. (Tag 11)
- ► Wissenschaftlich begleitet wird der Trend auch von der Humboldt-Universität Berlin, im Studiengang Urbaner Gartenbau: alturl.com/367hc. (Tag 11)
- ► Die politische Bewegung *Community Food Security Coalition* setzt sich dafür ein, dass urbanes Gärtnern dazu genutzt wird, vor allem ärmere Menschen mit frischen Lebensmitteln zu versorgen: foodsecurity.org. (Tag 11)
- ► »Das große Buch vom Leben auf dem Lande. Ein praktisches Handbuch für Realisten und Träumer« und »Selbstversorgung aus dem Garten. Wie man seinen Garten natürlich bestellt und gesunde Nahrung erntet« von John Seymour sind die Gartenbuchklassiker aus den Achtzigern – und nicht nur nützlich, sondern auch lustig. In Neuauflagen erschienen im Dorling Kindersley Verlag, 408 Seiten, EUR 24,95 bzw. Urania Verlag, 256 Seiten, EUR 19,95. (Tag 24 & 121)
- ► Die Seite des Deutschen Wetterdienstes hilft beim Sorgenmachen wegen des Wetters der nächsten Tage und Wochen: dwd.de. (Tag 122)
- ► »Grow Great Grub. Organic Food from Small Places« ist 2010 bei Clarkson Potter erschienen und ist ein tolles Buch für alle, die nur ein paar wenige Quadratmeter für den Anbau von Gemüse und Kräutern zur Verfügung haben; 208 Seiten, EUR 15,99. (Tag 168)

▶ Das Hausmittelchen Milch soll gegen Mehltau auf den Gemüsepflanzen helfen – behaupten jedenfalls verschiedene Foren im Internet, zum Beispiel: alturl.com/dt2sb. (Tag 185).

▶ Einen umfangreichen Ratgeber zur Frage, wie man Samen selbst sammelt und aufbereitet, gibt es auf der Webseite hausgarten.net/pflanzen/samen.html. (Tag 287)

## Nähen

▶ Wer anfangen will, nach eigenen Schnitten zu nähen, tut das am besten mit einem Rock. Wie man seinen Körper vermisst und einen Schnitt macht, wird sehr schön und einfach erklärt in »Sew What! Skirts: 16 Simple Styles You Can Make With Fabulous Fabrics«, 2006 erschienen bei Storey Pub, 128 Seiten, EUR 12,80. (Tag 9)

▶ Im Buch »Yeah! I Made it Myself. DIY Fashion for the not very domestic Goddess« finden Nähbegeisterte Anleitungen für Taschen, Röcke, Kleider, Gürtel und Schals; 2006 erschienen bei Weidenfeld & Nicolson, 224 Seiten, EUR 18,99. (Tag 9)

▶ Und noch mehr kleine Projekte, unter anderem die Anleitung für die Clutch, gibt es im Buch »Bend-the-rules Sewing. The Essential Guide to a Whole New Way to Sew«; 2007 erschienen bei Potter Craft, 144 Seiten, EUR 14,95. (Tag 9)

▶ Das Buch, das ich mir gekauft habe, um Schnittdesign zu lernen ist von Cal Patch und heißt »Design-It-Yourself Clothes: Patternmaking Simplified«; 2009 erschienen bei Potter Craft, 160 Seiten, EUR 17,95. (Tag 16)

▶ Im Blog des Magazins *Craft* wird erklärt, wie eine Nähmaschine funktioniert und was die ganzen Hebel und Ösen eigentlich zu bedeuten haben: alturl.com/ta8j2. (Tag 16)

▶ Im »Handmade Blog« von Etsy.com wird erklärt, wie man

sich so eine Gartenschürze näht, die ich mir selbst gemacht habe: alturl.com/33qzo. (Tag 60)

▶ Wie man eine Nähmaschine richtig pflegt, wird im Blog von *BurdaStyle* erklärt: alturl.com/qidou. (Tag 95)

▶ Wer sich an selbst genähte Hygienebinden rantraut, findet hier eine Anleitung dazu: alturl.com/mezme. (Tag 101)

▶ Und die Redaktion von *Utopia.de* hat sich Gedanken darüber gemacht, welchen Nutzen selbst genähte Binden für die Umwelt haben – ziemlich beeindruckend, was dadurch an Müll gespart werden könnte: alturl.com/b7wm6. (Tag 101)

▶ Viele Schnitte aus dem Magazin *Burda easy fashion* findet man auch online: burdastyle.de/schnittmuster/easyfashion. (Tag 136)

▶ Einen Reißverschluss einzunähen, ist für manche Menschen – zum Beispiel mich – die Nähhölle auf Erden. Hier wird aber sehr schön erklärt, wie es geht: alturl.com/sd6vj. (Tag 185)

▶ Den Schnitt für mein Cocktailkleid gibt es online als kostenlosen Download: alturl.com/or9dn. (Tag 237)

## Stricken

▶ »Stitch'n'Bitch. The Knitter's Handbook« Das Grundlagenbuch von Debbie Stoller ist 2004 bei Workman Publishing erschienen, 256 Seiten, EUR 10,10. (Tag 9)

▶ Die weltweite »Stitch'n'Bitch«-Bewegung und alle »Stitch'n'Bitch«-Gruppen findet man unter stitchnbitch. org. (Tag 9)

▶ Klingt komisch, ist aber so: Mit *Youtube* kann man stricken lernen, zum Beispiel die allererste Reihe: youtube. com/watch?v=VqsbZJv5WAw. (Tag 37)

▶ Einen kurzen Abriss der Geschichte des Strickens findet man hier: alturl.com/vpkof. Ich habe beim Lesen eine Menge gelernt, zum Beispiel, dass sogar historischen Größen wie Marie Antoinette und Friedrich dem Großen nachgesagt wird, sie hätten in ihrer freien Zeit zu den Stricknadeln gegriffen. (Tag 37)

▶ Strickanleitungen von Debbie Stoller, zum Beispiel für Mützen, Schals oder Oberteile, gibt es unter stitchnationyarn.com/Patterns; und wie man ein Zopfmuster strickt, kann man sich wiederum bei *Youtube* anschauen: youtube.com/watch?v=jfMebwuE72M. (Tag 82)

▶ Besonders fasziniert bei der Recherche über den Strick-Trend haben mich Trucker-Fahrer in Amerika, die ihre Wartezeiten mit Handarbeit verbringen: alturl.com/d34wv. (Tag 106)

▶ Die Münchner Strick-Gruppe *Strickeria* hat ihre eigene Webseite, strickeria.blogspot.com, und war auch schon mal im Fernsehen: youtube.com/watch?v=aX8UFQ7GpP8. (Tag 233)

▶ Die Anleitung für die Ruckzuck-Babystrickjacke habe ich im Blog »The Brown Stitch« gefunden: alturl.com/89qi8. (Epilog)

▶ Das Sockenstrickbuch, dessen 21 tolle Strickmuster darauf warten, bis Weihnachten von mir nachgestrickt zu werden, heißt »Toe-Up Socks for Every Body«, 2010 erschienen bei Potter Craft, 144 Seiten, EUR 15,95. (Epilog)

▶ Die Schwarzwälder Strick-Omas findet man im Internet unter stricken.original-schwarzwald.de. (Epilog)

▶ Unmengen an Strickmustern findet man auch unter vogueknitting.com, lionbrand.com, bernat.com, ravelry.com, berroco.com, classiceliteyarns.com, petitepurls.com, freevintageknitting.com, oder auch auf der Seite magdalena-strickt.de von – ja, genau – Magdalena Neuner.

### Kochen

▶ Buttermachen ist ganz einfach, und in diesem Video zeigt der nette Mann mit dem lustigen Bart, wie es geht: youtube.com/watch?v=oropJD0CuxI. (Tag 52)

▶ Stevan Paul, über den ich aufs Buttermachen gestoßen bin, hat einen eigenen Food-Blog, nutriculinary.com, und auch ein Buch geschrieben mit schönen Geschichten und leckeren Rezepten: »Monsieur, der Hummer und ich«, 2009 erschienen im mairisch Verlag, 176 Seiten, EUR 18,90. (Tag 52)

▶ Eigentlich braucht man zwar für Brotaufstriche nicht wirklich ein Rezept, man püriert einfach alles, was man lecker findet. Wer trotzdem etwas Inspiration sucht, findet diese zum Beispiel unter marions-kochbuch.de/rezepte/brotaufstriche.htm. Meine Lieblingsbrotaufstriche sind übrigens Salsa di noci (alturl.com/s7fur), Hummus (alturl.com/suo3u) und Bärlauchpesto (alturl.com/cmev9). (Tag 55)

▶ Sogar Marmelade einzukochen, scheint jetzt wirklich cool zu sein. Kate Moss zum Beispiel verkauft ihre – angeblich wirklich selbst gekochte – Marmelade: alturl.com/yemh6. (Tag 227)

▶ Das Rezept für den Pfefferminz- und den Melissesirup habe ich ebenfalls aus dem Internet, aus dem schönen Blog »Make Grow Gather«: alturl.com/x5564. (Tag 233)

### Handwerken

▶ Die Waldviertler Werkstatt, in der ich meine Schuhe selbst gemacht habe, findet man im Netz unter gea.at. (Tag 31)

▶ In Köln gibt es die DIY-Akademie, bei der man Seminare belegen und alles übers Handwerkern lernen kann. Es gibt auch eine Internetseite mit praktischen Tipps und einer DIY-Community: diy-academy.eu.

▶ Auf der Webseite der Zeitschrift *Selbst ist der Mann* gibt es viele Projekte zum Nachbauen – und zwar keineswegs nur für Männer: selbst.de.

► Und auch Obi hat ein riesiges Online-Archiv an Selbstbauanleitungen: unter obi.de die Registerkarte »Ratgeber« anklicken.

## Käsen

► Der Anderlbauer hat mir das Käsen beigebracht: anderlbauer.de/SDS/videosdskl.html; er persönlich schwört beim Käsemachen auf die Prinzipien der *De re Rustica*: wikipedia.org/wiki/De_re_rustica. (Tag 219)

► Einen kurzen Film, in dem man Schritt für Schritt die Käseproduktion sehen kann, gibt es unter: youtube.com/watch?v=x11aY_b2tWw. (Tag 219)

► Unter kuechenchefs24.de/article80.html findet man eine umfassende und nützliche Liste von Utensilien, die man zum Käsen gebrauchen kann, außerdem einige Rezepte. (Tag 262)

► Wer sich eine semiprofessionelle Ausstattung fürs Käsen und etwas Lab zulegen möchte, kann all das übers Internet bestellen: alturl.com/t4qt3. (Tag 262)

## Und noch mehr

► Der ORF berichtete über den US-amerikanischen Trend, sich zu Hause Hühner zu halten: alturl.com/3g6uc. Auf der Webseite gibt es weitere Links zum Thema. (Tag 1 und Epilog)

► »The Big-Ass Book of Crafts« ist ein dickes, buntes Buch mit unzähligen Projekten – vom Fußbalsam und selbst gemachten Zahnputzpulver über Möbel und Geschenkideen; 2008 erschienen bei Gallery, 384 Seiten, EUR 14,65. (Tag 9)

- In »Design It Yourself: Kreative Ideen leicht gemacht« von Ellen Lupton lernt man, alles, was sich aus Papier so herstellen lässt, gut aussehen zu lassen; auf Deutsch 2006 erschienen bei Princeton Architectural Press, 176 Seiten, EUR 14,95. (Tag 9)
- Das Rezept für die Lavendel-Olivenöl-Seife und auch die Anleitung, wie das mit dem Seifekochen in den eigenen vier Wänden geht, habe ich aus dem Buch »Naturseife, das reine Vergnügen: Die Herstellung feiner Pflanzenseifen in der eigenen Küche« der Wienerin Claudia Kasper; 2006 erschienen bei Freya, 256 Seiten, EUR 19,90. (Tag 79 & 80)
- 50 einfache und schöne Projekte zum Basteln, Nähen, Sticken, Häkeln, Weben, Filzen sind in dem Buch »Making Stuff. An Alternative Craft Book« versammelt; 2006 erschienen bei Black Dog Publishing, 140 Seiten, EUR 17,95. (Tag 9)
- »The Guerilla Art Kit. For Fun, Non-profit And World-Domination« ist ein Buch, dass all diejenigen besitzen sollten, die gern zeichnen und sich die Stadt erobern wollen – mit Aufklebern, Plakaten oder Graffitis. Hier ist erklärt, wie es geht. 2007 erschienen bei Princeton Architectural Press, 144 Seiten, EUR 13,30. (Tag 9)
- Frau Liebes Blog findet man unter der Adresse frauliebe. typepad.com. (Tag 71)
- Natriumhydroxid bekommt man preiswert zum Beispiel im Online-Shop von Conrad Elektronik: alturl.com/ npqwo. (Tag 79)
- Wie eine professionelle Karriere als Selbermacherin klappen kann, nämlich mit Selbstaufgabe und 16-Stunden-Tagen, beschreibt eine Reportage der *New York Times:* alturl. com/95vuh. (Tag 80)
- Die Kulturwissenschaftlerin Elke Gaugele, mit der ich übers Stricken gesprochen habe, hat zusammen mit den anderen Gründerinnen des *Critical Crafting Circle*

(criticalcraftingcircle.net) gerade das Buch »Craftista. Handarbeit als Aktivismus« herausgegeben, erschienen im Ventil Verlag, 300 Seiten, EUR 14,90. (Tag 106)

► Hier tobt sich Martha Stewart aus und verdient einen Teil ihrer Millionen: marthastewart.com. (Tag 149)

► Selbermachen finden aber nicht alle Menschen uneingeschränkt gut. Das Online-Magazin *Jezebel* zum Beispiel kritisiert, dass all die hübschen Blogs mit den niedlichen selbst gestrickten Sachen auch Depressionen verursachen können: alturl.com/s3a32; und das *Slate Magazine* moniert, dass Portale wie *Etsy.com* das Versprechen, von Selbstgemachtem leben zu können, niemals einlösen können: alturl.com/nfhp2. (Tag 199)

► Die ARD hat zu dem Experiment »Abenteuer 1900 – Leben im Gutshaus« eine eigene Webseite eingerichtet, auf der man alles zur Serie nachlesen kann (und sich angesichts der Lebensumstände gruselt): daserste.de/abenteuer1900. (Tag 227)

► Ein inspirierender Film übers Selbermachen, nämlich übers Kochen, lief 2009 im Kino: »Julie & Julia« mit Meryl Streep und Amy Adams als Julia Child und Julie Powell. Den Blog »The Julie/Julia Project«, aus dem ein Buch entstand, aus dem der Film wurde, findet man unter: blogs.salon.com/0001399. (Tag 233)

► Wer wirklich mutig ist und sich an selbst gemachte Zahnpasta oder selbst gemachtes Zahnpulver herantraut, findet im Internet viele verschiedene Rezepte. Einfach mal bei Google »Zahnpasta selber machen« oder »Zahnpulver selber herstellen« eingeben. Und dann: Viel Spaß beim Zähneputzen! (Tag 290)

► Auf mundraub.org gibt es Landkarten, in denen herrenlose Apfel-, Birnen-, Kirsch-, Maulbeer-, Mirabellen-, Orangen-, Pflaumen- und Zwetschgenbäume eingetragen sind, deren Ernte jedem frei zugänglich ist. (Tag 361)

- Ein weiterer Film, eine Dokumentation von 2009, den man sich als Selbermach-Fan ansehen sollte, ist »Handmade Nation«, auf DVD leider nur in den USA erschienen, $ 19,95.

- Das beste deutsche DIY-Magazin CUT. *Leute machen Kleider* gibt es seit 2009 in ausgewählten Zeitschriftenläden zu kaufen oder im Internet unter: cut-magazine.com.

- Als Diplomarbeit entstand das sehr hübsche Magazin GAARN: gaarn.de. Den Blog dazu zeigt Design-Selbermach-Perlen: gaarn.blogspot.com.

- Das Blog des US-amerikanischen Selbermach-Magazins *Craft* schaue ich mir fast täglich an, weil sie alle möglichen Projekte, Bücher, Selbermacher, Ideen vorstellen: blog.craftzine.com.

Alle Links auch online unter:
kiwi-verlag.de/
hab-ich-selbst-gemacht

**Das Buch**

Das Selbermachen ist zurück – und es sieht so ganz anders aus als früher: Baumärkte drehen verrückte Werbespots, statt in die Kleingärtnerkolonie geht's zum *urban gardening* – und alle Welt tauscht plötzlich Einmachrezepte übers Internet aus. Was ist dran an diesem Trend? Warum wird im ganzen Land wieder mit Hingabe gehämmert, gegärtnert, gestrickt und gebrutzelt?

Die Journalistin Susanne Klingner startet den Selbstversuch. Sie will wissen, was die Faszination am Arbeiten mit den eigenen Händen ausmacht und warum es eine neue Sehnsucht nach dem einfachen Leben gibt. Ein Jahr lang macht sie so viel wie möglich selbst – und schreibt darüber: vom Käse bis zur Seife, vom Cocktailkleid bis zum Christstollen, von den Schuhen bis zur Zahnpasta, vom Gärtnern bis zum Renovieren.

Ein intensives, spannendes, erkenntnisreiches und äußerst unterhaltsames Jahr – für Autorin und Leser gleichermaßen! Der erste große Erfahrungsbericht – lustig und kreativ! Mit vielen Tipps und dem besten Stollenrezept der Welt.

**Weitere Titel bei Kiepenheuer & Witsch**

»Pärchenabend forever«, KiWi 1126, 2010.

Verlag Kiepenheuer & Witsch GmbH & Co. KG,
Bahnhofsvorplatz 1, 50667 Köln

Kontaktadresse nach EU-Produktsicherheitsverordnung:
*produktsicherheit@kiwi-verlag.de*

KiWi
1193